受容と信仰

仙台藩士のハリストス正教と自由民権

はしがき

幕末から明治にかけて、仙台藩は、奥羽越戊辰戦争の降伏を経て、箱館戦争で戊辰戦争の終わりをむかえた。その際、仙台藩は、中世より朝廷を重んじる勤王の歴史をもつ土地柄であったが、ニセのにわか勤王の薩長によって「賊軍」となった。箱館戦争は、旧幕府軍、旧奥羽越列藩同盟軍合同と政府軍の戦いで、その合同軍が無惨にも負けた。その敗北は、軍事的にも精神的な誇りも打ち砕いた。

そのような戊辰戦争最終戦である箱館戦争時、仙台藩士たちは、開国によってキリスト教が再伝来したロシアのハリストス正教と接触し、後の日本ハリストス正教会の創始者であるニコライと出会った。「ハリストス」とは、ロシア語でキリストのことである。

11世紀、ローマ - カトリックが西方教会に、ギリシア正教が東方教会として分裂した。その東方教会の中核がギリシア正教会であり、その正教は、後に東欧に伝わり、ロシアがこれを国教化したことで、拠点をロシアに移した。「正教」はローマ - カトリックに対して、「orthodox」・正統的であることを示した表現である。

東方正教のことをギリシア正教といい、ハリストス正教はロシア正教を指す。日本ハリストス正教は、そのロシア正教が母体となっている。

このような語句の説明だけでは、理解できないであろうことは想像できる。ハリストス正教が、新興宗教だと思っている人、ましてや、キリスト教三大分流（カトリック、正教、プロテスタント）の一つであるとわかっていない人はたくさんいるであろう。現在、宗教が日常生活に入り込まない状況では、初めて知るという人が大方であろう。

幕末の仙台藩士たちは、再伝来したキリスト教・ハリストス正教に対して、今とは異なる宗教事情とはいえ、現在の私たちと同様、未知なるものという思いで、新たなる宗教としてハリストス正教に接していたのではないだろうか。

仙台藩士たちは、なぜハリストス正教の信仰を受け入れたのか。すなわち受容したのか。そして、彼らは、いかなる思いをもって、信仰、伝教活動を続けていったのだろうか。このようなテーマがいつも頭の中にあった。

ハリストス正教の記録である『日本正教傳（伝）道誌』（石川喜三郎・明治34年2月1日）及び他の著作等を調べていくと、賊軍と称される仙台藩士たちが再伝来したハリストス正教を受容したのは、既定の評価として、「賊軍の藩士たちは、新政府で立身出世に見込みがないから、野心を持って活動し、そして、官吏の登用は難しいので、軍人もしくは学問研究の教員を目指した」と書かれてある。このようなステレオタイプの評価が、本当なのだろうかという疑問が湧いてきた。このことが、この本を書く直接のきっかけである。

それが転じて、ハリストス正教の受容・信仰過程から、日本の受容地を沼地であり、キリスト教が根腐れすると語った遠藤周作の『沈黙』と、その沼地から変わる荒れ地で、慈愛とともにキリスト教の教えを代々引き継ぐ信仰物語の帚木《ははき》蓬生《ぎほうせい》『守教』の両者に見られる「受容」「信仰」とは一体何なのか、その一端を掴みたい気持ちでいた。仙台藩における隠れキリシタンの殉教地と、ハリストス正教受容と信仰の関係はないのだろうか、そして、敷衍《ふえん》して現代における宗教を考えて見たいという思いが募ってきた。

それらの前に、ハリストス正教とは何か、また、仙台藩士たちのハリストス正教の受容と信仰を知る必要がある。

次に正教が、自由民権運動に大きな影響を与えたことは、全く知られていない。洗礼を受けないで、隠れ正教信者として、郡長という官吏の道に進んだ但木良次《ただきりょうじ》と、正教の洗礼を受けながらプロテスタント等の精神的遍歴を経て、五日市憲法草案をつくり上げた千葉卓三郎の両者から、正教の教えが自由民権運動にどう展開していったのかをみたい。

両者は、表向きには正教を棄てている正教の傍流でありながら、正教の教えを宗教以外で具現化しようとしていた。「信仰」とは何かを、別面からのアプローチで考えていく試みにしたいと思っている。

また、奥羽越戊辰戦争を、これまで「但木土佐」を通して幕末の『仙台藩始末』と「但木土佐の家臣末裔」を通して現代の『賊雪耕雲』で書いてきたが、さらに今回「ハリストス正教」を通して近代の『受容と信仰』で見ることになる。それぞれの視点の違いはあるにしても、歴史上の人物、市井の人々の生き方を通して幕末、近代、現代と奥羽越戊辰戦争との関係を見て来たつもりである。そういう意味では、私にとって奥羽越戊辰戦争三部作の完結ということになる。

凡例

＊「日本ハリストス正教」の表記は「ハリストス正教」もしくは「正教」とする。「ハリストス正教」の名称はロシア正教を指すのであるが、「日本ハリストス正教」を日本国内で使用する場合は、日本国名を略して、「ハリストス正教」とした。「ギリシア」・「ギリシャ」及び「コンスタンチノープル」・「コンスタンティノプル」・「コンスタンチノポリス」の表記は出典を尊重して併用した。

＊キリスト教の表記は、固有名詞・出典尊重以外はカタカナ表記とする。基督教、伴天連教、耶蘇教、切支丹教、きりしたん教等と時代に即した表記がなされるが、「伴天連追放令」「耶蘇教禁止令」の固有名詞、出典を尊重した表現にした。

＊箱館戦争前を「箱館」、戦争後を「函館」と表記する。

＊小野荘五郎の「荘」と「庄」は出典を尊重した表記とする。

＊国事は元号年、外国事は西暦年表記とするが、理解し易すくするために元号年・西暦年の併用表記した。

＊縦書きの場合、漢数字での表記が一般的であるが、その場合、その都度算用数字に転換しなければならない不便を解消したいために算用数字にした。

＊概数の場合、漢数字と算用数字を併用する。桁の大きい算用数字は漢数字に、桁の小さい算用数字はそのままにした。

＊史料の引用については、適宜、旧字体を新字体に、歴史的仮名づかいを現代仮名づかいに、カタカ

ナ・漢字をひらがなに改め、句読点を付すなどした。
＊参考文献の引用については、読み易さを重視して、巻末にまとめて各章ごとに、示した。但し、数章にまたがる場合には、主に参考にした章に記載した。

目次

第1章　隠れキリシタン期と幕末の仙台藩

1　キリシタン史と弾圧

隠れキリシタンと潜伏キリシタン

幕末の開国以来、旧教のカトリック、ハリストス正教、新教のプロテスタントが再伝来した。明治６年（１８７３）、キリシタン禁教令の高札が撤廃され、実質、信教の自由となる。「キリシタン」は、はじめキリスト教信者を意味していたが、後にキリスト教の意味に転じた。本書では、「キリシタン」をキリスト教信者とキリスト教の二重の意味で使用している。

そのような中、なぜ隠れキリシタンを話題にするのか。江戸期の隠れキリシタンが、再伝来したキリスト教と関連があるのか、ないのかを確かめておきたいためである。具体的には、再伝来したハリストス正教の受け皿として、旧仙台藩を含めた奥羽の隠れキリシタンが影響したのか、しないのかを確かめることにある。

隠れキリシタンの呼称については、昭和から大正にかけてのキリシタン研究の中から生まれ、学術世界、マスコミ世界では一般的になっている。この研究の中で、その呼称については、いろいろと論争があった。呼称の根拠となるものの区別、違いの議論よりもキリシタンの生活に根ざした信仰に重点をおいた研究が重要であって、呼称の問題に対して否定的な見解があったようだ。

「隠れ」については、棄教者・臆病者・戻らなかった者と軽蔑、非難に使われていた。また、「離れ」と呼ぶキリシタンは、宣教師・教会といった組織から離脱し、信仰・儀式・教義が変容したとされている。さらに、「潜伏」と呼ぶキリシタンは、一時的な避難として、他の宗教（仏教・寺院と神道・神社）でカムフラージュし、弾圧の嵐の過ぎるのを待ち、神仏と習合した儀式「ドチリイナ・キリシタン」（教えの教義書）、「オラショ本」（キリシタン布教初期の祈祷文・主の祈り、天使祝詞、使徒信徒、十戒などの邦訳された主要な祈り）等でキリスト教的なものを継承していた。

今日では、「長崎と天草地方の潜伏キリシタン関連遺産」が禁教期の潜伏キリシタンに焦点を当てた世界文化遺産に登録されたことで、「潜伏」とは聞いたことがないとか、隠れキリシタンとの違いは何だろうという声が聞こえてきた。「潜伏キリシタン」はポピュラーになって来たように思えるが、大方の人たちには、実質的な中味はわからないでいるのではないだろうか。

ここで、日本キリスト教史の時代区分について、いろいろな解釈がある中で、根拠がしっかりと出されている『潜伏キリシタンは何を信じていたのか』（宮崎健太郎）から、概略したい。

【キリシタン時代】

1549年（天文18）ザビエル来航～1614年（慶長19）全国に禁教令～潜伏時代

1635年（寛永12）寺請制度によって、全ての日本人はどこかの寺の檀家となることを強請され、寺の檀家として寺請証文を受けることを義務づけられた。

【潜伏時代】

１６４４年（天保元）　最後の宣教師小西マンショ殉教。１人の指導者もいない、信徒だけの時代〜復活時代

「潜伏キリシタン」は日本の神仏信仰とキリシタン（キリシタン風）の信仰を併せ行った人々

１８５９年（安政６）　カトリック、プロテスタント伝来

１８６１年（万延２）　ハリストス正教伝来

１８６５年（慶応元）　「浦上キリシタン信徒発見」（２２０年ぶりにフランス人プチジャン神父と浦上信徒との再会）

【復活時代】

１８７３年（明治６）　禁教令高札撤廃〜

「復活キリシタン」としてカトリック教会に帰属する者と「カクレキリシタン」として、潜伏時代の信仰を継続する者と二分極化した。「カクレ」は、隠れていないので、漢字の「隠れ」は不適ということでのカタカナ表記となった。

【現代】

「隠れキリシタン」は、「潜伏時代」から「復活時代」を経た現代までを学術的・マスコミで一般的に使用されてきた。これは、江戸初期から現代にいたるまで、３７０年以上の年月にわたり、「隠れてキリシタンを守り通してきた人たち」がいるということになる。実際には、そのような史実はなく、「隠れキリシタン」という語句によって、キリスト教の歴史像がゆがめられてきたようだ。

そのようなことから、現在では、「隠れ」、「潜伏」の区別をつけた厳密な使用方によって、キリシタンの歴史像をただす方向にあるように思われる。

キリシタン弾圧史

これからキリシタン史の中で、「潜伏時代」を見ていくわけである。弾圧のため、特に、旧仙台藩領において、ほとんどの史料・遺物等は根こそぎ壊滅されている。潜伏キリシタンが何を信仰していたか、何によって信仰を続けていったのかについてはよくわかっていない。ここでは、これらについて詳細に触れることはできないが、史料等は無いにしろ、弾圧の殉教地は残っている。そこから、再伝来したキリスト教受け入れにあたって、潜伏キリシタンとの関連があるのかどうかについて、キリシタン弾圧の歴史からアプローチしてみたい。

1587年（天正15）「伴天連（宣教師）追放令」を発布した豊臣秀吉は、1597年（慶長2）、長崎で26人（聖人）を処刑し、その翌年没した。

キリシタンが近世日本において徹底的な弾圧を被った原因は、布教と貿易を一体化したスペインやポルトガルがキリシタン大名勢力と手を組んで、日本を侵略するという政治的な理由にあった。具体的には、宣教師たちが南蛮貿易の利得によって領主層をキリシタンに改宗させ、その権力によって領民に集団的改宗を強制し、領内にある寺社仏閣を破壊しようとしたところにあったと思われる。

秀吉の発布した「伴天連追放令」において、この原因部分を抜き書きする。

「一　日本は神国たる処、きりしたん国より邪法を授け候儀、はなはだ以って然るべからず候事

その国郡の者を近付け門徒（キリシタン）になし、神社仏閣を打ち破らせ前代未聞に候（後略）
伴天連その知恵を以って、心ざし次第に檀那（信者）を持ち候と思し召され候らへば、日域（日本）の仏法をあい破る事曲事《くせごと》（不法）に候（後略）」

この3カ条の条文の言わんとするところは、日本は神々が宿る神道の国であるが、キリシタンは日本の民を手なずけて信者にし、神社や寺を破壊していることは、前代未聞で許しがたい。伴天連が思うままに日本人を信者にしようとするならば、それは日本の仏教を破壊する不法行為であると言っている。日本は、神道の国、仏教の国であるから、キリシタンの邪法によって破壊されることは許さないという統治者としては当然な決意表明であるが、キリシタンの禁教令ではないことを含みとしていることを忘れてはいけない。貿易の利権への魅力にはいくら統治者であっても勝てない。宣教師が不在であれば布教が不可能であるという目論見《もくろみ》からの発令であった。

しかし、そのような姑息な目論見は、この発令の10年後には26聖人殉教が起こることからはずれ、かえって信仰は燎原の火のごとく日本社会に拡がっていったのである。

その後、徳川家康に政権が移ったが、家康は幕藩体制の基礎が固まるまでキリシタン弾圧を控えていた。秀吉没後にも大坂方に与みするキリシタン大名及びそのシンパがおり、スペイン・ポルトガル勢力と手を結べば徳川政権にとっては脅威であった。また、関東とマニラの貿易が進展せず、家康は、イエズス会が仲介する長崎とマカオの貿易が、キリシタン弾圧によって失われることを恐れた。

カトリック国のスペイン・ポルトガルは、貿易と布教の一体化政策をとっていたが、プロテスタントのイギリスとオランダは貿易だけの目的で東洋に進出してきた。イギリスは、その進出に拍車をかけ、世界の海の覇者となる1588年（天正16）、英仏海峡で行われたアルマダの海戦でスペイン無敵艦隊を破った。

それを契機に、スペイン・ポルトガル貿易に代わって、イギリス・オランダ貿易が重要性を増したので、徳川政権として、秀吉以来のキリシタン問題・目論見という軛《くびき》をはずすことになった。本格的な禁教に乗り出すこととなる。

1614年（慶長19）、幕府は全国的な禁教令を出し、宣教師および有力な信徒の国外追放令を出した。ここに二百数十年におよぶ江戸幕府のキリシタン弾圧が始まり、全国の教会や修道院はすべて破壊された。宣教師たちや有力なキリシタン大名の高山右近等を含む350名以上がマカオとマニラに分けて国外追放された。

しかし、追放された宣教師たちの中には、禁教令下の日本に命がけで再潜入を試みた者がいた。1615年（慶長20）から1643年（寛永20）の間に日本に戻ってきた宣教師は101名にのぼる。その多くは各地で捕らえられ、一部の棄教者を除いて殉教を遂げている。

1635年（寛永12）、「寺請制度」によって、すべての日本人は必ずどこかの寺の檀家となることを強制された。家康は、信長、秀吉と同様に一向一揆などに悩まされた経験から、仏教を幕府の統制下におき、「寺院法度」による本山に末寺の統制を行う本山末寺制を徹底した。このことから、棄教したキリシタンを強制的に仏教に改宗させたのである。

1637年（寛永14）、島原の乱を契機に幕府はキリシタンを見つけ出し、取り締まるためのいろいろなシステムを整備していくことになった。「転《ころ》び証文」（棄教者に書かせる）、「絵踏み」（キリストやマリア等の像を足で踏ませる）、「五人組制」（5軒による隣保班をつくり相互監視させる）、「訴人褒賞制」（キリシタンを訴え出た者に褒賞金等を与える）、「宗門改制」（1万石以上の大名に宗門改役を設置する）、「寺請制度」の徹底、「類族改制」（キリシタン本人や転びキリシタンそれぞれの親族の「類族改帳」を提出させ、本人含めて6代にわたり監視する）である。

このように、江戸期の禁教令から禁教令高札撤去までの２６０年間、キリシタンを根絶やしするための制度と拷問・弾圧が行われていったと同時に、キリシタン邪教視が人々の間に根付いていった。それらの弾圧に対してキリシタンは、宣教師が存在した弾圧の初期、宣教師の教えのとおりに殉教することがあの世のパライソ（天国）に召されることと信じていた。何かしら、一向一揆の信徒が、死んであの世の浄土へ行けるのと同じ様に思えるが、当時の統治者もキリシタンに対して恐怖を覚え、あの手この手の弾圧策を講じていったのかもしれない。

このようなキリシタン邪教視は、幕末・明治に再伝来した新宗教としてのキリスト教に対しても脈々と受け継がれ、禁教令の撤廃がなされても弾圧は続いた。

潜伏キリシタンの時には、宣教師がいないために殉教という手段を取らずに棄教しないで、「絵踏み」でも像を踏むことに躊躇しながらも像を踏んだのだろう。また、寺の檀家となり、神社の氏子となっていたのである。このような過程で宣教師によるキリシタンの教えが年月を経て、「ドチリイナ・キリシタン（教えの教義書）」の儀式が意味も分からずに秘密裡に行われ、キリシタン布教初期の祈祷文・主の祈りであった「オラショ」が単なる呪文と化した。これらは、先祖から引き継いできたものだからとした「先祖崇拝」であり、他の神仏同様に「現世利益」があるからということからの信仰であった。では、なぜ棄教しないのか。先祖から引き継いできたものを棄てることはタタリがあると信じていたがために棄て切れなかったのだろうか。

潜伏時代のキリシタンが、キリシタン初期の殉教時代に比して楽であったということではなく、教えの意味がわからないで過ごしたという時間経過の中で、変容した日本的なキリシタンを受け継いでいたことは間違いない。統制側からは弾圧の対象であることには変わらないわけで、潜伏キリシタンも初期のキリシタン同様に、緊張した日々を過ごしていたことには変わらない。

2　仙台藩のキリシタン政策

キリシタン保護

永禄年間（1558~70年ころ）以来、製鉄とともに仙台藩（現岩手県南部も含む）にキリスト教が入って来た。ザビエル等の布教地、周防山口に隣接する備中出身の千松大八郎・小八郎兄弟がキリシタン集団を形成し、砂鉄採取と製鉄技術を伝えた。この頃から天正年間（1573~93年代）にかけて、仙台藩領・南三陸の大籠《おおかご》（現一関市藤沢町）、狼河原《おいのかわら》（現登米市東和町米川）、馬籠《まごめ》（込）（現気仙沼市本吉町）、山田（現気仙沼市本吉町）、千厩《せんまや》（現一関市）等一帯にキリスト教と製鉄技術が広まり、数多くの信者が製鉄や農器具づくりに従事していた。

天正18年（1590）に現宮城県北部を400年間支配していた葛西《かさい》氏が豊臣秀吉によって滅亡し、

その没落家臣の千葉土佐を中心に烔屋《どうや》八人衆集団（荒鉄吹精錬作業場経営者８人）を形成していた。その頃、フランシスコ会の宣教師ルイス・ソテロは、その配下の医師が伊達政宗の側室の難病を治したことで仙台藩で重用され、家康の関東とマニラをつなぐ貿易策に乗りかかった伊達政宗の保護の下、慶長18年（１６１３）に遣欧使節の支倉常長とともにローマに出航した。

常長出航の翌年、慶長19年（１６１４）にキリシタン追放令が出された。大坂冬の陣で大坂方の明石掃部《あかしかもん》と一緒にいたイエズス会宣教師のゼロニモ・デ・アンジェリスが冬の陣の後に、仙台藩キリシタン武士である後藤寿庵《ごとうじゅあん》に乞われて奥州布教をするために仙台藩に入って来た。西日本での弾圧下、弾圧が緩い奥州に逃げのびて来るキリシタン武士や、京大坂から流罪で弘前、松前・大千軒岳金山の地に移された者がいた。それらの下に宣教師アンジェリスは告解を聞くために訪れたのだ。

後藤寿庵の領地、見分《みわけ》（現岩手県水沢市福原）を拠点にし、宣教師たちは蝦夷地布教と弘前、南部、仙台各藩領に布教した。前述した仙台藩領の南三陸の大籠・狼河原・馬籠地区は、烔屋経営者、技術者がリーダーとなり、人足の間に多くの入信者をつくり、キリシタン信者の自発的組織が出来上がっていた。伊達政宗は、藩の重要な産業としての製鉄を重視し、それに従事するキリシタンの保護黙認政策をとっていた。

命がけで製鉄業に従事するためには、隣人愛と相互扶助と団結が必要とされ、生産と信仰が結び付いた一蓮托生の強固な生活集団が形成された。この集団は、キリシタンであろうと、無宿者であろうと、出入りが自由で差別しない結束の固い組織になっていった。この組織は、砂鉄が多く含まれる地域に移動するため、キリシタン信仰も一緒に移動することになる。しかし、弾圧の時代を迎える時には、強固な抵抗組織、隠れキリシタンの秘密結社的な存在になっていくことになる。

家康は、スペイン・ポルトガル貿易からイギリス・オランダ貿易に切り替えることから、気兼ねなくキリシタンの禁教策・弾圧策を行った。幕府による鎖国体制・中央集権体制が整いはじめると、幕府の方針に従わない諸大名に圧力と疑惑が高まった。キリシタンを抱え込む仙台藩に対して、疑いと不信の眼が注がれた。実際、元和6年（1620）、奥州のみでイエズス会より966人が受洗したという記録がイエズス会の文書にある。

仙台藩は、これまでの保護黙認策から、キリシタン禁制に踏み込まざるをえなかった。疑いを晴らすためには徹底的に藩内の弾圧をするのが常道であるが、弾圧を進める前に、保護黙認の証拠を有耶無耶にしなければならなかった。それらは、支倉常長（元和6年・1620年8月26日帰国）への棄教の要請であり、後藤寿庵の追放であった。本来の処罰であれば、切腹処刑であると思われるが、両者の墓、領地、親族等のすべての存在を消している。政宗にとって、最も信頼する両者を歴史上なかったことにすることは、苦渋の選択であったことだろう。それは、両者への温情であり、幕府への抵抗だったのかもしれない。

キリシタン弾圧

仙台藩は、元和6年（1620）、政宗のキリスト教厳禁の施策により、烔屋八人衆の経営者には処分を行っていないが、藩内の有力産業の製鉄業を犠牲にしてまで幕府の疑いを晴らすために、キリシタン地域集団を根こそぎにするキリシタン弾圧を行った。

元和・寛永年間（１６１５～44）における大弾圧をみていくと、京都の大殉教（元和５年・１６１９）、長崎の大殉教（元和８年・１６２２）、江戸・仙台の大殉教（元和９年・１６２３）、仙台の大殉教（寛永17年・１６４０）と仙台藩における弾圧が必死に行われていることがわかる。

江戸・仙台の大殉教は、発端が仙台における元和６年（１６２０）の処刑からはじまり、仙台藩を中心とした布教を行っていた前述のゼロニモ・デ・アンジェリスへ芋づる式に飛び火して、アンジェリス他50名が火刑にあった。寛永17年（１６４０）における仙台の大殉教は、３月５日、子ども20人の斬罪を含め43人が処刑され、12月30日、アンジェリスの補佐をしていた、ディオゴ・カルワリョ（イエズス会・ポルトガル出身・日本名長崎五郎右衛門、アンジェラス同様、蝦夷地にも行っており後藤寿庵の見分での降誕祭終了後捕縛）を筆頭に９人が広瀬川・大橋のたもとで水籠に入れられ水漬けの刑、実際は凍死で見せしめの処刑が行われた。今は、その処刑場付近の公園内に慰霊碑が建っている。

島原の乱（寛永14年・１６３７）以降、幕府はキリシタン根絶の徹底を各大名に指示した。仙台藩はそれを受けて、しらみつぶしにキリシタン追討を行った。それまでの処罰は、「所払《ところはらい》」（居住地からの追放）と「所構《ところかまえ》」（居住地内での隔離）であったが、キリシタン弾圧における「所成敗」はキリシタンが固まって住んでいる場所を限定して仕置きする殲滅を目的としていた。これらの鉄精錬に携る人々の集団居住地を葬ることは、藩の産業をつぶすに等しい。藩は追い詰められ、それが焦りとなって大弾圧・虐殺に現れた。

その処刑場は大籠地区には22カ所あり、地名として殉教地を物語るところは、「シト（使徒）の沢」、「トキゾー（徒刑場）沢」、「ハセバ（架場）」（稲を干す時のハセ架けのように死体を並べた。殉教を「架けた」と表現）などである。ここでは、東北の島原といわれている大籠と狼河原の弾圧処刑場を見ていきたい。

（1）地蔵の辻刑場　寛永16・17年（1639・1640）178人所成敗（処刑）

（2）上野刑場　寛永17年（1640）94人仕置き（処刑）

（3）祭畑刑場　（年代・処刑人数不明）

（4）トキゾー沢刑場　（年代不明）12人処刑

大籠より早い精錬場としての狼河原《おいのかわら》地区に三経塚（狼河原綱木→宮城県東和町米川綱木沢→現宮城県登米市米川）がある。それは、狼ノ沢の経ヶ峰経塚、海無《かいなし》沢経塚、宝（朴）ノ沢経塚に各40人、経文と共に計120名を埋めた総称を指す。享和年間（1800年代の初め）に

地蔵の辻（藤沢町）

120人が切り捨てられた。狼河原地区は、元和・寛永の大弾圧の際、「転び」キリシタンで処刑者が出なかったが、享和年間にキリシタン信仰が見つかり弾圧処刑されたことになる。根こそぎキリシタンを殲滅し、「類族改」で本人含めて子孫6代に渡る監視を受けた後でも、キリシタンは潜伏していたことがわかる。弾圧処刑された類族は、密かに殉教した親族を祀り、祈っていたのかもしれない。

享和以降から現在までに、1865年（慶応元）、長崎「浦上キリシタン発見」のような、プチジャン神父と潜伏キリシタンとの再会の奇跡は、この地区ではおきていない。ただあるのは、朽ちかけた供養碑、墓碑、塚、お祈りをしたという窟が残っているのみである。

大籠・狼河原地区一帯以外の処刑場は、胆沢郡見分（現岩手県水沢市福原）、東磐井郡矢森・薄衣（現岩手県一関市）、西磐井郡志津（現岩手県一関市花泉）、西磐井郡市野・萩荘（現岩手県一関市）、栗原郡一迫《いちはさま》・三迫《さんのはさま》（現宮城県栗原市）である。これらは、北上川水系・支流である磐井川・迫川・砂鉄川・千厩川・黄海川に集中している。また、それ以外の処刑場には、吉田川水系の黒川郡石積《いしづもり》（現宮城県富谷市）、白石川水系の刈田郡白石（現宮城県白石市）がある。

仙台藩領の北上川水系と栗駒山の奥羽山系・北上山地の北部（現岩手県南部の一部）、吉田川水系と船形山・奥羽山系の中部、白石川水系と蔵王山系の南部ともども、山塊から河川へと流れ出る砂鉄の産地といわれ、藩の財政を支えてきた地域である。鉄精錬の技術者集団が、この地域に移動して生業をなり立たせていたことは想像がつくと同時に、集団の相互扶助とキリシタンの祈りが強固に結びついていたことをうなずかせる。しかし、それは、伊達家菩提寺である瑞巌寺系列で、吉田川流域の臨済宗の寺々に隠れキリシタンの墓やマリア観音像として残っているだけである。処刑場を示す跡は供養碑が残っていれば確認できるが、そうでなければほとんどが面影はない。

再伝来キリスト教との関係

最初に示したテーマである幕末に再伝来したキリスト教と隠れキリシタンの関係を考えるのであるが、幕末まで奥州にそもそも隠れキリシタン、もしくは潜伏キリシタンは存在したのだろうかという疑問に陥ってしまった。長崎のように、再伝来したキリスト教（カトリック）に復活するというようなことが、キリシタンを信仰していただろう処刑場地、特に、大籠地区一帯のような奥州の南三陸地域に起きていたのだろうかという疑問が湧いて来たのだ。

大籠・狼河原地区での最後の弾圧である享和年間（1800年代の初め）に120人が切り捨てられてから、幕末までに50年足らずであるから、明治3年（1870）まで続いた「類族改」では、弾圧を受けた類族は、まだ幕府・新政府の監視下にあった。棄教して本来の意味である臆病者と評される「隠れ」になったのか、表向きは棄教し、「潜伏」していたのかわからない。明治6年の禁教令高札の撤去後にキリスト教に復活したかどうかを知る術がない。そのことは、山折哲雄氏が「西の『隠れ』東の『隠し』の異端」（朝日新聞2019年11月16日）で述べているように大籠・狼河原などの東北の殉教地区は隠れキリシタンを表にだすべきではないという拘《こだわ》りがあるという指摘が的を射ている。東北の殉教地は殉教とその因縁そのものを「隠し」ているのだ。

隠れキリシタンがキリスト教と断絶していたか、再伝来したキリスト教と密接な関係にあったかどうかは、わからない。しかし、隠れキリシタンの地域が、再伝来したキリスト教の伝道地域と重なっていることから、隠れキリシタンの存在が何かしらの精神的な基層を育んでいた可能性が高いと思われる。

その受容の精神的基層の一つ目が、「武士道」と「唯一絶対神のキリスト教」の共通性である。イエズス会のキリスト教が伝来した当時のキリシタン大名が南蛮貿易を優位に行うために、自らがキリシタンに改宗し、家臣はじめ領民を集団改宗していた。そのような集団改宗に及ばないにしても、伊達政宗は新たな貿易ルートの確保を目的として、キリシタン保護策をとり、遣欧使節として支倉常長を派遣した。藩内においても政宗の娘のキリスト教改宗説があるように、多くの家臣が改宗していたと思われる。

また、政宗がキリスト教信者の後藤寿庵等を重用したことなどからもキリスト教を好意的に受け入れているのがわかる。

もちろん仙台藩においても、反キリスト教で邪教論を唱える者もいたと思われるが、家臣は、キリスト教になぜ改宗したのだろうか。このことは、後で再伝来するハリストス正教を武士層が受け入れ、伝教していく際のヒントになると思われる。

家臣は、主である政宗のキリシタン保護策に共鳴もしくは忖度したのだと思われるが、どちらにしても、武士道の「二君にまみえず」と「唯一絶対神のキリシタン信仰」の壁を越えなければならなかったはずである。

武士道の誠の心を尊び、正義を愛する倫理観は、キリシタン信仰の隣人愛等からの刺激を受け、キリスト教を受け入れる柔軟性を醸し出したのではないだろうか。例えば、それらは、キリシタンの最高善のために命を捧げる精神に武士道の君主に命を捧げる精神を見いだすこと、デウスへの絶対服従に君主への忠の倫理を見いだすこと、キリシタンの神と子、聖霊の三位一体の関係と実践に孝道（親と子の関係）を忠観念で捉え、理解することである。これらは、キリシタンと武士道の共通点を見いだし、武士道とキリシタン信仰の壁を越えるものであったのではないか。

受容の精神的な基層の二つ目は鉄精錬とキリシタン信仰が一体化した烔屋集団である。製鉄は、砂鉄を集め、土や石で窯をつくり、木炭で溶かす。この時、窯を高温にするため足踏み式ふいご（たたら）を古代より使用していたが、近世になると大きな西洋流ふいご（たたら）を使用した窯場を烔屋と呼んだ。全てが重労働であるが、特に休むことなくたたらを踏み続けることは命がけであった。この鉄精錬に隣人愛のキリシタン信仰が一体化した強固な互助的集団が出来上がり、藩内の砂鉄産地を集団で移動し、藩から山林伐採の特権をあたえられ、優遇されていた。集団内は自由に出入りでき、京大坂から避難してきたキリシタンの格好の隠れ場所であった。藩は、重要な産業として、結果的にキリシタンを黙認していたことになる。この集団は、その後のキリシタン弾圧および藩の滅亡によって衰退を招いたが、明治初めから鍛冶職人などの各種生産集団に転化していったと思われる。

再伝来のキリスト教・ハリストス正教には、隠れキリシタンが復活キリシタンとして帰属するような直接の関係にはないようだが、隠れキリシタンの地と、ハリストス正教の伝教地が重なっていることから、隠れキリシタンの地が、間接的に正教の受け皿になったのではないだろうかと思える。

このことは、酒井篤禮《さかいとくれい》及びハリストス正教の伝道のところで再度触れたい。

3 仙台藩とロシア

仙台藩思想家のロシア観

仙台藩医・工藤平助は、天明元年（1781）に『赤蝦夷風説考《あかえぞふうせつこう》』（赤蝦夷はカムチャッカ）によって、ロシアの南下に備えて蝦夷地の開発を進め、ロシアと幕府直轄貿易を提言した。蝦夷地の開発、貿易をとらないと、ロシアが蝦夷地住民を手なずけて、蝦夷地をロシアの領とし、日本の蝦夷地支配が困難になってしまうという理由からであった。その具体策として、天明5年（1785）、最上徳内らを蝦夷地探検に派遣する計画があったが、田沼意次の失脚によって、それは中止となった。

工藤平助らと交友があり、長崎にも遊学していた林子平《はやししへい》は、天明5年（1785）、折しも工藤平助の提言であった蝦夷地探検が中止された時、『三国通覧図説《さんごくつうらんずせつ》』（三国は朝鮮・琉球・蝦夷）によって、ロシアが蝦夷地住民を手なずけることに警戒を唱え、蝦夷地住民を日本人として教化し、蝦夷地、樺太南部までを日本の国土とすべきと提言した。さらに、『海国兵談』によって、ヨーロッパ諸国や清国からの来襲に備え、江戸及び沿岸の防備のために大砲等の充実を訴えた。その具体策として、水上戦を前提に、艦船の建造、水主・兵士の訓練等を提言したが、世情を騒がせた罪で、彼の著作は発禁、本人も謹慎させられた。

工藤平助とも交流が深かった大槻玄沢《おおつきげんたく》は、文化4年（1807）に『捕影問答』を著し、ロシアとイギリスの侵略に注意せよと警告を発した。

その大槻玄沢の次子である大槻磐渓《おおつきばんけい》は、嘉永2年（1849）、英国艦隊の来航を受けて、『献芹微衷《けんきんびちゅう》（へりくだった本心を贈ること）』を著し、ロシアと同盟して英国に対抗すべきと説いた。さらにペリー来航時、開国論を展開し、アメリカ帰りの中浜万次郎を登用し、海軍創設に当たらせるべきだと建白し、老中阿部正弘は実際に採用した。ペリー再来航時、仙台藩主・伊達慶邦《だてよしくに》より横浜探索を命じられ、その報告書に添付した絵巻の下書きが『金海奇観』（日米交渉の現場に立ち会った儒者や絵師の協力を得て、ペリーの肖像、艦隊が停泊している本牧沖の景観、蒸気船と帆船の図、榴弾砲、乗組員の服装等を磐渓が編集した）である。文久2年（1862）、仙台に赴き、慶応3年（1867）には仙台藩校養賢堂の学頭に就任し、奥羽越列藩同盟を擁護し、ロシアとの親和策を中心とした同盟の外国策を推し進めた。磐渓の弟子には、同盟の中心人物で万延元年（1860）、遣米使節新見正興の従者であった玉虫《たまむし》左太夫《さだゆう》がいた。玉虫の同盟の民主的な運営はアメリカの自由主義や平等を学んだことが背景にあったといわれている。養賢堂での磐渓の教えは、仙台藩士にとって、ロシア観を形成する大きな土壌であった。

蝦夷地警固

ロシアの不凍港を求める南下政策は、17世紀末コサック隊のカムチャッカ征服、18世紀千島列島上陸を推し進めた。その間に、ロシアはペリー来航より75年前に、鎖国にあった日本に開国を求めた。もちろん、幕府は拒否するわけであるが、1792年（寛政4）、遣日使節アダム・ラクスマンは、その年の10年前に樺太に漂着した大黒屋光太夫らを根室に送還し、通商を求めた。幕府は、長崎への入港許可証を与えるにとどめ、ラクスマンを帰国させた。1804年（文化元）、遣日使節レザーノフは、石巻若宮丸漂流民を長崎に送還し、通商を求めるが幕府は拒否した。日本は、このような使節の来航を受けて、択捉島《エトロフ》に「大日本恵登呂府《エトロフ》島」の標柱を建て、得撫島《ウルップ》にも標柱を建てるなどして日本の領土宣言をしている。

このようなロシアからの使節が日本に来航する背景には、18世紀には北太平洋の北西部・千島列島と樺太《カラフト》が日本とロシアにおいて、千島列島をめぐる領土争奪戦に入っていたことがあげられる。同じく18世紀、北太平洋北東部・北米沿岸では、イギリス・アメリカ・スペインが争奪戦で衝突している。その延長線上で、中国とアメリカ大陸の市場の交易と領土分割が展開され、イギリス、アメリカが日本に接近し、異国船が日本近海に出没してきた。このような背景から、前述したように全国屈指の思想家を輩出していた仙台藩から警告と提言がなされた。

異国船の来航が頻繁になり、幕府は、単に通商拒否ばかりの対応では埒《らち》が明かないということで、蝦夷地警固体制の強化をはかることになった。

ラクスマンの来航、イギリス船の蝦夷地測量を受けて、幕府は、弘前藩の兵卒500人を箱館に派遣、さらに盛岡藩、弘前藩に東蝦夷地警固を命じた。レザーノフ来航以後、幕府は、盛岡藩、弘前藩に西蝦夷地の警固を命じた。その後、ロシア海軍士官ヴォストフが、樺太《カラフト》、択捉《エトロフ》の日本人居留地等を襲撃したことを受けて、幕府は、松前藩を伊達郡梁川に転封し、盛岡・弘前両藩の増兵と秋田藩・庄内藩・仙台藩・会津藩に蝦夷地・択捉《エトロフ》島・国後《クナシリ》島への出兵を命じた。盛岡・弘前両藩は継続して警固したが、仙台藩は単年度の派遣であった。その後、ロシア海軍士官ゴロウニンと高田屋嘉兵衛の人質交換により、日露の緊張が緩和し、盛岡・弘前両藩が撤兵したあとには幕府が警固を引き継いだ。文政4年（1821）、松前氏に蝦夷地を返還した。

開国後の安政2年（1855）、幕府は仙台・盛岡・秋田・弘前・松前の5藩に蝦夷地警固を命じ、安政6年（1859）、仙台・盛岡・秋田・弘前・庄内・会津の6藩に蝦夷地を分領として与えた。

箱館に各国の領事館が設置される際には、蝦夷地分割領としていた東北の諸藩の者が、物資流通にともなう商業・流通・造船・海運・宿泊などの業を営なみ、ネットワークをつくり、全国から多くの人たちを飲み込む活気ある箱館つくりに一役買っていた。そのことは、仙台藩の蝦夷地警固の任地に一緒に来た下田という者が営んでいた宿屋の屋号が「㊓丸仙」であることに見られる。この主人はとにかく顔が効き、世話好き、ネットワークを駆使し多くの情報を集めては多くの人たちの助けになっている顔役である。この宿に逗留した澤邊琢磨は、下田の計らいで婿養子となり、ニコライとの出会いからハリストス正教の日本人初めての受洗者の一人となった。さらに、下田は新島襄の密航や澤邊ら正教信者への弾圧回避のため本州への渡航に大きな力を発揮している。

この箱館で、仙台藩士たちがハリストス正教と出会う物理的なステージが出来上がっていた。

第2章　東方正教会(ギリシア正教)・日本ハリストス正教会を知る

1　キリスト教生成と東方正教会（ギリシア正教会）

ハリストス正教会は、東方正教会（ギリシア正教会）に属しているロシア正教会の下、1861年（文久元）に創立され、正式名は「日本ハリストス正教会」である。「ハリストス正教会」自体は、日本におけるロシア正教会のことで、それを本書では「ロシア正教会」と呼称する。正式名「日本ハリストス正教会」は、日本国内では「ハリストス正教会」と通称で使用されていることから、国名を省き、本書では「ハリストス正教会」と呼称し、使用する。また、「ハリストス」は、「キリスト」のロシア語である。東方正教会の呼称は、西方教会（ローマ‐カトリック教会）に対して使用し、ギリシア正教会の呼称は、東方正教会の中心教会であったいきさつから使用されている。

このハリストス正教会を知るためには、その母体となる東方正教会（ギリシア正教会）・ロシア正教会の生成の歴史を知らなければならない。

現在、キリスト教の三大分流は、ローマ‐カトリック教会・「聖なる公同（カトリック・公共）の使徒的ローマ教会」と公称する（Roman Catholic Church）、プロテスタント諸教会（Protestant Church）、東方正教会（Eastern Orthodox Church）である。

以前よりギリシア正教会の呼び名で用いられていた東方正教会という総称の中に、個々の正教会であるギリシア正教会、ロシア正教会、ブルガリア正教会、セルビア正教会、日本ハリストス正教会等が含まれる。この総称と個々の正教会の呼称に二重の「ギリシア正教会」の名称があるために困惑する。東方正教会と西方教会に分裂した11世紀、東方正教会の中心がギリシア正教会であったことから、そのまま総称に使われていた。ここでは、東方正教会とギリシア正教会とも同じ意味で用いる。その後、東方正教会の中心拠点がロシア正教会に移ったことから、東方正教会のことをロシア正教会と呼ぶこともある。

日本ハリストス正教会成立に深く関わるロシア正教会、及び日本ハリストス正教会については、キリスト教分流の生成、特に、東方正教会（ギリシア正教会）の生成に触れた後に、詳しく述べなければならない。キリスト教の生成については、今さらという人も多かろうと思うが、また、専門的すぎると思う人もいるだろうが、キリスト教を整理するつもりで読み込んでいただきたい。

キリスト教は、ご存知のようにイエス・キリスト（前7？～後30？）の人格と教えを中心とする宗教であり、イエスが十字架の刑に処せられたが、3日目に復活し、彼をメシア（救世主・Messiah）すなわちキリストとする信仰が生まれた。

「イエス」（Jesus・ラテン語）は、ヘブライ語のイェホーシュアのギリシア語形で「ヤーハウェ（イスラエルの神）は救いなり」の意味で、ギリシア語音訳「イエースース」である。

「キリスト」（Christ）は本来固有名詞ではなく、ヘブライ語「マーシュイーアッハ（メシア）」（油を注がれた者の意味、古代ヘブライ時代に王・祭司・預言者の任命の際、頭に油を注がれたことから後にイスラエルを救うために神が遣わす王の意味になる）にあたるギリシア語音訳「クリストス」である。

これは、『新約聖書』時代のユダヤ人には救済者の称号となっていたが、他の諸民族には理解されなかったので、イエス・キリストは固有名詞として用いられた。キリスト教では、犯罪者として十字架に処せられたイエスを人類の罪を贖《あがな》うために神が遣わしたキリスト（救世主・メシア）と信ずる。

原始キリスト教団の時期（イエスの死後イエルサレムにおける最初の教会成立～1世紀の70年間）は、イエスの使徒パウロ、ペテロたちによって伝えられた福音が、ユダヤ地域を越えてヘレニズム、ローマの世界にユダヤ人から異邦人へと広まっていった。その時期、各地に教会が建てられ、使徒たちの手紙や福音書（イエス・キリストによってもたされた人類の救いと神の国に関する喜ばしい知らせ、キリストの生涯と教えが記されている）が書かれて『新約聖書』の基礎ができた。

ネロ帝（在位54～68）の時、64年のローマ市大火の罪をキリスト教徒に帰して迫害し、ペテロたちが殉教した。そして、70年の第一次ユダヤ戦争でイエルサレムが陥落したことによって、キリスト教はユダヤ教から分離し、世界宗教として決定づけられていくことになった。

キリスト教が、迫害と殉教の歴史だといわれるのは、「ローマの平和」（パックス・ロマーナ）の繁栄の裏に虐げられた人々が存在し、その人々の精神的支えとしてキリスト教が受け入れられたからである。キリスト教徒を迫害した背景には、信徒たちが、皇帝崇拝を強要する権力に対抗して、唯一絶対の神以外を崇拝することを認めなかったからだといわれている。弾圧の下で、信徒たちは喜んで殉教していった。信徒らにとって、殉教は精神的喜びでもあった。

ネロ帝に代表される迫害は２５０年間にわたって続いたが、キリスト教徒は増加し、カタコンベ（地下墓所）において信仰の儀式を続けた。信徒は次第に組織化され、教会が成立し、執事などの職務が生まれて来た。この職階が整えられ、3世紀中ごろから「ヒエラルキー（hierarchy）」と呼ばれる職階制となっていった。

　313年、ローマ皇帝コンスタンティヌスは、「ミラノ勅令」によってキリスト教を公認し、自ら改宗した。キリスト教は迫害から解放されたのである。信徒たちは、もはや地下のカタコンベに集まる必要もなくなり、各地に教会を建て、皇帝も貴族もこれらを後援した。

　325年、コンスタンティヌス帝は、首都をビザンチンに遷し、自らの名をとってコンスタンチノポリスと改名した。コンスタンチノポリスの総主教は、首都に在るゆえに必然的にコンスタンチノポリスの教会が最優位であると主張した。しかし、ローマ教会ではこれを認めず、ペトロが布教した旧首都ローマこそが最優位であると譲らなかった。こうして、新首都コンスタンチノポリスの東方教会と旧首都ローマの西方教会の確執が芽生えていくことになった。

　このようにキリスト教は、陽の目を見、儀式も複雑化するにつれて聖職者の数も増え、職階制度も権威づけられ、格付けがなされた。政治経済・文化の勢力が強い地域において、全教区を五大総主教区（イエルサレム・アレクサンドリア・アンティオキア・コンスタンチノポリス・ローマ）として維持していた。ところが、この頃から、コンスタンチノポリスの東方教会とローマの西方教会の教義の見解等の不和は溝を深めていった。

　325年、コンスタンティヌス帝の後援によりニケアで公会議がもたれ、その後8世紀までの間に前後7回の公会議が開かれ、様々な論争が行われこの不和の見解の統一が試みられた。しかし395年、ローマ帝国が東西に分裂・統治になりそれぞれ独自の道をたどることになった。

486～516年頃に､不和が嵩じてローマは､聖使徒の墓があるローマをもって「ローマ－カトリック（カトリックは公の意味）」を宣言し､コンスタンチノポリスは､たとえローマの属州であったにせよ､パウロがギリシアで布教したのだからといって､「ローマ－カトリック」に対してギリシア正教（オーソドックス）の名称を打ち出した。

7世紀になると、五大主教区のうち、イエルサレム・アレクサンドリア・アンティオキアの三つが新興のイスラム教の勢力下に入ってしまったため、事実上、キリスト教は、東ローマ帝国を拠り所とするコンスタンチノポリスの東方教会と西欧州を後ろ楯とするローマの西方教会の二大勢力に分割された。

1054年、コンスタンチノポリスの東方教会とローマの西方教会は互いに相手方を破門しあい、ともに我が方がキリスト唯一の教会であると主張しあった。この時、東方正教の中核として対抗したのがギリシア正教会とロシア正教会であった。ローマ－カトリック教会は､新興のフランク王国と結びつき、一方的に教皇権を主張した。東方教会では、教皇権の存在という教義上のローマ西方教会の誤りを指摘し、十字軍遠征までからみ、東西教会の分裂は決定的なものになった。東ローマ帝国では、ローマ以外の五大総主教区が、東方正教会（東方オーソドックス教会）を興したのに対し、ローマ総主教座が西方教会（ローマ－カトリック教会）として発展していくことになった。

東ローマ帝国は、ギリシア・小アジア・シリア・エジプトを支配し、都をコンスタンチノポリスに定め、ヘレニズム文化とキリスト教を融合したビザンチン文化を生み出し、1453年にオスマン帝国に滅ぼされるまで、ビザンチン帝国と称し、東方正教（ギリシア正教）を維持発展させていた。その後は、ロシアが東方正教会（ハリストス正教）の主流大国となっていった。

ローマ－カトリック教会は、1054年の分離後、国家との協調・相克の中、神学（スコラ学）隆盛、修道院の繁栄を背景に13世紀には勢力が最盛期に達したが、16世紀にルターらによる宗教改革が実現し、プロテスタント教会が勃興した。同時期の1533年、アングリカン－チャーチ（英国国教会）の首長は国王（ヘンリー8世）が自らこれにあたる首長令を発布し、ローマ－カトリック教会から離れた。プロテスタント（反抗者）と呼ばれる新教徒は、ドイツを満たし、オーストリアではルーテル派、北欧3国はほとんど新教に帰依し、スイス・フランス・オランダではカルビン派、イギリス・スコットランドでもローマ法王に反抗する信者が現れた。

カトリック側はこれら新教徒のほしいままに邪説を唱えて世の人を惑わすことは異端であり、神敵であって悪魔の輩であるから、これらを撲滅すべきであるという反動運動、すなわち邪宗撲滅、ローマ－カトリック教宣揚を展開する。

この事業に目覚ましい功績があったのがイエズス（耶蘇）会であった。この会の創立者はイスパニアの騎士階級で、ロヨラを冠した一城の領主の出身であるイグナティウス－ロヨラである。イスパニア王を兼ねたドイツ皇帝（カール5世）は新教撲滅の方針をもって国内の信仰統一を企図したが、フランス国王（フランシス1世）はハプスブルク家の勢力に反抗してドイツと交戦し、旧教新教の紛争が相交じり、両教徒は互いに相手を神敵として対立している情勢であった。このような情勢の中で、ロヨラは、同郷の友人であるフランシスコ－ザビエル等とイエズス会を1534年に組織した。

イエズス会の会員に軍隊組織を与え、ロヨラはその総督となり各活動区域を教区とし、教区毎に教区長を置き、その統率下に多くの会員が活動する仕組みとした。イエズス会の会員になるためには、三つの誓いを立てなければならなかった。それらは、清貧（終身貧困）、貞潔（独身）、従順（年長・目上に対する絶対服従）という三事を厳守することである。会員は、人生のあらゆる欲望を克服し、単に神の教えの宣伝のために生きることである。実際、イエズス会員は、全てを神のために生き、生命そのものも神のために棄てる覚悟をして生きたのである。会の総督であるロヨラでさえ自己の意志を持って生活しないのである。ロヨラは前記した三つの誓いのほかに、ローマ法王に対し絶対服従を誓う四誓者であった。神意を伝承するローマ法王を以て彼らの頭脳となし、会員その身は忠実な手足となって衰退の危機にあるローマ－カトリック教会を安きにおかんとしたのである。

具体的には約４００年前の十字軍の騎士道の精神を抱き、剣と生命を以て神に奉仕する勇敢な戦士として立ち上がったのである。このようなイエズス会の行動は、目的に向かい力強く働いたため、ヨーロッパのみならず、日本を含めた世界至るところに波及し、ローマ－カトリック教の影響を各地にもたらした。

2　ロシア正教会の歴史

東方正教会の中心が、コンスタンチノポリスからロシアに移り、日本ハリストス正教会の母体となったロシア正教会の歴史をみていきたい。ロシア正教の歴史の主な項目・事件を、詳しすぎるのではないかと思われるが、日本ハリストス正教会成立の背景を重視するために教義や対立点までも、ロシア革命以前まで列記した。

860年	キエフ・ロシア人がコンスタンチノポリスを包囲し、キリスト教に出会う。その後、ロシアに東方正教はじめカトリック教、イスラム教、ユダヤ教などが入ってくる。当時のロシアでは農耕神としての大地母神と、祖先の霊を崇める古代宗教的な偶像崇拝や、時には人間の生贄などが行われる土着宗教であった。
955年	キエフ大公イーゴリ公実母オリガが正教に改宗
987年	オリガの孫キエフ大公ウラジミール、古来の土着宗教を捨てて、正教に帰依する。
988年	ウラジミール受洗
1016〜54年	賢王ヤオスラフ時代に、社会秩序維持のための教会の役割「ヤオスラフの法規」によって、教会に一種の裁判権を認め、教会に扶持が与えられた。同じ時期、「ロシアの聖フランシスコ」と呼ばれる聖フェオドシーは、キエフの洞窟修道院（ペチェルスキー修道院）の院長として多くの僧を育て、社会的奉仕的な活動によって正教の普及に努めた。その規則は、その後あらゆる修道院の模範となった。
12世紀半ば〜13世紀	モンゴルの襲撃を避けて、ウラジミールからモスクワに府主教の座を移す。
14世紀	北ロシアの修道院は修道の地を都市から森林へと移していく。その中で、ザゴルフスクのトロイツキー三位一体修道院が聖セルギーによって建立され

15世紀

た。隠者の生活をしていた聖セルギーには、森林修道院の求心的な生活から生まれた神秘主義傾向がみられた。

その傾向は後に静寂主義（ヘシカスム）に結び付くことになる。その主義は、絶えざる祈りにより外界と離れて、没我の中に神秘的な神との個人的な合一を体験することにある。１３５１年、ヘシカスムは、正教会から正式に認められ、ロシアの森林修道院の人々の間に広がっていった。

ビザンチン帝国の衰亡に伴い、コンスタンチノポリスの正教勢力が衰え、モスクワ大公ワシリーは、モスクワ府主教庁をコンスタンチノポリスの総教府から独立させ、リヤザン主教ヨナスを独立モスクワ府主教に擁立した。

その独立が図られた背景には、「フィリオクエ」問題（聖霊発出論争）が大きな原因となっている。「フィリオクエ」というのは、「子からも」という語である。三位一体の教義上、初期教会にはなかったもので、「聖霊は父から出で、また子も父から出でる」というのが正教の古くからの考え方であった。それに対してカトリックは、６世紀頃から「聖霊は父と子から出る」という解釈を採り、「フィリオクエ（子からも）」も付加した。正教は、長い事伝統的解釈を貫いて「フィリオクエ」を認めずに来た。１４３９年、東西教会の統一を図るフィレンツェ会議において、勢力の衰えていたコンスタンチノポリスはローマ－カトリックの勢力に押されて「聖霊は父から子を通して出る」と

1589年

17世紀

いう妥協的な解釈を採ったため、モスクワはこれに対して強く反発し、これを機にモスクワ大公ワシリーはロシア正教の独立を図った。

このモスクワの独立の5年後にコンスタンチノポリスは陥落し、モスクワが正教を正統に引き継ぐ唯一の教会になった。モスクワは、正教世界の盟主となり、教会の中央集権を強化していった。

モスクワ府主教は総主教に昇格、4年後には東方教会の4人の総主教（コンスタンチノポリス、アレキサンドリア、アンティオキア、イエルサレム）の内3人の総主教が、モスクワ総主教を正教世界第5のメンバーに承認した。

その後、ロシアは王朝断絶により、歴史的混乱を招き修道僧の俗化を招いた。ロマノフ王朝皇帝アレクセイは親ギリシア的正教のノブゴロド府主教ニーコンを総主教に任命したが、ニーコンは総主教権をツァーリの政権の上に置こうとした。さらに「ニーコンの改革」（典礼の改訂・十字を切る2本指から3本指を用いること、儀式中に唱えるアリルイヤの回数を2回から3回にすること、キリストの呼称をイイススとすることなど）を教会会議で決定した。これらに対して保守的な信者は激しい抵抗を引きおこした。遠征から帰国したアレクセイは、ニーコンの専横ぶりに態度を変えた。ニーコンは修道院に身を引き失脚した。しかし「ニーコンの改革」は引き続き認められることになった。ロシアで1世紀以上も守られてきた古い儀式が、親ギリシア風に変わり、「古儀式派」は激しく抵抗した。1670年代から、「古儀式派」への弾圧が、時には皇帝軍より虐殺され、1日に修道院ぐるみの千人〜2千人という殉教者を生んだ。アレクセイの継承者ピョートル大帝の時代になると、絶対君主制が完成し、教会もその下に従わざるを得なかった。

1701年　ピョートル大帝による教会改革（修道院の所有していた農地および財政上の特権を剥奪、教会経費を国家が負担する）は教権を弱める意図で行われた。1721年にはモスクワ総主教が廃止され、シノド（宗務院）が置かれ、その構成員は皇帝が任命し、宗務院総監はツァーリの官僚が当てられた。皇帝は、教会会議をわざと開かずに個別的に主教たちから承認を得る巧妙な形をとり、反対意見が表面化しないようにした。この宗務院は、1917年の革命時まで続いた。

1762年　エカテリーナ2世が即位すると、修道院の世俗化が進み、地方教会は壊滅状態になった。高位聖職者たちは王侯貴族の庇護の下に世俗的栄華を得ていたが、民衆に最も密接な司祭たちは逆境のどん底にあった。モスクワにおける聖職者の教化力・神学力は衰えていったが、この結果、人々は逆に禁欲主義になり、静寂主義が再評価された。隠者としての聖職者たちの間にのみ真の祈りが残っていた。高位聖職者たちは歴代のツァーリと結びつき、ラスプーチンに代表される腐敗と堕落が出現し、ロシア教会にとっては不幸な時代が続いた。

ニコライが日本に来航する時のロシア正教会の状況を把握するために、ロシア正教史を前述と重複するがまとめたい。10世紀にキエフ大公が、農耕神の大地母神、祖先の霊を崇める古代宗教的な偶像崇拝などの土着宗教を捨て、正教に帰依している。14世紀になると、隠者の森林修道院の神秘主義的な傾向の中で発展した静寂主義（ヘシカスム）が、正教会に正式に認められた。15世紀、ビザンチン帝国の衰亡により、コンスタンチノポリスの正教勢力が衰退し、正教勢力の拠点はモスクワに移った。この頃、カトリックとの「三位一体」論争がまきおこり、カトリックと対立することになった。17世紀、ロマノフ王朝ツァーリの政権の上に総主教権をおくという府主教ニーコンの改革は頓挫したが、ギリシア化が加速する改革は生きており、古い儀式を守る「古儀式派」はそれに反対し、逆に大虐殺がおきた。18世紀、ピョートル大帝によって絶対君主制が完成し、教会改革によって教権を弱め、モスクワ総主教が廃止され、シノド（宗務院）によって正教会の人事権、予算等全てにおいて政府のもとで管理統制された。18世紀後半には、修道院の世俗化が起こり、地方教会が壊滅状態になり、高位聖職者たちは、王侯貴族の庇護の下、栄華を誇り腐敗と堕落に陥っていたが、司祭たちは経済的にも神学力的にもどん底に陥っていた。

このような中で、14世紀に生まれた隠遁・禁欲的な静寂主義が再評価され、真の祈りを求める動きが生まれた。

ニコライの父も地方の司祭として、経済的にも、神学力的にもどん底の生活を余儀なくされていたが、真の福音のもと真の祈りと地方の教育・布教に力を尽くしていた。ニコライは、当時の腐敗・堕落した正教会の状況にありながら、新天地日本を目指したのは、父の生き方を心の糧として、ロシア正教会の真の福音と祈りをもたらすための使命感からだったことが窺える。そして、ニコライは生涯父から授った十字架をいつも手元に置いていた。この事については、次の章で詳しくみていきたい。

3　日本ハリストス正教会の歴史

「東方正教会（ギリシア正教会）」という総称の中に、教団名「日本ハリスト正教会」が含まれる。わが国の正教会の歴史は、再伝来した１８６１年から、わずか１６０年にすぎない。その間に様々な出来事があった。幕末・明治初期のニコライの伝道期、明治中期から大正のニコライの伝道成果による発展、ロシア革命と日露戦争による展開期、昭和の第二次世界大戦期の戦争による混乱期と米ソ対立による正統継承への過渡期を経て現在に至っている。この歴史は、迫害、誤解、対立があった悲しむべき現実であった。この歴史の概略を述べておきたい。

ヨハン・デミトリー・カサトキンは、ペトログラードの神学大学を卒業し、その名を「ニコライ」と改め、シベリア大陸を横断し、１８６１年、駐日領事館付司祭として箱館に来た。その後7年間日本語の勉強、日本の古典・宗教を研究し、キリスト教の禁教下、澤邊琢磨等3人の信者を得た。一旦、帰国して日本伝道会社を組織し、その資金をもって、１８７１年再来日した。再来日の翌年、東京で伝道をはじめ、その後駿河台に大聖堂の建立、伝道学校、男女神学校を設立し、教役者《きょうえきしゃ》（教会運営・伝道者）の養成に努めた。

１８８０年、ニコライは主教となる。日露戦争の難局に立ったが困難を克服し、布教を続けて

3万4千人の信徒を得るにいたった。1908年、ペテルブルクの神学大学を卒業したセルギー師が来日し、ニコライ主教の補佐として布教の強化に努めた。

1912年、ニコライ主教は75歳で永眠した。その後、ロシア革命が起こり、セルギー主教はやむなく日本正教会の自立体制に入った。さらに関東大震災によりニコライ大聖堂は焼け落ち、壊滅的な打撃を受けたが、この危機を乗り越えて布教に尽くし、1930年、ロシアのシノド（宗務院）より府主教に叙聖された。しかし、第二次世界大戦の非常時体制下で教会への軍からの干渉圧力により、1940年引退を余儀なくされた。その後、正教会は混乱期を迎えるが、軍との協力関係を結び、新しい体制で発足するも、正教会はモスクワ総主教との連絡は途絶えていた。大戦後、マッカーサー司令部は、アメリカ正教会のメトロポリアから大主教ベニヤミンを日本正教会の主教とした。そこで日本正教会は、アメリカのメトロポリア系教会の管轄下となった。

1969年、ジュネーブので国際宗教会議の際、在米正教会はモスクワ正教会に復帰し、日本正教会も必然的にモスクワ総主教の傘下に入ることになった。この年の2度の全国臨時公会によって、自治教会として独立することになり「日本ハリストス正教会聖自治教会」が誕生した。一方、日本に正教をもたらした大主教ニコライは、「亜使徒」（使徒に次ぐ者）として日本正教会最初の聖人の列に加えられた。ニコライ活動期の信徒数は、およそ3万4千人であった。

現在、日本正教会は、東京の大主教区、東日本主教管区、西日本主教管区に分かれ、全国40近い教会が存在し、約1万人の信徒がいるといわれている。このことについては、第7章で触れる。また、総主教－府主教－大主教－主教の正教会の聖職（神品《しんぴん》）については後述する。

４　日本ハリストス正教会の特色

東方正教会（ギリシア正教会）という総称の中に個別教団として日本ハリストス正教会が入ることは、東方正教会の歴史の中で述べたが、その日本ハリストス正教会のことは余り知られていない。新興宗教なのかと誤解している人も多くいるようだ。

そのような中で、東京神田にある通称「ニコライ大聖堂」（正式には「日本ハリストス正教会東京復活大聖堂」）の白亜の正教寺院は、正教を日本にもたらしたニコライの名を記念し、東方正教の伝統を具現したものである。このニコライ大聖堂は、着工が明治17年（１８８４）、竣工が明治24年（１８９１）で実に7年ものの歳月をかけて完成した。ロシア工科大学教授シチュールポフ博士の設計で、イギリスの工学博士コンドル（鹿鳴館、旧帝室博物館等の設計・建築、工部大学校・現東京大学工学部建築学科の教授として、東京駅設計者・辰野金吾、迎賓館設計者・片山東熊らの日本人建築家を育成）が工事監督した。

大聖堂は、地上35メートル、建坪３１８坪。大正12年（１９２３）の関東大震災で外観のみを残して焼失するが、昭和４年（１９２９）、当時の大主教セルギーによって修復された。その後、昭和37年（１９６２）には重要文化財に指定されている。ニコライ大聖堂の円天井（ドーム）に象徴されるビザンチン風建築の様式は、東ローマ帝国に生まれ、東方正教独特の形を現代に伝えている。ドームの見事な装飾、豪華絢爛たる聖書台、壁にはめられた聖画像「イコン」などから中世的なまぎれもない東方正教の神秘的な雰囲気が漂う。

日曜ごとの奉神礼（礼拝式）他の儀式は、格式高く古式に忠実で、聖書も他宗派で行われている口語体とは違い、荘重な文語体の日本語で唱えられている。

このように、神秘、荘厳を、明るさの明暗を示すグラデーションな色彩を保って、キリスト教のしきたりを今に伝えているのが東方正教・日本ハリストス正教会の大きな特色である。同じヨーロッパでも西洋のゴシック建築・美術と東欧世界のビザンチン建築・美術の違いは、ローマ＝カトリック教会系と東方正教会系との文化的・質的な差異を表している。その東方正教の日本の本部がニコライ大聖堂である。言いかえれば、日本ハリストス正教会の中心なのである。

これから、その正教のもつ特色とその本質について、信者としてではなく、正教への知識がない一般人としての客観的な視点でみていきたい。そこには、正教への素直な疑問点から正教への理解へ発展する契機にしたいという思いがあるからである。

十字架

正教会では、「ロシア十字架」を用いる。十字架には十数種類あるようだが、原始キリスト教時代には、「T字」形が使用され、その後「ラテン十字形」（よく知られている磔刑の十字架）と「ギリシア十字架」（完全な十字）が使用されていた。ロシア十字架は十字の上に短い横棒と下には左から右に下がった斜めの棒が添えられている。次ページ十字架の最上位の①と最下位②の意味の一説を紹介する。

①［罪標］キリストが十字架に釘打たれた時、頭上に「ユダヤ人の王」と書かれた。

②［足台］キリストとともに磔された罪人の死後を表わしている。キリストの左側の犯罪人（向かっ

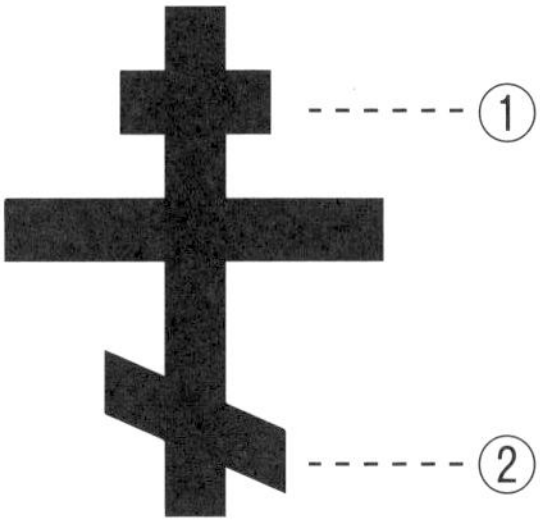

十字架

て右）「あなたはキリストではないか、それなら自分自身を救い、我々も救ってみよ」と罵った。

キリストの右側の犯罪人（向かって左）「我々は自分のしたことの報いを受けるのは当然であるが、この方（キリスト）は何も悪いことをしたのではない。イエス、あなたが神の国の権威をもっておいでになる時には私を思い出して下さい」と言い、キリストが「あなたは今日私と一緒に天国にいるでしょう」と答えた。足台の傾きは、神を信じた1人は天国に、信じなかった1人は地獄に落ちたためという伝承に基づいている。

○十字のきり方

右手の親指・人指し指・中指の３本を合わせて十字をきる。

これは、三位一体の象徴であり、順は額（上）→胸（下）→右肩（右）→左肩（左）である。

主教・司祭が信者に祝福を与える時、独特の指の形を示す。

ギリシア語のイイスス・ハリストス（イエス・キリスト、IHCOUC XPICTOC〈ロシア語表記〉）のIC、Xの字を示す。主の名により祝福を与えるという意味である。

○モノグランマ

正教会の旗印、✳の図のようなモノグランマが使用されている。十字架に釘打ちされたイイスス・ハリストスという意味で、中央に十字架があり、ギリシア語のイイスス・ハリストスの頭文字Ｉが直線に走り、ハリストスのXとPとの組合せとなっている。

コンスタンティヌス帝が、彼の軍隊より数倍の軍勢のローマ執政者マクセンティウスと戦う際、夢の中にキリストが現れ、十字架とギリシア語の頭文字を入れた旗をもって戦えと命じた。コンスタンティヌス帝はその旗を作り、大勝しローマに入城、全ローマの皇帝となり、大帝と讃えられたというのがこの旗の起源である。

「正教（オーソドックス）」の意味

正教が「正」教といっているのは、単に正しい教えという意味ではなく、「正教徒は神を正しく信じ、讃（称）揚する」という意味である。英語でいえば「the（Eastern）Orthodox Church」であるが、このオーソドックスという言葉は、ギリシア語の「オルソス（正しく）」と「ドクサ（神に栄光を帰す）」の二つの単語から成った言葉である。オーソドックスは一般的には単に正統的な、伝統的なという意味で使っているが、「正しく神に栄光を帰す」という本義で、正統的・伝統的な教えという意味に転化した。

この「正しく信ずる」ということは、「キリストの教え、使徒の教え、また公会議で定めた条項を忠実に守る」ことであり、それらに対して勝手な解釈や行為は許されないということである。

正教の根本は、聖書に記された神の言葉、次に使徒たちによって伝えられた言葉、さらに聖書に定められていないことを指針とする聖伝がある。聖伝は、十字のきり方、イコンを拝むこと、教会の務め、神の機密を行うことなど信徒の日常生活に関する聖なる伝えのことである。その伝えは、信徒は必ず聖書を読み、聖書をいかに解釈するかについて聖伝を読まなくてはならないことを示している。

聖体拝領（領聖）

教会のすべての祈祷の中で、最も大切なのは聖体礼儀であり、聖体礼儀の特質は聖体拝領（領聖）にある。その聖体拝領は、主の聖体・聖血を拝領して、つまりパンとブドウ酒をいただいて主と一体化すること、神と共にいたいという願いであり、合体する喜びである。キリストの復活を信じ、体験するところから正教の信仰は始まる。

「取りて食らえ、これわが体・・・」、「皆これを飲め、これわが新約の血・・・」といわれたキリストの聖体・聖血を信仰と祈りをもって受けることこそ、信徒の精神生活の源泉である。

この聖体拝領を受ける前に、信徒は必ず「痛悔《つうかい》」を受けて許しを祈る。また、聖体拝領する時は、前の晩の12時をすぎたら水も何も飲食してはいけない。身も心も清めて聖体を拝領するのである。ただし小学生以下の幼児は飲食してもよいし、痛悔《つうかい》をしなくてもよいことになっている。１人ずつ司祭の前に進んで聖体を受けている間、聖歌（唱）隊は「ハリストスの聖体を受け、不死の泉を飲めよ」を繰り返し歌う。受けた人に対して信者同士が「おめでとうございます」と祝福する。聖体拝領がいかに大切であり、心をつくものであるかということが頷ける。

文語訳の「聖書」

正教では、旧約・新約の両聖書が用いられているが、現在使われている訳は、ニコライの口述を補佐した漢学者・中井木菟麻呂《つぐまろ》の訳である。

ニコライは、すぐれた伝道者であると同時に非常にすぐれた学者であった。日本語を秋田大館藩の木村謙斎に学び、国文・儒学・仏教・神道・美術・教育を研究し、日本書紀・太平記などの古典を読破する研究に7年間費やした。1891年（明治24）、ニコライは、神田駿河台に大聖堂を建て伝道の本部とした時、ロシア正教会の聖書、聖典、祈祷書などを翻訳、出版する事業を行うことにした。その事業の片腕として、高名な漢学者・中井木菟麻呂を京都から迎えた。

中井は、大阪の儒者・中井甃庵《しゅうはん》の末裔で、佐久間象山の弟子であり、碩学であった。妹のおらん、おえいの2人を同道して東京に移った。上京した時、木菟麻呂は三十余歳であったが、ニコライと起居を共にし、翻訳を助けた。ニコライは翻訳の仕事を亡くなる1912年（明治45）までやめなかった。ニコライがロシア語を日本語に訳して、口述したものを木菟麻呂が立派な文語訳として文字に表した。木菟麻呂は終生の事業として、ニコライの翻訳を助けると同時に男子神学生に漢文を教え、妹のおえいも女子神学生に漢文を教えた。

当時は、ロシア革命前で日本に正教が最も普及した頃で、1903年（明治36）には神学生が二百余もいた。ニコライが亡くなった時、我が国では大聖堂の他に八つの聖堂、175の会堂、276の教会があり、3万4千を超える信徒数であった。

木菟麻呂の文語訳は名訳として有名であるが、口語訳の聖書が出ている中で、相当難しい。しかし、漢学者の素養を背景とした訳は、聖書の威厳と格調を満たしている。

カトリックやプロテスタントの口語訳になじんでいる者にとっては、正教の聖書や東方正教に関する書籍における慣用句や人名がわかりにくい。今回、その語句を正教入門書、神父・信徒の皆さんに質問をして内容を把握していった。それらの語句を列記していきたい。

「祭礼・教義・制度」の語句

イイスス・ハリストス（イエス・キリストのロシア語表現。）

機密（秘跡）（mysterion）（人はキリストの「機密」によることで、「神化」に至ることができる。機密は、「洗礼」「傅膏《ふこう》」「婚配《こんぱい》」「痛悔《つうかい》」「聖体」「神品《しんぴん》」「聖傅《せいふ》」の七つである。）

神化（テオシス）（theosis）（人間の神化を意味するが、本性としての神ではなく、神のエネルゲイア〈働き〉によって聖化され、神の様になるということである。東方キリスト教において「復活」などとともにもっとも重要な教義の一つである。）

聖体礼儀（罪の赦し〈「痛悔」機密〉を受けた信者が、パンと葡萄酒が聖体変化した「尊体」と「尊血」を与えられる儀式のこと。聖体を受けることを聖体拝領、領聖という。）

大聖入《だいせいにゅう》（日本ハリストス正教会で日曜日に行われる「聖金口イオアン聖体礼儀」において、「大聖入」といわれる「聖体変化」に際して、聖歌が詠われ、司祭は一連の礼式を行い、次のような祈りの言葉を述べる。「この餅をもって、汝のハリストスの尊体と成し。・・・この爵中のものをもって、汝のハリストスの尊血と成し。・・・汝の聖神をもって、これを変化せよ。アミン、アミン、アミン」〈『主日奉事式』〉）

藉身《しゃしん》（受肉）　奉神礼（礼拝式）　イコン（聖画像）　聖神（霊）　生神女・生神童貞女（聖処女・聖母マリア）　アリルイヤ（ハレルヤ）　アミン（アーメン）　福音経（福音書　聖書　天主経）モイセイ（モーゼ）　ダビード（ダビデ）　イサイヤ（イザヤ）　イオナ（ヨナ）　イオアン（ヨハネ）　ペートル（ペテル・

ペテロ）パウエル（パウェル・パウロ）マトフェイ（マタイ）イヤコフ（ヤコブ）聖三者（父と子と聖神〈聖霊〉）携香女（香を携えて行った女、マグダラのマリアを指す）

【制度】の語句

神品（聖職の位階制）輔祭品（首輔祭・長輔祭・輔祭）・司祭品（首司祭・長司祭・司祭）・主教品（総主教・府主教・大主教・主教）

○東方正教会・祭礼（新暦・□印は12大祭）

【不定祭日】（移動祭日）

復活大祭（聖大パスパ）……………毎年4月～5月主日

□聖枝祭（枝の祭）……………復活大祭前の主日（主たる神をあがめる日・日曜日）

□主の昇天祭……………復活大祭の40日後

□聖神降臨祭（五旬祭）……………復活大祭の50日後

【定祭日】

主の割礼祭……………1月4日

□神現祭（主の洗礼祭）……………1月19日

（イエスがヨルダン川で洗礼者ヨハネ〈イオアン〉によって洗礼を受けたことを祝う祭。父なる神の声がきこえ、聖神〈聖霊〉が鳩の形で降り、「神の現れ」があったことから「神現祭」という。）

□迎接祭（主の進堂祭）……………2月15日

□生神女《しょうしんじょ》マリアの福音祭……………4月7日

（天使ガブリエルが童貞女マリアにキリスト誕生の福音を告げることを祝う祭。救い主の誕生による人々の救済という福音的なメッセージが強調される。）

聖ニコライ記憶祭　………………５月22日

聖使徒ペートル・パウエル祭………７月12日

□顕栄祭（主の変容祭）………………８月19日

（主イエス・キリストがペートルなどの使徒を連れて高い山に登り、彼らの目の前で姿が変わり、顔は太陽のように輝き、服は光のように白くなって、神の国の栄光をあらわしたことを祝う祭。この祭りでは、ブドウなどの果物、野菜が献げられる。）

□生神女マリアの就寝祭………………８月28日

前駆者聖イオアン致命祭……………９月11日

□生神女マリアの誕生祭………………９月21日

（マリア誕生の記録は、聖伝・正典には存在しないが、外典〈新約正典文書に含まれない「異端的」とされている諸文書を指す〉に基づいて祝われている。）

□十字架擧栄祭…………………………９月27日

生神女マリアの庇護祭………………10月14日

□生神女マリアの進堂祭………………12月４日

□主の降誕祭（クリスマス）　…………12月25日

（ロシア正教会は旧暦との差である13日を加えた1月7日）

【大斎と受難週間】

復活大祭前の6週間の大斎《おおものいみ》と1週間の受難週間

教会建築様式

正教会の教会堂は、他のキリスト教の教会にはみられない独特の形をしている。いわゆる「ビザンチン建築」といわれるもので、古代ローマの建築様式にみられるドーム（円屋根）と初期キリスト教の「バジリカ様式」の融合から生まれたといわれている。

「バジリカ様式」は、ゴシック様式に強い影響を与えた建築様式で、ローマ時代の集合会場をまねたとも、カタコンベ（地下墓所）の教会をかたどったものともいわれている。形式は、長方形平面で、前面に回廊を廻らして多くの列柱を持っている。初期キリスト教の用いた教会である。その典型的なものは、コンスタンティヌス帝によって4世紀中頃、ペトロの墓所に建立した旧バシリカの旧聖堂から引き継いだ聖ピエトロ大聖堂に見ることができる。

この様式に古代ローマのドームが加わった「ビザンチン建築」は、6世紀頃、コンスタンチノポリスに建てられた「ハギアー ソフィア（アヤ・ソフィア）大聖堂」が代表的なもので、その建築法が伝統的に今に伝わって来ている。

○教会堂平面図

大体四つの種類がある。そして、信徒を暗黒の迷いから光明へと導くことを表徴するため、聖堂は東方に向けて建てられる。

（1）船舶形………船は荒波と闘って航海者（信者）を安全な港（天国）へ導く象徴
（2）八面形………星をかたどったもので、夜の旅行者が暗闇に迷うことなく、教導の光となって天国の路を示す。
（3）十字形………キリストの十字架による救いを示すもの。
（4）円形…………宇宙の象徴（永遠の存在）

○「クーポル」の種類

ビザンチン建築の特色であるドーム（円屋根）はそれぞれ「クーポル（十字架と台坐）」を持つ。「クーポル」の数にも数種類ある。

（1）1個…………教会のトップは、キリスト唯一人である。
（2）5個…………キリストとその生涯を記した四福音をあらわす。
（3）7個…………教会の七つの機密（キリストの秘跡によって神化）をあらわす。
（4）13個…………キリストとその十二使徒をあらわす。

○教会堂の内部

三つの箇所に区画される。

（1）至聖所（聖台・アルタリ）
聖務者のための場所。祈りの中心になる所で方形の祭台「宝座」が設けられ、その上にアンティミンス（ギリシア語、日本語では「代案」という敷物。やむを得ない時この敷物を「宝座」の代わりにする）が置かれる。左隅に奉献台があり、聖体機密に用いられる聖器物が置かれる。

（2）聖所

信者のための場所。聖務者のための至聖所（アルタリ）と聖障（イコノスタス）で仕切られている。聖障は、イコン（聖画像）がはめこまれた仕切壁で、その中央には天門（天と地の間の門）がある。この奥が「宝座」のある至聖所になっている。

（3）啓蒙所

一般人、未信者のための場所。ここまで誰でも入ることができる。カトリック教会などと違うところは、イスも何もおいていないこと。古代キリスト教の形を守ろうとする正教の姿勢がある。旧約時代には一定の場所で奉神礼が行われていなくて、モイセイ（モーゼ）の時代になって「スキニヤ」という小屋で祈祷するようになり、ダビデの子ソロモン時代になって教会が建てられるようになった。3世紀頃、迫害がひどくなると、カタコンベ（地下墓所）でも集会が行われ、キリスト教が公認されるに及び、教会は地上に戻ってきた。このような経緯でその当時の影響が正教の中に遺されている。

キリスト教他派との違い

キリスト教他派、特に旧教のカトリックとの違いを探る。

（1）讃美歌

正教では「聖（唱）歌」といい、無伴奏（アカペラ）で唄われる。「聖（唱）歌」は天使の声の象徴であるというたてまえから、肉声で唄われるのが正当であるという考えからである。

（２）礼拝式

礼拝の方式が全く異なるのはいうまでもないが、正教では、礼拝式を「奉神礼」といい、「聖体礼儀」と呼んで、ミサとはいわない。

（３）聖餐式のパン

正教では酵母入りで形も異なる。

（４）十字架

正教では「ロシア十字架」で横３本、縦１本で、十字のきり方は、３本の指を使い、上（額）、下（胸）、右（右肩）、左（左肩）の順である。カトリックは指２本、上下左右と異なっている。

（５）教会観

教皇権の問題が二つの宗派分裂をもたらした。その源は聖書にある教会そのものの把握の仕方にある。

マタイ伝16章18節「我れ亦汝に語《つ》ぐ、汝はペテロなり、我れ此の磐《いわお》の上に我が教会を建てん」の「磐」の解釈。

19節「且我れ汝に天国の鍵を与えん、汝が地に縛《つな》ぐものは天にも縛がれ、汝が地に釈《と》く者は天にも釈かれん」を拠り所として、ペテロ伝道地であるローマにあるカトリックの「ローマ教皇の絶対首位」が成立している。

カトリックの考え

キリストが「お前は磐である。我れは此の磐の上に我が教会を建てる・・・」とペテロに告げたのはペテロ唯一であるから、ペテロとその後継者こそが絶対首位である。また、「地に縛ぐものは天にも縛がれ」という言葉がペテロ個人にいわれたと解釈した場合、ペテロの絶対首位を認め、その後継者の首位性を認める。

正教の考え

「磐」という言葉は、キリスト自身を指す、あるいはペテロおよび他の使徒たちである。聖書全体を通してみると、ペテロの資格身分をローマ教皇が継承できるということはこじつけにすぎない。

使徒行伝《ぎょうでん》では、教理と教会組織上の問題が集会で決められること、またその決定の裁可は聖霊（人に宿り、啓示を与え、聖化へと導く助け主・慰主父なる神、子なるキリストともに三位一体を形成。東方正教では、父からのみ発出されるとし、東西教会の教義上の争点）と使徒たちの権限であること、公会議こそ、教義を決定できるものと明記されている。これらに基づいて、公会議の決定を重んじ、ローマ教皇権の全権力を掌握することを認めない。

「イコン」と聖像

「イコン（ロシア語では「イコナ」）」は、キリスト、マリア、天使、諸聖人の平面的な聖画像のことで教会内の壁にはめ込まれていたり、信者の家の壁にかけられたり、小さな板片に描かれたりして、信徒はこの像を通して熱い祈りを奉げる。この像は、必ず「平面像」でなければならず、「立体像」であってはならないのである。カトリックのように十字架上のキリストの受難の像や聖母マリア立像に祈ることは全くない。

このイコンこそが「聖像破壊運動（イコノクラスム）」で、世界を揺るがし、後に東ローマ帝国と西ローマ帝国に分裂する大要因になった。７８７年、ニケアで開かれた第７回公会議（ニケア公会議）で見解が統一され、イコン崇拝は回復され、現在にいたっている。

モーゼの十戒の中で、偶像崇拝をきつく戒めている。イコンもまた、人間の手によって作られた作品であり、「神性」が認められないのではないか、古代宗教の特徴である偶像崇拝と表面上異ならないではないかという見方が古くからあった。この論旨によって、当時の皇帝がイコン破壊令を施行し、教会のイコンは徹底的に排除された。

この妄挙を阻止しようとする聖職者・信徒と激しいいさかいが起こり、長期にわたって大激動期を迎えることになる。この阻止の論旨は、「聖像」というものを広く解釈し、その解釈を通して神を見ることから偶像崇拝ではないとした。

その解釈の詳細についてみると、そもそもキリストを神の像とするならば、神の意志もすなわち神の像である。しからば神により造られた人間も、人間によって描かれた聖画も神の像であり、神や聖人の記憶・記念のために造られたものがイコンである。神は目に見えない存在であるが、その霊を伝えるためにキリストをわざわざ人間の形にしてつかわした。キリストの形、聖書といった形をなすものを通して、人間は神を見ることができるのである。したがって、イコンを崇拝することは、その聖像にかたどられた聖なるものを通して、「神」を拝むのである。キリストの祈りの代行者たる司祭たちのとり行う礼拝式の中に信徒たちが神を見ようとするのと変わりない。

カトリックのように立体像ではなぜいけないのか。正教会のみがなぜ「平面像」にかくも強い執着を示すのか。正教の神学者は次のような説を示す。

イコンは、地上と天国との間の窓であり、神の国を写す鏡のようなもので、信徒たちはイコンを通して、神の国をのぞき込むのである。それが神を写す鏡だとすれば、イコンは当然平面でなければならない。立体像は偶像崇拝というイメージが強く、これを排斥すべきである。

イコンは天主・聖母・天使・聖人等の表象であるが、像そのものが崇拝、礼拝の対象であってはならない。真の崇拝は、信仰の主体となる者にあり、聖像を拝む人は、聖像があらわす実質を拝するのである。

こうした論争によって、前述したように787年のニケア公会議でイコン崇拝は認められたことになったのだが、その後もイコン論争は絶えなかった。その論争の終結はニケア公会議の約50年後の843年になってからといわれている。

イコンはこれまでみてきたように、東方正教と本質的なつながりが深いことがわかった。また、イコンは、東方正教において信仰において継承されているものであり、カトリック、プロテスタントには見られない。それは、イコンが芸術とは別ものであることを示すものでもある。イコンは、聖堂内だけでなく正教の信徒の家庭の居間の片すみに、どう見ても芸術的ではない筆致の絵が飾られている。カトリックのようにラファエロとかダ・ヴィンチのような美しい聖画を飾るならいざ知らず、一級品とは思えないイコンを大切に飾り、その前で祈りを奉げることは、素朴で、信仰の深さが感じられるが、異世界から見れば奇異に他ならない。

同じキリスト教でも、プロテスタントは像のようなものは一切置かないが、カトリックでは十字架にかけられたキリスト像、聖母マリア像が至るところに飾られ、会堂、家の中ばかりか村の岐《わか》れ道、港の近く、古びた祠に聖母子像を見かけることが多いという。日本における道祖神・地蔵尊を祀るようにカトリックでも同じように民俗信仰として社会に溶け込んでいるようだ。同じように、東方正教のイコンも民衆の信仰心に入り込み、民俗学的な様相を呈しているように思える。

奉神礼（拝礼式）

古代正教会は、多くの地域に分かれていた奉神礼が、４世紀ころに統合・分割されローマ・コンスタンチノポリス・アレクサンドリア・アンティオキア・イエルサレムの五つの主教区に統轄された。現在、正教会では主に「聖イオアン（金口イオアン）」の奉神礼拝式によって年間の大部分のリトルギー（聖体礼儀・奉神礼の中心をなす儀式であり、信者がキリストの聖体・聖血を拝領する時の奉事）が、行われている。これらの内容について説明していきたいが、聞きなれない語句や祈祷の複雑さに閉口し、さらにイメージできないかもしれない。現在、正教信徒は、この儀式を厳粛に聖歌隊とともに長時間立って行っている。正教の中核を知る一端として了解して読み込んで欲しい。

【毎日の奉神礼と祭日の奉神礼】

毎日の奉神礼は、昔は生活が悠長なため省略なく行っていたが、今では修道院か、特殊な教会だけで行われ、一般にはかなり簡略化されている。１週間を基調としてそれぞれ意味がある。

日曜日……………１週間の初日で、主日という。キリストが死から復活したことを記念するための奉神礼で、そのための聖句も歌もすべて主の復活に関連したものである。

月曜日……………神の使いが、常にわれわれを守護して下さることに感謝する。

火曜日……………キリストの降臨を預言し、人々を善に導いた預言者、およびキリストの受洗者イオアン（ヨハネ）を讃美する。

水曜日……………キリストがユダに売られたことを記憶する。

木曜日……………諸使徒とニコライの讃美。

金曜日……………キリストの十字架の架刑と受難と死を記憶する。

土曜日……………聖母と諸聖人、および死者のための奉神礼。

東方正教の諸祭日は、[1]復活祭に関連した移動祭日、[2]降誕祭に関連した固定祭日、[3]マリアに関連した祭日、[4]使徒に関連した祭日、[5]聖人に関した祭日の五つに区分される。復活祭は、ニケア公会議で決まったように春分の日の次の満月に続く日曜日とされて毎年一定していないので、関連祭日も移動する。降誕祭は1月7日と決まっているのでこれに関連した祭日は移動しない。


【祈祷】

昔、ユダヤでは、天地創造の物語と同じく、1日は夜からはじまると考えられていた。そしてキリスト教でも夜からはじまる1日24時間を八つに区分し、それぞれの時間に祈祷を奉げていた。その祈祷には次のような意味が込められている。
（1）晩課（世界の創造主およびキリストを讃美し、今日の無事を感謝する祈り。）
（2）晩堂課（これから来る夜を祝福し、昼間犯した罪の赦しを祈る。）
（3）夜半課（人々の審判のために天から来るキリストに奉げる祈り。）
（4）草課（われわれにやすき眠りを与え、明日すこやかな身体をもって働く力を与えられんことを祈る。）

（5）一時課（主がわれわれに日の光を見ることが出来るようにして下さったことを讃美し、真の光である主キリストにその教えの道をもってわれわれの霊を照らし給えと祈る。）
（6）三時課（3時に、主の聖神が使徒たちにくだったこと・聖神降臨を記念するものと、主がわれわれから聖神を奪いさることのないように祈る。）
（7）六時課（キリストが6時に、万民の赦しのために十字架に釘打たれたことを記念すると共に、われわれの罪が赦されんことを祈る。）
（8）九時課（キリストがわれわれのために死に給うたことを記憶し、われわれの欲望の消滅を祈る。）

この一時課、三時課などの呼称は、現在のわれわれの用いている時刻とは異なり、ユダヤの古い時刻の数え方で、夜明けから時刻を数え始める習慣で一時課はおおよそ夜明けの6時ころに行われたといわれている。

このようにみていくと、天地の創造主たる「神」とそのひとり子である「主イイスス・ハリストス」と「聖神（聖霊）」の「父・子・聖神」の聖三者（三位一体）の讃美である感謝が基本になっている。典礼の重要かつ中心である「聖体礼儀」は、「聖体拝領（領聖）」の儀式であるが、これは三時課に続いて行われる。

昔は、こうして終日祈祷が行われたそうであるが、後になって、つぎのような三つにまとめて行われた。

晩の奉神礼（九時課・晩課・晩堂課）
朝の奉神礼（夜半課・早課・一時課）
昼の奉神礼（三時課・六時課・および聖体礼儀）

前述したように天地創造の物語に則って、1日が夜から始まるという考え方から祈祷もまた、晩の奉神礼から始まって、徹夜で続けられるのが習わしであった。現在では、毎日ではなく、日曜・祭日の前夜に「徹夜祷」の形で、前晩の祈祷が行われている。儀式の中心である「聖体礼儀」にいたるまでに昔の本格的な徹夜祷で八つの典礼が行われていた。現在では、この徹夜祷では、晩課・早課・一時課の三つが前晩に行われ、そのまま聖体礼儀につづいていく。また、この前晩の祈祷を「晩祷」と称している。セルゲイ・ラフマニノフが1915年に作曲して有名になった『晩祷』はこの「徹夜祷」を指している。正教会の公祈祷の形式「徹夜祷」に基づく奉神礼の音楽の大作といわれている。

現在の「徹夜祷」について、典礼の項目の順序を列挙していきたい。

第1部　晩課

（1）輔祭が蝋燭を持って先導し、司祭は香爐《こうろ》を持って聖台で爐儀（香爐を振る儀式）を行う。

（2）起端の聖詠（一日中の奉神礼の順序はこれから開始されるということから命名）

（3）大連祷（輔祭《ほさい》は大連祷という12カ条からなる祈りの文を朗読する。聖歌隊はその祝文に合わせて歌をもって応える。）

（4）カフイズムマ（座誦経）（いくつかの詩を朗読するもの。その後、信者は特に座って説教を聴くことが許された。）

（5）小連祷（大連祷に対して用いられる3カ条の祈りの文からなる。）

（6）ステヒラ（讃頌《さんしょう》）（聖歌隊によって、小連祷の後に歌われる。旧時代の信徒が、自分の罪の重大さを感じて、キリストに滅罪の助けを願った時の記念で、詩編から採った歌詞による讃頌である。）

（7）聖入（王門が開かれ、輔祭・司祭は香爐をもって北門から出て王門の前に立ち、再び爐儀を行った後、「つつしんで立て」と唱えながら、香爐を十字に振って聖所に入り、宝座等にも爐儀を行う。この時、聖歌隊によりキリストに献げる讃詞が歌われる。）

（8）ポロキメン（提綱）（ポロキメンは「発端」の意味、次に来る祈祷文やバレミヤ〈旧訳聖書の読み〉の前唱となるもの。）

（9）重連祷・増連祷（前述の大連祷、小連祷と同類の連祷。信徒の憐みを願う祈りが輔祭によって唱えられる。）

（10）クズケのステヒラ（讃頌）（「けだし爾は至善にして人を愛する神なり」という司祭の句についで歌われる。「クズケ」とは挿句の意味で、聖人への讃詞などに聖書の句を挿んで歌うのでこの名称となる。）

（11）シメオンの祝文（信徒は生命の終わりに平安でおだやかであるようにこの歌を通して神に祈る。救い主に逢うまで死ぬことがないと神の啓示を受け、ひたすらその日が来るのを待っていたイエルサレムの篤信の老人の名がシメオンである。）

（12）生神女讃詞（「聖母讃歌、またはマリアの祝詞」と知られている。）

第2部　早課

（1）日の出前に行われ、読経者が各種を詠み、その間に司祭は12カ条から成る祝文を黙誦する。輔祭の連祷、「主は神なり」の聖詠を唱える。

（2）トロパリ（讃歌）（キリストが死んだこと、葬られたこと、復活したことを歌うトロパリが歌われる。）

（3）ポリエレイ（多油祭）（「ポリエレイ」はギリシア語で神の憐み多くあれという意味。聖堂内に灯がともされ、王門が開かれる。〈天国の門が復活によって開けられたことを象《かたど》っている〉司祭は、福音経、または聖像を捧げ出し、輔祭によって爐儀が行われる。〈携香女たちが主のお墓で天使にあい主の復活を受けて他の門徒たちに伝えたことを象っている〉）

（4）復活の讃歌（キリストの復活のこと、香を携えて墓に来たマグダラのマリアたちのこと、彼女の前に神の使いが現れて主の復活を告げたことなどを歌っている。）

（5）アンティフォン（唄和詞）（ギリシア語、唄和詞または応答詞と訳される。教会のイコノスタス〈聖障〉の前のソレヤ〈一段高い所〉の両側で聖歌隊が交互に歌う。）

（6）福音経（聖書）朗読、復活讃歌（アンティフォンの後、輔祭による「ポロキメン」〈提綱〉、司祭による福音経朗読があり、司祭は福音経〈聖書〉を中央の台におく。信者たちは、これに十字を描いて接吻する。〈復活後40日の間、門徒たちに現れた主を象っている〉この間に復活讃歌が歌われる。）

（7）カノン（規程）の誦読と「イルモス」（カノンはギリシア語で規程、順序、次第を意味する。聖書の中から9句を詩歌に合うように規程したもので、各歌集の冒頭にあるものをイルモス〈接続語〉という。）

（8）ステヒラ（讃揚の讃歌）（「凡そ生ける者は主を讃め揚げよ」「天より主を讃め揚げよ」「至《い》と高

きに彼を讃め揚げよ、讃歌は爾、神に帰す」のステヒラが歌われる。）

（9）生神女讃歌（ステヒラに次いで、聖母の讃歌が歌われる。司祭によって「光栄は爾我等に光を顕わせる主に帰す」との讃詞が唱えられる。〈神が人々の霊を照らさんがため、その子を地上に降し、人として住まわせたことを讃揚するものである〉）

（10）大讃歌（聖歌隊による長い讃歌、ついで輔祭の連祷があり、その後司祭は早課の終わりを会衆に告げる。）

第３部　一時課（晩祷の最期の部分である。三つの聖詠、トロパリ、生神女讃歌、聖三者讃詞、天主経、小讃詞、祝文で構成され、大部分読経者の経と司祭の応答によって終始し、最後に聖歌隊による聖母讃歌が歌われる。）

以上、夜を徹しての晩祷はここで終わる。このあと中心の聖体礼儀（リトルギー・聖体・聖血をうける信者の儀式）に続いていくことになる。

【聖体礼儀（リトルギー）】

正教会では、聖体礼儀は、奉神礼の中心をなすもので、最も大切な儀式であり、信者がキリストの聖体・聖血を拝領する時の奉事のことである。この機密の礼は、キリストが最後の晩餐の時、弟子たちに直接示したもので、己を記憶させるために、この形を毎日行うように命じた。この形は、使徒たちの口伝により伝えられたが、後に、三つの聖体礼儀になった。ここではその中で一番多く行われる「金口イオアンの聖体礼儀」についてふれたい。

「金口イオアンの聖体礼儀」は、プロスコミデヤ（奉献礼儀）、啓蒙者の聖体礼儀（リトルギー）、信者の聖体礼儀（リトルギー）の三つの部から成り立つ。

第1部　プロスコミデヤ（奉献礼儀）

初期教会で信者たちが機密を行うために　供物を持ち寄ったことを起源とする。この供物の中から機密に必要な若干のパンを切り取り、残りは聖体礼儀のあとに食べる。この習慣は、3世紀頃まで続いたが、貨幣経済の浸透により、この風習は献金となり、この金でパンを教会で作った。これを「プロスフォラ」、供えのパン、礼物とよんでいる。また、キリストの血を象《かたど》るぶどう酒が用いられる。

第2部　啓蒙者の聖体礼儀

啓蒙者（受洗準備者）の聖体礼儀と呼ぶ。蝋燭が灯る中で、王門が開かれ、輔祭が天門の前に立ち、「君や祝讃せよ」というのに対し、司祭が宝座の前に立ち両手をあげ、「父と子と聖神の国は崇め讃めらる、今もいつも世々に」と唱え、聖歌隊は「アミン」と応えることから始まる。

（1）大連祷

（2）第一アンティフォン（唱和詞）（神を讃揚するアンティフォンを聖歌隊が歌う。）

（3）小連祷

（4）第2アンティフォン（キリストのことを短いことばで教える聖歌。）

（5）小連祷

（6）第3アンティフォン（司祭黙誦）（王門を開いて小聖入〈キリストが福音宣伝の公務につかれたことを象る〉に備えるため、司祭は福音経〈聖書〉を奉持して至聖所から出て来る。）

（7）真福九端

主や、爾の国に来たらん時、我らを憶《おも》い給え。

心の貧しき者は福《さいわい》なり。天国は彼等のものなればなり。

泣く者は福なり。彼等は慰めを得んとすればなり。

温柔なる者は福なり。彼等は地を嗣《つ》がんとすればなり。

義に飢え渴く者は福なり。彼等は飽くを得んとすればなり。

憐みある者は福なり。彼等は憐みを得んとすればなり。

心の清き者は福なり。彼等は神を見んとすればなり。

和平を行う者は福なり。彼等は神の子と名づけられんとすればなり。

義のために窘逐《きんちく》（弾圧・苦しめられる）せらるる者は福なり。天国は彼等のものなればなり。

人、我の為に爾等をののしり、窘逐し、爾等のことを偽りて諸《もろもろ》の悪しき言葉を言わん時、爾等福なり。喜び楽しめよ、天に爾等の報い多ければなり。

（8）小聖入（聖歌隊の「主や爾の国に来たらんとき」の歌う時、司祭は福音書を奉持し、右側から宝座を過ぎ北門から高壇に出て来る。聖入の終わりにキリスト復活の喜びの歌が歌われる。司祭は福音書を人々が見えるように高くかかげ、王門を通って至聖所に入り、福音書を宝座の上にのせる。）

（9）復活のトロパリ（祈祷第2部早課参照）

（10）「聖なる神」（コンスタンチノポリスの総主教プロクルが、1人の青年の問いに答えて「このようにして主に祈りなさい」と教えた言葉を歌う。「聖なる神、聖なる勇毅、聖なる常世《じょうせい》の者や我等を憐めよ、光栄は父と子と聖神に帰す、今も何時も世々に、アミン」）

（11）ポロキメン（祈祷第1部晩課参照）

（12）使徒書の朗読

（13）アリルイヤ（聖〈唱〉歌隊）

（14）福音書の朗読

（15）重連祷

（16）死者のための連祷（主祷者の望む場合に行う。天門を開け、終わってから閉じる。）

次に司祭は啓蒙者と共に神を讃美する結びの言葉を述べて、第2部の啓蒙者の聖体礼儀は終わることになる。啓蒙者の聖体礼儀は主にキリストの3年半にわたる宣教の時期を象ったものである。この儀式を別名「一般の聖体礼儀」とも呼んでいる。

第3部　信者の聖体礼儀

（1）小連祷（司祭は、これから重大な機密を執行する許しと、この聖体機密を受け、信者の罪の許しをねがうための黙祷が行われる。）

（2）大聖入（司祭・輔祭に奉持されたパンの乗っているディスコス〈足のついた金属製の小皿〉とポティール〈柄の長い金属製の爵〉を信者たちに示す。人々の罪を救うため苦しみを受けて死んだキリストを象ったものであることを示し、祈りの意義を示す。宝座のパン小片は、献げた人たちの罪が主の聖血により清め赦されることを祈りながら、ポティールのぶどう酒〈聖血〉の中に入れられる。この聖体は後に信者たちが拝領する。）

（３）平安と愛の連祷（輔祭による平安と愛の連祷があり、「我ら互いに相愛すべし、同心にして承認《うけとめ》んがためなり」と高唱し、聖務者同士が接吻する。次に輔祭によって「門門、謹《つつし》んで聴《き》くべし」の高唱がある。信者に、邪念を払い、祈祷心を集中せよとの呼びかけとなっている。その後、王門の幕が開かれ、キリストが悪魔に打ち勝ち、天国の門が開かれたことを意味する。）

（４）信経（クレード）（この歌は、信仰の承認として全信徒によって歌われることを原則としている。これは３２５年、ニケヤで制定された12カ条からなる信条で、信者としての信仰の要となっている。

「我れ信ず、唯一《ひとつ》の神、父全能者、天と地見ゆると見えざる万物を造りし主を。又信ず、唯一の主イイスス・ハリストス、神の独生の子、よろず世の前《さき》に父より生まれ、光よりの光、真《まこと》の神より真の神、生まれし者にて造られしに非ず、父と一体にして万物彼に造られ、我等人々のため又我等の救いのために天より降り、聖神及び童貞女マリアより身を取り人となり（生まれる）我等のため「ボンティ・ビラド」の時十字架をに釘打たれ、苦しみを受け葬られ、第三日に聖書に適《かな》いて復活し、天に昇り父の右に座し、光栄を顕《あらわ》して生ける者と死せる者とを審判する為に又来り、其国終わりなからんを。又信ず、聖神主、生命を施す者、父より出で、父及び子と共に拝まれ讃められ、預言者を以て嘗《かつ》て言いしを、又信ず、一つの聖なる公《おおやけ》なる使徒の教会を。我れ認む、一つの洗礼、以て罪の救いを得るを。我れ望む、死者の復活、並びに来世の生命を。」

この信仰の条々が現在でも信仰の基本となっている。）

（5）親しみの捧げもの（聖なる機密が行われるにあたり、信者が己の心構えと聖三者による恩寵《おんちょう》を受けるための「親しみの捧げもの、讃揚《ほめあげ》の祭を」歌い、ついで司祭の神の恩寵が信者に降らんことを、また信者の心が神と結ばれることを祈る「心上と向かうべし」の言葉に答え、「爾の神にも、主に向かえり」が歌われる。）

（6）機密の執行（聖体礼儀の重要部。司祭が「凱歌《かねうた》を歌い、呼び、叫びて言う、云々」と唱える。これは、四つの生物、「鷲」（凱歌をうたう）、「獅子」（叫ぶ）、「牛」（呼ぶ）、「人」（言う）に当てはめている。この四つの生物は、四福音書を象徴しているところから、信者の神への賛美を助けている。次に、主の、晩餐の時の、約束の言葉「取りて食え、是我が体、爾等の為に擘《さかる》（裂く）者、罪の赦しを致す」（マタイ伝26・26～28）が司祭によって唱えられ、司祭は手を挙げて、パン、ぶどう酒が聖体、聖血に変化することを祈る。この間、聖歌隊の感謝の歌が歌われ、教会の鐘楼では鐘が打ち鳴らされる。

ついで、聖母の讃歌〈常に福。さいわいにして全く玷《きず》なき聖神女や・・・〉が歌われる。）

（7）輔祭と聖歌隊による連祷

（8）「主の祈り」（「天に在す我等の父や、願くは爾の国は来り、爾の旨は天に行わるが如く地にも行われん、我が日用の糧を今日我等に与え給え、我等に債《おいめ》ある者を我等赦すが如く我等の債を赦し給え、我等を誘《いざな》いに導かず、猶我等を凶悪より救い給え」（マタイ伝6・9～13）のキリストが直接教え給うたこの「主の教え」を信徒全員が唱和する。

次に司祭は、聖パンを両手に捧げて、「聖なるものは聖なる人に」〈この聖体は聖なる者のみ受け取ることができる〉といい、聖歌隊が「聖なるは唯独《ひとり》、主なるは唯独。神父の光栄を顕わすイイスス・ハリストスなり、アミン」と応える。）

（9）聖体拝領（「神をおそるる心と信をもって近づき来れ」の輔祭の高唱に、聖歌隊は「主の名によってくるものは崇めほめらる、主は神なり我等を照らせり」と応えて、聖体拝領が始まる。小学生以下の子どもと痛悔を受けた信徒たちは、両手を胸に組み、司祭は「神の僕《しもべ》〈女性は婢《はしため》〉某、主、神われらの救世主イイスス・ハリストスの至尊至聖なる体血を受く、その罪のゆるしと永生とを得んがためなり」といいながら、信者の口にぶどう酒にひたしたパン〈聖体聖血〉を与え、絹の布で信者の口を拭い、領聖者はポティールに接吻する。この間聖歌隊は、「ハリストスの聖体を受け不死の泉を飲めよ」と繰り返し歌う。）

（10）感謝（感謝の意を現わす祈祷の応答があり、「平安にして出べし」〈奉事はこれで終わった。神の恵みにより平和な心で帰りなさい〉との祝福の後、聖体礼儀は終了する。）

正教の七つの機密（ミステリオン）

正教の七つの機密（ミステリオン）は、一般のための四機密「聖洗（領洗）」、「傅膏《ふこう》（聖膏）」、「痛悔《つうかい》」、「聖体」と特定の者のための三機密「神品《しんぴん》」、「婚配《こんぱい》」、「聖傅《せいふ》」のことである。これは、カトリックで秘跡（サクラメント）と呼ばれる「洗礼」「堅信」「告解」「聖体」「叙品」「婚姻」「終油」に当たる。

しかし、カトリックとの大きな差異は「幼児洗礼」である。カトリックの場合、生後間もなく受洗した子どもがある程度思考力が定まり、初聖体を済ませた後、信徒としての自覚を固めるための「堅信礼」

があるが、正教においては、幼児にも聖体を与え、初聖体、堅信はない。洗礼と同時に「傅膏《ふこう》（聖膏）」の機密を得ることができる。カトリックの「終油」は、臨終の病人のためにのみ与えられるものであるが、正教においては「聖傳《せいふ》」が該当する。しかし病気快癒のために用いられる。

機密とは、「有形の外儀を以て無形の神恩を冥々の裡に伝うるの礼儀」と定義されているように、儀式（外儀）を通して、見えない神の恩寵に知らず知らずに接する意である。

（1）聖洗機密

洗礼は、本来、父と子と聖霊（神）の名を唱え、水の中に3度水没させる儀式であるが、最近では水没の代わりに頭に水を掛けるだけに簡略化されている。洗礼は、水によって罪を洗い浄め、新しい生活へと更生することを意味して、見えざる神の力によって霊は生まれ変わり、「神の子」と名付けられ浄められ潔《いさぎよ》い人になるための機密である。

キリストは、この機密を信者になろうと思う者にのみ行うよう使徒たちに命じた。使徒たちは、主キリストにおける信仰を認めて受洗を希望する者には、直ちに洗礼を施したが、その後、教会では成人が受洗する際の条件を付けた。一つ目は、自分から洗礼を受けようと希望すること、二つ目は、あらかじめ教理を十分研究しておくこと。受洗を望む者は「信教」（信条・カトリックでは要理）を40日間の基準で研究しなければならない。したがって、40日前には洗礼は受けられないことになる。

洗礼は、「予備式」と「本式」からなりたっている。「予備式」は、聖務者が受洗者の顔と耳に3度息を吹きかける。悪魔とその使いを吹き払う呪詛となし、キリストと合体し、信仰の意味を口頭で公認する。司祭は、水と油を聖にして、油を受洗者の額、眼、鼻、口、耳、胸、手、足等に塗る。諸悪と闘うことの決心を深く認識させることを意味する。

「本式」は、いわゆる「洗礼（バプテスマ）」の式である。バプテスマの意味は、洗礼桶に「浸没」することである。キリストがヨルダン川に入り、受洗された記念に由来し水の中に入る。受洗者は、「父と子と聖霊（神）」の名のもとによって3度頭から完全に水の中に浸没させ、その苦痛をもって、自己の罪悪のために死んだことを実感させ、水面から出る時にはキリストと共に聖なる心霊的な生命の復活を認識させるものであった。前述したように今では、授洗者の解釈によって簡略化されている。

受洗者に油を塗る時の聖油を正教会では「聖膏」と呼ぶ。芳草と香油から作製し、これを聖にするための儀式が「聖膏式」である。受難週間の月曜から毎日聖書を詠みながらこの香油を作製し、木曜日の聖体礼儀の時、宝座に安置し、司祭がパンとぶどう酒を聖体・聖血に変化する儀式の前にこの香料に聖神が降りることを祈り、初めて「聖膏」になる。

（2）傅《ふ》膏《こう》機密

この機密は、受洗された直後に行われる機密である。前述した「聖膏式」で作製された聖油を受洗者に塗布する儀式である。司祭は、神の恩寵が受洗者に降り、潔《いさぎよ》しの人、神によって喜ばれる人間になるために祈る祝文を唱え、「聖神恩寵の印記《いんき》　アミン」と唱えながら、受洗者の額、目、鼻、口、耳、胸、手、足などに十字の形に塗る。「印記」とは、受洗者がこの時から神の教導の元にあることを示す。この式が終わると司祭は、受洗者とその代父・代母と共に聖三者〈父と子と聖霊〈神〉〉

の名により洗礼盤の周りを3回廻る。これは、聖三者とのきずなが緊密であることを示す。
その後、主が使徒たちに与えた命令、主の約束の言葉が含まれている福音書を朗読する。

（3）痛悔機密

痛悔とは、マタイ伝第18章21節に記されているキリストとペテロとの問答に基づいたもので、信徒が罪を犯し、その罪を心の中から悔いた時、斎戒して司祭の前にその罪を告白する。いわゆる告解、懺悔という言葉で知られている。痛悔者の前で司祭は聖像を指して、見えずしてキリストがその者との間に存在していることを認識させ、いかに痛悔が厳粛であるかを自覚させる。その後、「司祭は神より授かった権を以て祈祷しつつ罪を赦す。その際、「解罪の祝文」を唱え、その後、聖体・聖血を受けることができる。

単純に考えると、キリスト教では、教会が人の罪を赦す権限を持ち、人が悪いことを痛悔し、悔い改めることだと思っているが、本来は、痛悔とは神との和解の機密ではないだろうか。

罪とは、人がその生き方の中心を神に置くのではなく、神から離れて自分自身を選ぶことにある。罪が赦されるということは、神のうちに自分を見出すことを意味する。痛悔は、洗礼を受けた者が実生活の中で真に罪を認識し、くりかえしキリスト教を通して神に帰ることを願って行うものだと考えたならば納得できる。

（4）聖体機密

聖体機密は最も重要な機密とされている。パンとぶどう酒がキリストの血と肉に変化する機密だからである。この聖体の儀式を公衆の奉神礼といっている。元来奉神礼は、毎日教会で行われるもので、信徒たちは、日曜・祭日等時に応じて参加して聖体を受け、聖霊（神）との合体を自らの身体で知る喜びにあずかることができる。詳細は前述の奉神礼のところを参照してほしい。

（5）神品機密

主教、司祭、輔祭などの聖職者を叙聖《じょせい》（聖職を授ける）するための秘跡である。このためのリトルギー（聖体礼儀）をオルディネーション（按手礼）という。叙聖されるには、詳細な信仰の承認と生涯正教の真理を厳守するための誓約をしなければならない。主教に叙聖される者はアルヒマンドリー（掌院）、すなわち修道司祭（妻帯は許されない）とされ、その叙聖には３人の主教の立会が必要であった。

（6）婚配機密

婚配、つまり結婚は、正教でも大切なものとされ、結婚は男女相互の合意による自然の配合で、祈祷によって男女が一体となり、神に喜ばれて幸福な家庭を築き、よき子孫を育てることが求められる。正教では修道司祭・主教の他は一生女人不犯の戒律を課することはなく、聖職者もまた幸福な家庭を営むことが普通としている。この婚配機密は「契約式」と「加冠式」の２部に分けられている。「契約式」は教会入口に近い前堂で行われる。

司祭によって、この結婚に異存はないかを新郎新婦に確かめる認証の式である。この時指輪の交換が行われる。

「加冠式」は新郎新婦に冠を載かせる載冠式のことで、婚配式の中で最も重要なところである。この時、聖霊（神）は２人の上に降り、彼等は初めて一つになることができるとされているからである。この栄冠を載かせるということは、彼等の結婚前の生活の潔白であることへの報酬と、彼らが子孫の先祖となって、その種族の「王」となることを意味している。次に聖書のエピソ書（使徒パウロがエピソ人に与えた書簡）の中から結婚の大切さと、守るべき道を説いた箇所を読み、また福音書の中からキリストがガラリヤのカナの婚宴での奇蹟の箇所を朗読し、「主の祈り」を歌い、司祭の祝福の後、ぶどう酒によるいわゆる「三々九度」の式が行われる。司祭は2人と共に歌に合わせて経案（福音書の台）の回りを3回廻り、聖三者に献げる祈祷をして終わる。

（7）聖傅《せいふ》機密

この機密は、病者のために立てられたもので、神の恩寵によって全快を望む者が、その傍にいる親戚や友人たちの信仰を呼び起こす目的も含まれている。司祭は祝文を唱えた後、病者とその傍にいる者たちの懇願を表した「規定（カノン）」とよばれている定められた聖句を唱え、聖霊（神）の力によって病者が癒されるように祈る。福音書の中のキリストが奇跡を行い、病人を癒した箇所を読み、この病人にもその奇跡が現れるように願うのである。

司祭は、ぶどう酒をまぜた聖膏をもって、祝文を唱えながら、聖筆によって病人の額及び両手足にこれを塗る。この動作を7回行ったのち、病者の頭の上に福音書を置き、罪の赦しの祝文を唱える。

祝文「もろもろの病を癒し死より救いし爾の独子の子、我等の主イイスス・ハリストスを栄せし所の父、霊と体の医師や、爾の僕（女性は婢）何某をも彼を犯すところの霊形の疾病より救い、並に爾のハリストスの恩寵と神の母と諸聖人の祈祷によりこれを恢復せよ」

以上の主な正教の特色について、聞いたことがない、見慣れない語句があり、イメージできずに困ったところもあったと思うが、「正教の七つの機密（ミステリオン）」まで紹介した。これまでの説明で正教の全てを紹介したわけではない。私にはそれらを紹介する程の力量も無く、精通しているわけではない。ただ、正教の主な特色を紹介することによって、正教を少しでも知ることになり、この後の章を理解するのに役立ててほしいという期待が大きいのである。

第3章　キリスト教再伝来・ハリストス正教の場合

1　ロシア箱館初代領事ゴシケーヴィチ

ゴシケーヴィチの経歴と箱館までの経路

領事イオシフ・アントノーウィッチ・ゴシケーヴィチ、ロシア内では東洋通で、著名な外交官である。日本とロシアとの間で結ばれた通商条約発効に備え、箱館に赴任する初代領事として、1858年（安政5）3月25日、ゴシケーヴィチ（45歳）一行は、ロシア首都サンクトペテルブルクを出発した。この年、ロシアは世界一周の航路を廃止したため、陸路赴任の領事にロシア外務省から駅馬車券と馬6頭の旅費が支給された。領事は六等官で、武官では旅団長または連隊長、海軍では大艦の艦長クラスの高官である。まして や日本の江戸には公使を置かない方針で、領事とはいっても外交全権を持った大官であった。

彼がなぜ領事に選ばれたのか、その経緯をみなければならない。

初代領事　ゴシケーヴィチ
（ゴシケヴィッチ）

ゴシケーヴィチは、白ロシア（現ベラルーシ）のゴシキノ村生まれである。この村は、ロシア征服を企てたナポレオンが、モスクワからの敗走の際、焼き払った古戦場である。領事のファミリーネームのゴシケーヴィチはゴシキノ村出身を表している。焼き払われた村は復興することなく、彼らはミンスク市郊外に移住した。司祭であった領事の父アントニイ神父は村の教会と小中学校の教育を受け持つ立場であった。領事は、少年の頃から語学の才があり、すぐ覚えてしまったらしい。

少年領事は、やがてミンスクの神学校、それから首都サンクトペテルブルクの神学大学へ進み、１８３８年9月に卒業した。卒業と同時に、領事は、サンクトペテルブルクで、パブスキー長司祭の助手として、旧約聖書をヘブライ語からロシア語に訳す仕事に従事していた。

１８３９年12月28日、中国・北京の宣教師団付きを命じられ、翌40年4月、イルクーツク、バイカル湖対岸ウランウデに渡り、南下してウランバートルから隊商とともに北京に着任した。

北京では、シナ語、シナ古代史、シナ文学、芸術、哲学、建築、天文学、実用植物学など諸学を研究し、標本などをそれぞれの研究機関に送っていた。北京の宣教団の10年間の伝道と研究の勤務を終え、帰国して研究生活に入ったが、1年も経たないうちに今度は海上勤務に就くことになった。

１８５２年10月、日本との通商条約締結のため、海軍中将エウフィミィ・ワシリーウィチ・プチャーチンを全権とする通訳と秘書を担当する幕僚として、軍艦パルラダでクロンシュタット軍港を出航して4年間の海上生活となる。バルト海から北海・ドーバー海峡を経て大西洋に出て、アフリカ大陸の西岸から喜望峰を通ってインド洋から南洋を経て日本まで航行する。その途中、軍艦パルラダをカムチャッカで放棄し、新鋭艦ディアナ号に乗り換えるが、伊豆の下田で条約交渉中、安政元年（１８５４）大地震・大津波に遭いディアナ号が沈没する。条約締結は成功するが、急きょ建造の代艦ができるまで戸田《へだ》港（伊豆半島西海岸の北部で現在沼津市南部・新造艦が我が国に洋式造船技術をもたらす端緒となった）に滞留を余儀なくされた。

この労苦の間に、偶然にもゴシケーヴィチは、日本の掛川藩の脱藩浪人・橘耕斎の脱国をほう助して自分の助手とし、彼の助力をもって高い評価を受ける最初の和露大辞典、『和魯通言比考』を完成するのである。両人は帰国途中、樺太沖で露土戦争のあおりで、トルコ側に参戦したイギリス側の捕虜となるが、その虜囚生活の間も著述を続け、ロシアに送還されると同時にその大辞典が完成したといわれ、帰国後1年半後の1856年に異例の速さで出版された。1857年、ロシア帝室アカデミーは、その大辞典を高く評価し、最高のデミドフスキー賞を授与した。また、橘耕斎は、脱藩者であるにもかかわらず、大尉相当の外務九等官に任じられた。

同年ゴシケーヴィチは、カザン大学（東洋哲学研究として全ヨーロッパでも極めて高い地位にあった）の教授として推薦されていた。ところが、外務大臣アレクサンドル・ミハイロイッチ・ゴルチャコフ侯爵から、プチャーチン中将からの推薦で領事に任命したといわれ、彼は、カザン大学への未練もありながら仕方なく受け入れた。

ようやく最初に述べた1858年（安政5）3月25日のサンクトペテルブルク出発時に戻ることができた。

一行は、領事夫妻と子息、領事館付医官フルブレヒト夫妻と幼児、単身の領事館付属聖堂司祭イワン・マアホフ、単身の書記官オワンデール、それに司祭の補助者を含む男性の使用人4人、女性の使用人2人、総勢14人が5台の駅馬車に分乗して、駅逓道終点バイカル湖畔のイルクーツクまでの5500㎞余りの長旅に向かうのである。もう1人の館員、領事館付武官パウェル・ナジーモフ海軍中尉は、所要の調達物とともに数日遅れて出発し、一行の後を追うことになる。

馬車の旅は不快で苦痛であった。早駆けの馬車が右に左に揺れ動き、激浪の小舟さながらで、寒冷の日は凍土の固い道を、温暖の日は轍の泥と窪地の水たまりの中を疾駆する。この悪路の連続がヨーロッパとシベリアをつなぐ唯一の駅逓道であることは信じられないことであるが、当時海の航路を優先していたためのつけがこの現実であった。出発年に世界一周航路が廃止され、この駅逓道しか日本に近づく術がなかったのである。

4月1日、モスクワを過ぎて、4月8日にはカザンに着いた。その後もシベリア南部の平原を北緯55度線に沿って、広野を横断すること40日間の行程を経て、バイカル湖畔のイルクーツクに5月17日に着いた。後発のナジーモフ海軍武官は2日遅れて5月19日にイルクーツクに到着した。バイカル湖を汽船で渡り、シルキスキーザポートから小艇で黒竜江（アムール）の支流シルカ河を下る。河流は自然のまま迷路のようになっており、浅瀬があって難所であった。やっとブラゴエに着き、その後支流から本流へと長泊を続け、2カ月間にわたる水の旅が終わる7月17日にニコライエフスクに着いた。

ニコライエフスクは、シベリア河湖艦隊の指令基地であるが、とても海では使い物にならない老朽船が1隻あるだけで、領事一行は約2カ月間ここに滞在せざるを得なかった。ようやく領事一行のもとに数隻の艦船が回航されてきたが蒸気機関スクリュー推進装置を有する3帆柱のクリッペル艦（今の高速軽巡洋艦）では、戦闘本位の規格で、客室設備がないために、同程度の速力を有する商船ナヒーモフを御用船として借り上げた。クリッペル艦ジギッドを旗艦とし、領事指揮下の小編成で、この2隻は

1858年10月12日出航した。

領事一行にとって、この航海ほど快適な旅はなかった。間宮海峡（タタール海峡）を抜けて、北海道西岸から利尻・奥尻を左舷に見つつ、一気に西口から津軽海峡に入り、東進して箱館に着いた。1200km余りを40時間で航破したのだ。台風並みの低気圧通過後とはいえ、平均16・7ノット（時速30・9km）で、40年後の日露戦争時の、ロシア旗艦ペトロパウロスクの最高速力を凌ぐ速さであった。

10月24日、領事一行は箱館に着いた。7カ月にわたる旅の終わりであった。それは、箱館初代領事のゴシケーヴィチが2年後に領事館付聖堂を建設し、ハリストス正教会伝道への始まりでもあった。

ゴシケーヴィチの箱館での事蹟

1858年11月5日（旧暦9月24・25日）、領事は、秋の彼岸に、晴れ着姿でお寺詣りする風景に出会いながら、書記官、海軍武官、医官と艦長以下乗組士官を伴い、箱館奉行・村垣淡路守《むらがきあわじのかみ》と会談を行った。その会談で、領事館用の宿舎が日蓮宗・実行寺《じつぎょうじ》に決まり、そこに仮設の礼拝堂が設置され、礼拝が行われた。

ロシア帝国はギリシア正教を国教と定め、皇帝以下国民の一人ひとりが信徒であり、政府にはシノド（聖務院）という宗教行政機関があり、政府の公館、陸海軍の施設には礼拝堂の設備があった。礼拝堂には司祭が配置され、土曜・日曜の礼拝をはじめ教会の諸行事が行われていた。その祈りは司祭が唱える祈りのことばに応えるように聖歌（唱）隊が詩篇や新作の歌詞らを無伴奏の混成合唱で歌い、あるいは誦経者《しょうけいしゃ》（教えを唱える者）が独唱して進行してゆくのである。

箱館における実行寺の仮設礼拝堂での、領事婦人、医官婦人、女中たちの女性ソプラノ・アルト、神学大学出身の領事をはじめとする男性たちのバス・テノールで構成されたコーラスは、日本で初めて演奏されたクラッシック音楽であった。聴衆は、日蓮宗の僧侶とその家族たちと使用人であった。

こうした緊急避難的な寺院での生活について、領事は、神学校、北京での宗教伝道団、ディアナ号遭難時の寺院生活を経験しているが、他の館員であるヨーロッパ人が当たり前のように僧侶の読経の中で生活していることに何かしら戸惑いを感じた。彼らは、心身とも窮屈で気鬱な状況であっただろうと推察できる。

寺での仮住居は一刻も早く解消しなければならない。領事は多くの困難に遭ってきたが、生まれつきの不屈の精神と速やかな行動力を持っていた。寺の近くの八幡宮あたりを精査し、奉行所出入りの請負師浦川要作を紹介された。八幡宮の東の空き地の緩い傾斜地で石の多い場所、その東は上下２段の敷地に兵舎が建てられてあり、一つの区画をなす南部陣屋である。一時はかなりの人数が駐屯していたが、今は留守番の数家族が住んでいるだけであった。

大工町の上（後の元町）、東西40間（約73ｍ）、南北50間（約91ｍ）の敷地に領事館建設が決まった。請負師の浦川が特に苦心したのは井戸であった。箱館山から流れる川は全くない。地下水となって流れ下るのである。掘った井戸は、直径１ｍ80㎝くらいの桶が井戸水に接する時には湯飲み茶わんぐらいに見えたそうだ。鎖で巻き上げるのだが、水質が良くロシア館の井戸水は病気に効くと噂されたという。

年末にかけての突貫工事で、東西６ｍ、南北15ｍぐらいの細長い２階建てが完成した。２階は領事の事務室兼居室と独身者の寝室、１階は診療室と医官の居室、厨房、女中の居室、浴室、洗濯室などであった。建坪80㎡ぐらいのものであった。

名水の井戸は、建物の西側にあり、その5m西がこの治外法権の領事館地域で、それに沿って南北の通路は現存しており、現在のアメリカのメソジスト遺愛幼稚園との地境となっている。そこを基線にして前通りをつくり、北側は整地の結果、低地になり、10年後にフランスのカトリック聖堂ができた。イギリスは、領事が基点とした南部陣屋との間にライスの家を造り、後に英国国教会いわゆる聖公会の会堂が建てられた。

ロシア領事館を中心として、十数年後に北にフランス、東にイギリス、西にアメリカといった外国の施設ができた。

後世になって元町という町名がつき、昭和20年代以降には異国情緒とか函館の見どころのようなものができあがる。その元町の草分けこそが、ロシア帝国初代領事ゴシケーヴィチその人であった。

1859年6月13日、戦艦アスコリドが入港した。領事館付属教会管区長ワシリイ・マアホフ長司祭がこの艦で着任した。ワシリイ神父は領事よりも19歳年長で64歳である。今回が2度目の来日で、先に領事とともに着任したイワン・マアホフ司祭の義父に当たり、1854年8月1日、領事がディアナ号に乗艦していた際に同艦で苦楽を共にした仲であった。

再会の喜びとともに、領事館の調度品、付属聖堂の聖器物やイコン、その他の備品・調度品が届けられた。また、教会の直轄官庁聖務院から有志の金品、聖務院からの公金や聖器物が届けられた。さらに、赴任の出発前に強く要望していた予算が現金として届けられるという通知も受け取った。これによって、奉行所が立て替えていた工事請負金その他の支払いができることになった。

南部屋敷と八幡宮境内をつなぐ形となった前通りに沿って石垣が築かれ、その中央部を幅4ｍほど切って7、8段の少し急な石段が設けられ、南に向かって上り勾配の道が造られた。この道の西側が領事館本館の予定地で建屋工事が進んでいた。領事が着任して、丸一年が経とうとした時には、洋風のバルコニー、玄関、窓を備えた白ペンキ塗りの2階建て領事館が出現し、反対の東側は病院、領事、医官の居宅ができた。病院の診察室や病室、領事や医官の住宅についても一部が使用可能になった。

箱館奉行からは、患者への往診は禁止されていたので、外来患者だけを診療する。薬剤の実費だけを徴収するのだから次第に評判を聞いてやってくる外来患者の診療に2人の医官は大忙し。さらに重症患者を入院させようということで、病室・病棟ができかかっていた。

これらの建物の南側には、先に建てられた共同宿舎がある。司祭の宿舎と来客の旅舎との設備がある司祭館が出来上がると、あとは聖堂の工事だけであった。

聖堂の建物設計については、若いイワン神父は、義父のワシリイ神父からの助言を受け、ロシアの長さを日本の尺・寸・間に換算していたものを、所望の広さ、高さが得られればよいという考え方に変えていたため仕事も進んだ。

聖堂の基本となる平面の形は、現在の寸法でいえば3ｍ60㎝を一辺とする正方形を中心とする、日本式に言えば8畳間を中心に、東西南北の四方向に同じ大きさの8畳間を一つずつつなげて十字形の平面をつくる。東に突出した一間は至聖所（最も神聖な所、サンクチュアリと一般にいわれる）となる。その至聖所の中央と南・北・西三方とつながる8畳間が4個でつくるT字形の部分は、聖所と称され一般信徒の祈りの場所である。さらに西側にもう一つ8畳間がつながっていて、この部分は啓蒙所と名付けられ、洗礼の儀式が済んでいない信徒と志願する人たちの祈りの場所である。しかし、建具で仕切っていないことから、聖所に自由に出入りして共通に使える仕組みになっている。また、この啓蒙所から昇る階段が設けられていて、3階建てで鐘塔を兼ねていた。さらにその西に3方向に5段ほどの石段と石畳みの玄関がついていた。この場所だけは日本式ではなく、扉を開けて靴のまま啓蒙所に入ることができるように造られた。

明治になると日本人信徒が増え、履物を脱いで堂内に入るため、この場所は南と西を板で囲い、石の上には敷物を敷き、下足箱を南と西に設け、北側に扉をつけてそこから出入りすることになった。これは、明治8・9年（1875・76）のことであった。

領事は、領事館の本館をロシア帝国の国威発揚のシンボルと考えて、あれこれと意匠の面でも工夫を凝らしていた。この5年前、駿河湾の戸田《へだ》港でディアナ号の代艦建造中、製作者の部品の寸法が違って苦労した経験から、聖堂も日本式の仕様で設計されていた。しかし、ロシアから届いた最大の調度品イコノスタス（聖障、至聖所と聖所を隔てる障壁）を建屋に組み入れるのに領事の造船体験が活かされた。イコノスタスを設置する聖堂中央部を広くし、全体を半畳間広くする方法で問題を解決していった。そして、8角錐の形をした大屋根、その頂部は正八角柱にまとめられ、その上にクーポル（キューポラ）と呼ばれる玉ねぎを連想させる冠状構造をのせ、その頂部に十字架が立っている白亜の聖堂が建てられた。

春めいてきた復活大祭前のウェリーキー・ポスト（キリストの復活を祝う、クリスチャンにとって最大の祭りを清浄な心と身体を準備して迎えるための肉食をしない、慎みの大斎期間《おおものいみ》）の訪れとともに、聖堂の内装工事が始まっていた。婦人たちは装飾に精を出し、ジポピーセツ（画家）たちは聖画を描く

函館ハリストス正教会復活聖堂

など、箱館にいるすべてのロシア人がキリスト教禁止以来２５１年の日本でキリスト教の聖堂建立に携っていた。

よく耳にするイコン・聖像を描く画家は、聖務院から認許された特別の画家で、イコノーピーセツと称して、一般の画家ジポピーセツと厳格に区別されている。キリスト、聖母マリアの像、聖人や天使の像など礼拝の対象となるイコン画を描くことができる画家は修道僧や修道尼または一部の宮廷画家に限られていた。したがって、箱館の聖堂では、ジポピーセツたちは、礼拝の対象とするものではなく、新しい聖堂の壁画の一部を聖書の伝えるキリストの語られた教訓、譬《たと》えとかを題材にした絵解き、物語の解説を表現した画を描いているのである。例えば、ルカ伝の善きサマリア人、放蕩息子の悔悟の帰還を迎える父の姿、罪深さを悔いている取税人と自分の善行を神の前で臆面もなく誇るパリサイ人との対照的な姿などが描かれていた。

聖堂の内装工事も終わり、鐘塔の3階に聖鐘が取り付けられ、正門から聖堂までの通路の両側に花壇もつくられて、１８６０年（万延元）６月、聖堂は竣工した。６月20日、ニコライエフスクから十数人の教職と聖歌隊を率いてきたインノケンティイ大主教のもと盛大な成聖式（落慶式）が行われ、新聖堂はイイスス・ハリストスのよみがえりを記念して箱館復活聖堂と名付けられた。

このような、領事館、病院、聖堂建設のなかで、領事は、墓地の取得という大きな問題に直面していた。

当時のロシア全国民は、今でいえばグリーク・オーソドックス（ギリシア正教会）を国教と定めていたので、生まれた時からこの宗旨の信徒なのである。国内で生まれた嬰児は、教会堂で洗礼を受けてファーストネームが命名され、父の名がセカンドネーム、ファミリーネームが3番目に記され、教会のメトリカという原簿に登録される。これが戸籍である。これは国の法律であるからそれでよいのであるが、困るのは遺体の埋葬である。国の法律にはないが、習俗として土葬である。したがって、埋葬する土地、墓地が必要なのである。

領事は、事前に墓地の候補地を選定していた。そこは、町の西部の漁村に下る、海に向かっている広い坂道で、その道の両側に立派な3mほどの石垣が築かれていた。五稜郭城、弁天砲台を築いた武田斐三郎が箱館湾口防備のため築いた、山背泊押付浜堡塁《やませとまりおつけはまほるい》と対岸の茂辺地矢不来堡塁《もへじやふらい》である。この堡塁工事のために造られた道路があり、海岸に直接下る急坂の浜側の空き地に西洋式墓標がある。1832年のドイツ、1854年のアメリカ、1855年のイギリスの各船の乗組員の名が読み取れる。領事はこの山側の空き地にロシア帝国軍艦の乗組員を埋葬することを考えた。

現在、俗に外人墓地と名付けられている船見町墓域の一部、市街に一番近い山側にロシア人墓地が領事の考えていたように整備され、観光地点の一つであるように案内板が立っている。門から入ると半球形の屋根がある小さな堂宇がある。小堂の上手に幅20㎝、長さ1m60㎝、高さ30㎝ぐらいのかまぼこ型の墓碑が横にしておかれている。これが、1959年に造られたロシア人墓の第1号であり、その年から翌年にかけて、3基が造られている。堂宇の上手に26基、軍籍26人が埋葬されている。また、堂宇の東側には、領事館聖堂誦経者サルトフ、領事館付医官ウエストリイ、領事婦人ステバノウナの3基、文民の墓碑がある。

この29基の墓碑は、身分、軍の階級にかかわらず、みな同じ寸法で墓碑の記述も同じ形式、規格によって記されている。被葬者の行跡、勲功は一切記されていない。全く平等な観念に基づいてつくられたと考えられる。開基したゴシケーヴィチの深い愛情と堅い信念を窺わせる。それをまた継承した人たちも心ある人物であったと感じさせる。

ゴシケーヴィチは、領事としての領事館建設はじめ外交に手腕を発揮しながら、同時に現在の函館の街造りの基礎をつくり、ハリストス正教布教の地盤を固めた先人であることは誰もが疑う余地がない。

2　修道司祭ニコライ

ニコライの箱館赴任

前述したように条約締結のため来航したプチャーチン艦隊で、ゴシケーヴィチ領事と同僚であり、義理の息子で先に箱館に赴任していたイワン・マアホフ神父とともに、領事のもとで聖堂建設および正教の礎を築いたワシリイ・マアホフ神父は、１８６０年7月に箱館を去り、12月に帰国した。ワシリイ神父は、箱館に1年余りの短い滞在であったが、若いイワン神父への助言、領事の相談相手として、大きな足跡を残した。ワシリイ神父は、中風の軽い兆しがあり、帰国後、ロシア帝国は、神父の業績に慰労金、金時計、多額の年金下付をもって慰労・厚遇した。

イワン神父は、聖堂の梁補強等で活躍した辻造船所の續《つづき》社長の二男卯之助（後の気象学者・福士成豊）

とともに日本の子ども向けの本『ろしあのいろは』を作成するほどの英才であったが、体が弱く、医師の結核診断で休養をすすめられていた。イワン神父も帰国せざるを得なかった。

サンクトペテルブルクの聖務院は、後任者を選ぶことになった。体が強健で遠い外国で働く強固な意志を有する資質の志願者を求め、選任する方法をとった。具体的には、ペテルブルグ神学大学の卒業期に公募が行われた。このことは、当時においては画期的なことであった。

卒業生の中に、スモレンスク県のペリョーザ村の教会の輔祭を務めていたディミトリイ・カサートキンの息子で、イオアンという者がいた。身長2m近く、頑強な体格、豪快な性格なうえ俊英で宗教事業に献身しようとする青年であった。この人物を含めて4人の志願者が出た。

大学の教授の中には、このイオアンに大学に残って研究を続け将来は教授にと考えていた人もあったが、イオアン自身は熱心に採用を望むのであった。それは彼が最近読んだワシリイ・ハイロヴィチ・ゴロウニン海軍中佐の書いた『日本幽囚記』の影響があった。この本の何がそれほどまでに彼の心情を動かしたのかは詳しくわかない。

この本に書かれてある日本の自然、日本人の人情・風習などの未知の国に対するあこがれが彼の心を動かしたものと思われる。

彼は自分の志望を熱心に訴えて後に引かないので、教授たちも彼の志望を受け入れて宗務院に推薦したのである。

宗務院は、イオアンを修道士と定め、ニコライと名を改

来日当時の聖ニコライ

め、修道司祭に叙聖し、正式に日本箱館領事館付修道司祭に任命、赴任させることにした。

ニコライ修道司祭は、1860年の7月にサンクトペテルブルクを出発し、途中2日間を故郷で過ごし、家族に別れを告げた。その際、父の所持していた十字架を授かり、生涯その十字架をそばに置いていた。

ニコライは、8月末にはイルクーツクに到着し、9月末にはニコライエフスク、黒竜江の河口に着いたのである。単独行とはいえ、ゴシケーヴィチ領事一行が4カ月かかったところを3カ月で着いたことは、驚異的であった。この大冒険旅行は、教会にプラスにならなければ旅行は中止されるだろうし、彼の信ずる宗教にプラスになれば旅行は無事に終わっているだろうという、神の御心《みこころ》にゆだねた心境で、困難と思われる旅に立ち向かったのではないかと思われる。しかし、彼とて手漕ぎのボートでは海は渡れない。箱館に向かう便船がないまま、ここで越冬せざるを得なかった。

ところが、彼にとってこの越冬でのインノケンティイ大主教との出会いは神の御心としか思えないことであった。このニコライエフスクは、シベリア東部からオホーツク沿岸を経て、カムチャッカ半島、当時ロシア領であったアラスカに及ぶ地域の首都のようなところであり、この地域の原住民への布教にも力を注いだインノケンティイ大主教の主教府の所在地であった。

インノケンティイ大主教から、親しく、大学では学ぶことができない実践の理論と伝道の実際について得難い教えを受けることができた。さらに、この前年、大主教の手で成聖式（落慶式）を行った箱館の領事館聖堂の司祭に就任するという縁の深さに感激していた。翌1861年（文久元）春の到来とともに間宮海峡の流氷も去って、ニコライが箱館に到着したのは6月11日（新暦7月14日）であった。

このニコライ来日の1861年（文久元年）をロシア正教であるハリストス正教のキリスト教再伝来

としている。当時の日本はキリスト教禁教下であったので、ロシアの国教である正教はロシア領事館地内で、ロシア人に対してのみ活動が許されていた。そうであれば、ゴシケーヴィチ領事の来日時より領事司祭がいて活動しているわけであるから、領事館設置の1859年には再伝来しているはずである。しかし、1861年にニコライと澤邊琢磨《さわべたくま》との出会いとロシア人以外への伝教があったことが再伝来ということになるのだろう。このニコライと澤邊の幸運な出会いは後述する。

船上からでもそれとわかるロシア領事館は、前通りの石垣の中央を切って急な7、8段の石段があり、それを上ると白いペンキで塗られた正門の門柱、そこから入ると少々の上り勾配の道の右側に2階建ての本館、左側は病院と思われる白いペンキ塗りの建物と2棟の住宅が建っている。その道と十字に交差した突き当りが少し高く、そこには八角形の屋根のドームをのせた聖堂が見え、鐘塔が建っていた。聖堂までの手前右側には2棟の2階建てがあって、その手前がニコライ自身の居室がある司祭館であった。

聖堂に入ってみると、直にあたたかみを感じさせる。敷き詰められた絨毯の下が、畳敷きになっているせいか、または壁面を飾っている画が親しみやすい聖書の譬《たと》えを画いたもののせいだろうか。ニコライは、箱館に心を向かわせたゴロウニンの著述した『日本幽囚記』の背景となる雰囲気を感じたのだろうか。ゴロウニンは1811年、千島列島測量中、国後島で部下3人と共に捕われ、2年間投獄生活を送るが、その間は自由な時間を与えられ、いろいろな所を見聞でき、日本人との交際もできた。ゴロウニンの記述のとおり、このとき、ニコライはそれを実感し、この地を踏んだことに対する満足感で一杯になったのかもしれない。

ニコライが箱館に着任した時、このような心境にあったのは前述したようにニコライのペテルブルグ神学大学の先輩であり、ロシア領事として日本におけるロシア帝国外交及びハリストス正教伝道の基盤を築いたゴシケーヴィチの日本に対する畏敬が育む土壌があったからこそとも思える。

日本の国内は、尊攘（尊王攘夷・万世一系の天皇を中心とし、外国を排除する）と佐幕（将軍を中心とした幕藩体制を維持し、幕府を佐《たす》ける）が複雑にからみあい、論争の渦にあった中で、イギリス、フランス、アメリカ、オランダ諸国は外交上の有利な折衝を行い、武器の売込みなど利権を獲得するとともに、植民地化さえ企てる状況であった。

ロシアは、こうした列強諸外国と一線を画していた。ロシアの対馬での横暴、サハリンでの軍艦での上陸などはロシア帝国の外交方針が組織的に末端まで及ばない時であったが、ゴシケーヴィチが領事に着任してから、領事の権限でこれらの横暴を阻止し、日本の民族独立と尊厳を守り、国力の発展に協力しようとしていた。このことは、領事が数回江戸に行き、幕府と丁寧な折衝で問題を解決していることで分かる。さらに文化的にも地域の人との親密なつながりを持ち、写真技術、先進的な医療技術、栄養学、語学、建築学等、現在我々が享受しているものが横浜に劣らず箱館からも普及されていった。

領事の気質と正義感ばかりで、このようなことは実現できるわけがない。多くの技術、特技をもつ有能なスタッフの存在があったからである。特に、領事の夫人は大変有能であった。

夫人の名は、エラザベータ・ステパノウナ・パフシティナで、故パフシティナ陸軍少佐の未亡人であった。1855年ごろ夫と死別し、子息ウラジミールと2人で暮らしていたが、外務省の課長の媒酌で、1858年、領事一行が箱館に出発する1カ月半前に結婚した。

夫人は、病院の看護士、栄養士を指導していた。箱館着任後の寺院生活から3年余り続く建築工事、さらにロシア国以外から初めて箱館に来る代表たちの接待の手伝いを奉行所から頼まれた。1859年、1863年と江戸に領事とともに赴いた。日本旅行をした初めての外国人女性であったが、2度目の旅が終わったあたりから健康が損なわれた。翌年から臥床する日が度々となり、1864年（元治元）夏に重篤となり、9月1日に46年の生涯は終わった。結婚早々、長途のシベリア横断旅行、箱館では不慣れな外国生活と、引き続いた疲労が蓄積した。領事は、愛妻に難行、苦行を強いたことに悲しみは深いものであった。近い将来、離任するときに、異境の地に葬り置いて箱館を去るのはしのびない思いだった。また、軍籍にある埋葬地に葬るかどうか迷ってニコライ神父に相談したところ、神父は、夫人の遺体を彼女が最も愛した聖堂の傍に葬る案を示した。

聖堂では、埋葬礼の祈りが行われ、一人ひとりが夫人の額に着けられたイコンに接吻して、一同は、聖堂の南側のレンガ積みの側に立ち、祈りを捧げ、ニコライ神父がレンガ積みを浄める祈りを行い、その中に柩を納め入れて葬儀は終わったのである。

ニコライ神父の配慮で、領事はこころに落ち着きを取り戻していったが、職務上の至難が待っていた。ロシアはイギリス、フランス、アメリカ、オランダと一線を画していたが、ロシア以外の列強は、ゴシケーヴィチ領事に対する圧迫を加えてきた。領事は、方針を変えることはなかった。しかし、彼は限界を感じており、夫人の病状もあり、本国に翌年あたりを目途とした人事の交代を申し入れていた矢先に夫人が亡くなったのであった。

1863年（文久3）5月に長州藩が攘夷決行としてアメリカ船を攻撃したことに対し、さらに日本を威嚇するために、イギリス公使オールコックは連合艦隊の組織を提唱する。その艦隊の主力はイギリス軍艦9隻、フランス軍艦3隻、オランダ軍艦4隻、アメリカ軍艦1隻、計17隻であった。そして、1864年（元治元）9月5日、この4カ国艦隊は長州藩領の海岸を砲撃、陸戦隊が上陸し下関事件を引き起こした。長州藩は幕府の代わりに攘夷を決行したことであるからと幕府に責任を転嫁し、幕府は屈辱であったが300万ドルという巨額の賠償金を支払うはめになった。国内では尊攘か開国かで国論が分かれており、そのもどかしさと対立激化がアメリカ船攻撃にいたった。さらに、その3カ月後には1862年（文久2）の生麦事件に対するイギリスの報復として薩英戦争が起きた。これも幕府が賠償金を支払うはめになった。

軍事的圧力の成果が、ますますイギリス、アメリカを利権拡大に助長させた。1865年（慶応元）、オールコックに代わりハリー・パークスがイギリス公使に着任してからそれが顕著になっていく。和親条約の江戸、大坂の開市、大坂、兵庫、新潟に開港を迫るため、前記の連合艦隊が兵庫沖へ実力行使し、天皇の批准を迫った。幕府があえいでいる時に、長州、薩摩、土佐、肥前などの西日本の諸藩が討幕への盟約・同盟をつくっていくことになり、尊王派への大きな擁護となり、外国人排斥の攘夷運動が再起することにつながっていくことになる。尊攘か開国かの複雑にからむ国論分裂は、討幕攘夷へと舵をきっていった。

諸外国の圧迫的な軍事力行使は、討幕、攘夷を誘引するという日本国民の民族的な尊厳を侮辱することにつながることから、ロシアは一線を画していたことは前述した。連合艦隊の列強諸国は、躍起となってロシアを誹謗する。日本海域にあるロシア船は侵略的艦隊の前衛であり、ロシア人一人ひとりがスパイであるように吹聴した。それが、幕府に対して力のある有能な外交官ゴシケーヴィチ領事に向けられ、根拠のない非難になった。その非難を露骨に行ったのは、パークス・イギリス公使で、ロシアの艦船は樺太占領を目的として来航していると幕府に吹聴していた。ロシア領事館の東隣は、イギリス国教教会、聖公会の牧師館があり、イギリス実業家の住宅であった。パークス公使時代になると、領事代理か副領事が住み、イギリス領事館の会館のようになっていた。

箱館は開港に伴い、幕府の開国派・佐幕派が主流を占めていたようであるが、外国人排斥の攘夷思想は残っている。尊王でありながら、開国派であり、佐幕でありながら攘夷派であることも多いにあることで、単純に尊王－攘夷、佐幕－開国で線引きすることができない複雑な絡みがあった。佐幕派でも外国人に親近感はなく、イギリス人、次にロシア人を排斥すると考える者も少なくなかったのではなかろうか。

1865年（元治2年、4月に改元し慶応）2月1日、箱館ロシア領事、秘書官等の官舎が焼けた。家事から出た火が原因で、火元はロシア領事館の東隣のイギリス領事館の会館であった。

この火事で一番損害を被ったのはロシア領事館であった。医官、武官、事務官等使用人たちの居住・宿泊室の確保が大変であった。特に、領事は書籍、文献、資料、理科好きの夫人が集めた植物の標本など、領事夫妻の箱館での生活の記録全てを焼失してしまった。領事本人は無一物になり、帰国船モノトーフの客室に住むことになった。

箱館を去ろうとしている領事に、未練もないであろうというぐらいの仕打ちであった。また、世が世であったならば、日本贔屓の領事の離任に際して、領事が通訳の役目をした箱館奉行所の奉行をはじめ役人衆、諸術調所の武田斐三郎教授、武田塾の菅沼精一郎塾頭、神明社の澤邊琢磨、実業家、「㊀丸仙」下田、續造船所長、浦川請負人など多数の人たちが集い、盛大な送別会が催されるはずであったが、領事は、ひそかに箱館を去ろうとしていた。

１８６５年2月10日夕刻、秘書官も伴わず、単身、思い出の箱館を去った。

ロシア政府は領事に対して、１８５２年10月以来、13年間にわたる日本に対するロシア外交の功績に5等文官に昇進させた。この5等文官は、陸海軍の将軍、提督と呼ばれる人たちと同格である。この処遇は、彼の外交だけではなく、学術、文化、技術といった各般にわたる功績に対してであり、決して高すぎるものではない。

ゴシケーヴィチは、１８７５年（明治８）10月5日、バルト海沿岸のビリノという町で永眠した。享年62だった。

領事は、１８５２年から13年間日本に関わる。１８５８年、完全に孤立した箱館に駐在し、困難な時期を過ごした。しかし、領事の日本人に対処する手腕と不屈の精神によって、ロシア帝国を高い位置においた日本との外交を築いた。箱館の滞在と奮闘は7年間であった。その7年間がこれから起きるハリストス正教を含めた文化的な交流を引き継ぐニコライの時代を迎える礎となったことは誰がみても疑いはない。

ニコライと澤邊琢磨の正教受容

１８６１年（文久元）6月11日（新暦7月14日）に、ゴロウニンが見聞きした日本への憧れを胸に膨らませながらニコライは箱館に到着した。ニコライは日本語を学び、『古事記』、『日本書紀』、『日本外史』など日本の歴史・風俗・社会制度、仏教・神道・儒教などの日本の宗教を研究した。このように専心するのは、前年にニコライエフスクで薫陶を得たインノケンティイ大主教が当年9月箱館に寄り、ニコライがフランス語を勉強していることに対して、外国語を排して、日本語研究に従事するよう促したことが契機となった。後世まで彼の言葉を深く心に刻み、難解な日本語を克服する決意をしている。また、ニコライはロシア語教育にも携わり、ロシア語の技術書、特に医学書を日本語訳し病院運営を行うよう図り、同時に正教の関係書籍を日本語に訳する日本人の翻訳者を養成する、後の「翻訳局」を念頭においていた。

そのような中、領事の義子息ウラジミールや領事館の事務官たちに剣道指南を乞われて、領事館に週に2回ほど出入りしていたのが澤邊琢磨である。土佐藩出身で父親が坂本龍馬と従兄弟にあたる澤邊琢磨は、箱館神明社に婿入りした。元々尊攘思想の持ち主で、ロシア帝国国教ハリストス正教の領事館司祭ニコライが大男なので、わが国の侵略者に思え、血相を変えニコライの部屋に入るのを目撃した領事が通訳して取りなした。『日本正教傳道誌』（石川喜三郎著・1900年発行）を概略すれば、澤邊が怒気満面して「爾の信ずる教法は邪法なれば、爾は我国をうかがいねがうものではないかと」と詰問した。それに対するニコライの返答は、端然として「さればなり貴君はハリストス教の事をよく知っているのか」と反問し、澤邊は知らざる旨を告げた。

ニコライは、澤邊に向かい「未だに知らないハリストス教をなぜ邪教と決めつけるのか。もし知らなければ、これを研究してしかる後に正邪をきめるべきではないか」と問い、それに対して澤邊は意を決し「然り、然らばこれよりハリストス教を聞くべし」と応えた。来日して数カ月のニコライと、おぼつかないロシア語の澤邊にはこのような会話は、ありえない。単に2人の出会いと澤邊の正教に触れる契機を劇的に表現したのだと思われる。繰り返しになるが、領事ゴシケーヴィチの通訳によって何か起き

パウエル澤邊琢磨神父

た場合、国際問題になりかねないということから領事の配慮が窺える。その後、澤邊はニコライに弟子入りしてハリストス正教を研究し、自分1人で納得しているだけでは飽き足らず、心の許せる人にハリストス教こそが真の神の教えであり、信ずべきものがこの宗教にあると説いていくのである。彼が攘夷の志士で、しかも神明社宮司・神官であることを知っている人たちは彼の変容ぶりを見て驚き、彼の人に語る熱意を聞き知って、澤邊琢磨はどうも気が狂ったのではないかと噂されるに至った。

ニコライと澤邊琢磨とが出会ってから、ニコライの日本語習得は幸運が続いた。第一の幸運は、日本語会話の初歩を、領事館隣にある南部陣屋（南部藩の兵舎で少数の藩兵と使用人たちが住み、領事館建設の人手を出している）の老年の「ジッチャン」「バッチャン」が先生であったこと。そのためニコライは何十年経っても南部なまりが直らなかったという。次に、店じまいする古本屋の本を買って、ニコライは日本語の成り立ちを知ることになり、その頃知りあった新島襄を家庭教師として古典を探る機会を得た。また漢字を知らなければ読み書きができないことから、木村謙斎光永の教えを受けた。木村謙斎は、秋田佐竹西家の藩士で医師である。安政4年（１８５７）、幕府の命令で秋田佐竹本家とともに蝦夷地警備のため軍医として渡島地方に駐屯した。藩兵が撤退し帰郷するも、箱館の自由な雰囲気を好み、家族を連れて移住し、医業と漢籍の私塾を開いていた。ニコライは議論好きで、日本の書生と違う勉強ぶりであったと言われている。１８６４年（元治元）に謙斎が、秋田県大館に帰郷する際に、ニコライから贈られたガラスコップが謙斎の末裔に家宝として引き継がれている。

このような幸運な偶然は、地元の著名人としての澤邊が取り持った節がある。安中藩から出て来た新島襄は武田斐三郎の塾に入門中で澤邊の世話を受けているし、尊王の志士たちからも信頼が厚い澤邊は、箱館にいる武士たちに漢籍を講じている私塾の木村謙斎をよく知っていたはずである。澤邊は、この時はまだ洗礼を受けていないが、信徒としての生き方をしていた。

澤邊琢磨がこのようなニコライと同志的な生き方を選んでいく経緯を把握していくことによって、正教を受け入れていく様子、受容を理解する一助になるのではないだろうか。

元々の名前は山本数馬だが、神明社への入り婿を契機に澤邊琢磨に改名した。山本数馬が箱館に来た年月は明確でないため、入り婿になった年も推測でしかない。しかし、数馬がロシア領事一行が実行寺で仮住まいしているところを目撃した記録があることから、安政5年（1858）8月ごろ江戸を出奔し、翌年11月ごろ箱館に着いたと思われる。

数馬は、武市半平太ら土佐藩士の者たちが修行していた桃井春蔵の京橋の道場で修業し、道場のある場所の名を冠して、浅蜊河岸《あさりがし》の烏天狗と呼ばれる鏡心明智流の達人であった。しかし、道場の酒癖の悪い某とたまたま一緒に酒を飲み、その酒癖の悪い某が難癖を付けた者が落とした懐中時計2個を質入れしたことが露見し、出奔せざるを得なかった。質入れしたのもその某であるが、質屋で土佐藩士を名乗ったゆえに、数馬は藩より入牢に準ずる監視付蟄居の「郷土預け」となった。数馬は、武市半平太の妻の父島村源次郎の妹の子息であるから、武市半平太とは義理の従兄弟であり半平太が数馬より6歳上であった。また、半平太が郷里で道場を開いていた時、半平太の師範代を務めていた。さらに坂本龍馬は、数馬と同じ年の近所の遊び仲間であり、数馬の祖父新四郎の末弟八平が坂本家の養子となり、そこで生まれたのが龍馬であるから、数馬の父と従兄弟になる。

数馬はこの２人には頭があがらない。数馬が切腹すると言っても「こんなことで腹切ったら、腹いくつあったてえたまるもんじゃない」などと語り、所持金10両に半平太と龍馬が足し前して逃がした。数馬は、自分の剣の腕で食っていこうと江戸から会津、山形を通ってその後どう辿ったか判明しないが、流浪の果てに遊学しに来た前島密らと箱館行きの船に乗り、仙台藩とゆかりが深い宿「㊀丸仙」に泊まった。その後、数馬は前島が通う武田塾を訪ねたり、箱館の造船所や商家、倉庫群を見物し、街の発展ぶりに驚くのである。投宿していた「㊀丸仙」に入ったゆすりの賊を追い払い助けたのが評判になり、町道場がつくられて、その師範にされてしまう。またこのことがきっかけで神明社の宮司澤邊琢磨之介に懇願され、悌之助の娘友子の婿養子となるが、間もなく悌之助が他界、数馬は神明社の宮司澤邊琢磨となった。後日、人に譲るまで町道場・造人館の経営者であり、師範であった。振興の港町・箱館の名士として平穏安楽の生活が約束されていた。

しかし、彼は、尊王攘夷の志士であった。故郷土佐を離れたのは、武市半平太、坂本龍馬らが提唱する尊王攘夷の士として働きたいがためであった。彼は先代宮司悌之助にもそれを明言したが、先代は、博学で温厚な人物であり、尊王攘夷を実現するには神道が一番適していると答えた。さらに先代は、万人平等の理想の持主であったゆえに、文人墨客、実業家、差別されがちなアイヌの人たちも招き入れていた。後継者の宮司が剣豪で志士であるという風評から、浪士たちが集まるようになり、琢磨が指導的な立場になっていった。

琢磨は、週に2、3度剣道指南に訪れる領事館地に人が多くなるのは、千島やサハリン、対馬にまで軍艦を寄せているロシアが交易によってのの利益だけを考えているわけではなく、侵略の野心の現れではないかと思うようになった。そして、それを防ぐ具体的な実行方法が、箱館にある外国施設をすべて焼き払い、箱館にいる外国人を殺害するという計画であった。1861年（文久元）に澤邊は奉行所に呼ばれ、訊問を受けるが、宮司を罰することは神を罰することであるからと帰宅させられたが、他の同志4人は帰って来なかった。

そのような背景の中、若き修道司祭ニコライが箱館に着任したのである。世間では、ニコライ修道司祭を宗教宣布に仮《かり》て、ロシア政府の間諜（スパイ）と事実を曲げたそしりがはびこっていた。そのために、ニコライ神父が箱館市中を歩いていると、しばしば白刃に見舞われ、槍をつきつけられたことがあった。

そして、澤邊琢磨はニコライと初めて接触するのであった。「正教の正邪は調べてからにせよ」というニコライの返答が、琢磨の正教研究の契機となった。周りからは、尊王攘夷の持ち主が、外国人のことをよく言うことに狂人扱いされていくが、ここから彼は求道者になっていくのであった。

別の言い方をすれば、研究するという「開明」の姿勢から、探求するという「求道」へと進み、信仰するという「受容」に転化していくことだと考える。

江戸での不本意な不始末により、流浪し、箱館での名士としての安定した生活の中で、尊王攘夷という思想を検討することなく、妄信してきた今までの精神的な価値観を改めて見つめ直すことに気付いたことになる。まさしく「開明」であった。琢磨の実直で、虚飾を排する資質が根底にあったからなのかもしれない。その気質は、その後の「求道」、「受容」さらに正教の「伝道」に大いに力を発揮し、ニコライの同志として正教の振興の基礎を成し遂げていくことになる。

そのような中、琢磨は、武田塾で塾頭の菅沼精一郎より、新島《にいじま》七五三《しめた》敬幹《たかもと》（襄）を紹介される。新島は、西洋の技術よりも、それを生み出した根本になっているもの、彼らの心や生き方を勉強したいと話し、英語を教える人を紹介して欲しいと琢磨に頼んだ。そこで英語は、居留地のイギリス人商人ボーダが発音と会話を、購読と文法を續《つづき》卯之助（造船所の二男、後の気象学者）に習うことになった。

その後、新島が眼疾を患っていることがわかり、領事館の病院に入院した。彼の記録には、領事館の病院は貧富によって差別しない、貧しい患者は無料、病室や寝具は清潔であり、病状に合わせた食事が提供されていることが記され、病院の見取り図まである。眼疾はたちまち治り、ニコライが古典の教授をしてほしいと願い、新島は司祭館の一室をもらいニコライの家庭教師をしながら、諸術調所に通学した。

こうした中、新島の挙動に不審をもった卯之助は、新島を詰問したところ、実はアメリカに渡ることを目的に箱館にやってきたことを白状した。卯之助は、そのような重大なことは、ニコライ神父や、武田塾長が賛成してくれなければ、菅沼塾頭、澤邊宮司、イギリス商人ボーダも協力できないと新島に話し、その仲介を図ることにした。

卯之助の仲介の労により、新島は１８６４年（元治元）６月15日、箱館を出航し、香港経由でアメリカに向かうベルリン号に乗ることになった。密航ではあるが、船長からの了解は得ていた。出国など公式に許されるものではない。武田塾では、新島が出奔し、戻らぬものとして退塾処分として奉行所に届ける。箱館では勤王、佐幕でごったがえしているのでこのようなことはありうるのであった。ニコライ神父はゴシケーヴィチ領事に新島の写真を撮ってもらい、新島はこれを故郷の安中に送ることにした。

後に、新島は日本に戻り、キリスト教伝道に関わって行く中で、箱館時代と密航について、續卯之助、澤邊琢磨はじめニコライへの感謝と親しみを込めた記録を残している。

ニコライから「良く調べないで正邪が分かるのか」と言われて、独自に疑い、調べた琢磨の行動は立派だった。前述したように私はこの気づきを「開明」と表現したが、この「開明」から探求の「求道」へと琢磨を押し上げていき、新島襄の密航を手助けするように澤邊はいわばニコライ塾の塾頭のような立場になっていった。攘夷、佐幕を超えた新たな真理の中の善を追及する行動、正教への「求道」へと進んでいくのである。

その「求道」を他の人たちにも教えたいという琢磨の実直さが、箱館で医業をなしている酒井篤禮《さかいとくれい》へ向かっていくことになる。琢磨自身まだまだ「求道」の端くれであって、正教の真理の理解までは致っていないはずであったが、琢磨の単純で明快な割り切りようがそうさせるのであった。

『日本正教傳道誌』の中で、著者石川喜三郎は、「酒井篤禮という医師あり、その性質温良にして然も剛直、一度その心を決して業を挙ぐるや専心誠意一切の他事を排して雄心するの気骨ある人」と賞讃している。

この篤禮は、南部藩との境となる仙台藩北部に位置する栗原郡金成《かんなり》（現宮城県栗原市金成）に生まれたのである。父順庵も医師であり、順庵が一時、川股家に入り婿し、篤禮が生まれる。詳細は第5章で述べるが、篤禮は、一時川股姓を名乗っている。父順庵が箱館に来た背景はよくわからないが、仙台藩の蝦夷地警備派兵で来たのかもしれない。篤禮は、適塾に入学した記録が残っているように卒業後医業に携っている。

澤邊琢磨が箱館で初めて投宿した船宿「㊀丸仙」の下田理左衛門も屋号からわかるように仙台藩の出身であり、蝦夷地警備の派兵にともなって来たが、撤収の際、蝦夷地発展を見越して箱館にとどまったのだった。琢磨は、ここで篤禮と知りあいになる。

『日本正教傳道誌』では、篤禮を「澤邊の敬愛する人」と記し、「次いで澤邊はこの人を導きて、ハリストス教を信ぜしめんとしてたびたび酒井に向かい教えの問答をなせり」、「酒井は思想の緻密なる性質なれば、真理を求めんとする希望より、意に満たざるところあれば常に澤邊の説を反駁せり」と話している。澤邊は、このころ未だ深く教理に通じていなかったため、酒井の反駁のたびにニコライ神父のもとを訪れ、ニコライ神父より酒井の反駁弁明を聞き、酒井に論ずることを常にしていた。このようなことを約1年間続ける中、酒井篤禮も、真理をたずねる心が開く、すなわち「開明」がおき、ハリストス教こそが真の宗教であると思いはじめ、ニコライ神父から直接、宗教の真の理論を聞きたくなり、神父のもとに通い始めるのである。

澤邊は、さらに「㊀丸仙」で知り合った南部藩宮古出身・商人浦野大蔵や、一時、領事館で働いたこともある越後出身の行商人鈴木富治などに正教を伝えるのであった。

当時はまだ切支丹禁制の高札が全国いたるところに立てられており、威勢の弱くなった幕府は末期状態ではあったが、切支丹に関係する者への極刑に処する国法は生きて機能している時代であった。しかし、ニコライ神父を師と仰ぐ、澤邊、酒井、浦野、鈴木ほか数人の真の教えを探求するいわば「求道者」たちは、身の危険などあまり意に介さないでいたようだ。

ニコライ神父は、正義と寛容の精神で、領事を助け、領事不在の場合には、書記官・武官に指導的助言を与えたりしながら日露両国の国交の面でも重要な役割を果たした。ニコライ神父は、慶応3年(1867)において、教会が成立する確信をもって14条から成る伝道規則を起草した。その概要は、伝教についてより深く学ぶ伝教者の会、宗旨を学ぶ男女子どもの差別なく伝教者より信経主の祈祷十戒の講釈を聞く会の二つの会を通して伝教することが決められ、受講者が洗礼を受けるようになるまでそれぞれ行うこと。そして、洗礼者が500人に達した場合に司祭を設け、同じく洗礼者が5000人に達した場合は教主(主教)を設けることであった。

後に、この規則に則って、公会を経て、伝教方針が決められた。速やかに日本における正教確立のために教会を独立させたいというのが神父の宿願であった。日本人を司祭に任ずることを、この時から考えて、規則中に明示していたのである。

澤邊らがニコライ神父のもとで宗教の研究をしている間に、慶応3年、将軍慶喜は265年間続いた幕府政権を天皇・朝廷に奉還することにした。

このような時流の勢いが地方の箱館にも大きな変化をもたらすだろうと思われた。幕府が命じた箱館奉行は免じられ、新政府の新しい奉行を迎えた。その奉行は公家で、切支丹禁制の高札どおりにハリストス正教のような外来の宗教を厳禁とし、その関係者を捕縛、監禁、処刑するだろうという流言やキリスト教に反感を持つ人たちによる迫害がさもおこるのではないかという噂が町の人々の間に不安とともに拡がっていった。

ニコライ神父の門弟たちは、秘密裡に対策を練った。決断の早い澤邊は、息子の悌太郎を幼いが先代の実孫であるからと宮司職を譲り、妻は先代の娘であるから後見役とし、かねて雇い入れていた禰宜を補佐役に任じて、神明社の総代会、氏子の了解を得て自分は出奔するために境内の物置に隠居する。

このことを澤邊本人から聞きだした鈴木富治は、「澤邊、酒井、浦野はニコライ師が伝道する際になくてはならない人たちだから箱館を去り、安全なところにいってもらう」ということを、ニコライ神父に話した。ニコライ神父は賛成し、澤邊らが箱館を去る前に洗礼をすることにした。

その時分には奉行所はまだ動かないが、世間がうるさく、監視の目があり、領事館の使用人、出入りの者までも警戒しなければならない状況であった。

洗礼は秘密裡に行われた。必要最小限の聖具が注意深く聖堂から司祭館のニコライ神父の居室に運ばれた。廊下には聖堂の誦経者サルトフが立ち番をする。ニコライ神父独りで式は行われ、澤邊はパウエル、浦野はイアコフ、酒井はイオアンの聖名を受けて、３人の信徒が誕生した。慶応４年（１８６８）４月のことであった。この年の９月、明治に改元し、この年が日本ハリストス正教会創建の年であり、この３人がニコライ神父の育みによって得られた初の実りである。

澤邊ら３人と酒井の妻ゑいと娘澄《すみ》は、「㊀丸仙」下田の手配の船で津軽海峡対岸の南部領に向かうのであるが、ヤマセの東風に遭い、当別に押し返され、さらに箱館に引き戻されるという困難な航海で、７日目にようやく大間に着いた。恐山を経由して酒井は妻と娘を連れて故郷仙台領金成に南下する。浦野は故郷の宮古を目指して東に向かう。澤邊は、一応浦野と同行するが、将来伝道するために江戸を見ておきたいということで浦野と分かれ、南をめざしたが、南部領と仙台領の境にある人首《ひとかべ》で拘留される。当時は、奥羽越列藩同盟軍と薩長新政府軍とが交戦中であり、藩境では警戒が厳しかった。澤邊のことばは土佐なまりがあって、東北弁と明らかに違うので新政府軍のスパイと思われたのであった。澤邊は箱館で受けた身分証明書を示して放免されたが、仙台領に入って江戸に行く船を求めて石巻に来たところ帯刀を調べられた。刀身に傷があることから人を殺めた者ということで、身分証明をした箱館に戻ることを強請され、青森県の野辺地まで護送、放逐された。

ここで箱館の切支丹迫害の問題がないことを知り、箱館に戻り、ニコライ神父はじめ鈴木らを驚かせた。人首での拘留中、澤邊の所有する書物について質問する役人がいて、澤邊は真の教えについてその役人に説き聞かせた。この地域は隠れキリシタンの地でキリスト教の教えについて下地のあるところから、このような役人がいたことは不思議がないことであり、さらに明治に入り旧仙台領及び南部領にも伝道が行われ、この人首という寒村に教会ができ、現在まで続いている（昭和58年岩谷堂正教会に合併）。

澤邊琢磨という人物は、人を引き付ける実直さと誠実さを兼ね備えた気質を持ち、明治になってから、彼に帰依する受洗者が多数現れてくる素地はもうこの時期に築かれていたことになる。

澤邊は初実の果といわれる3人の中で一番長生きし、ニコライ師が1912年（明治45）2月16日永眠した翌年、東京四谷洗礼教会の長司祭在任中の1913年（大正2）6月25日、78歳で永眠した。

第４章　ハリストス正教と箱館戦争

１　戊辰戦争と箱館戦争の概要

北海道の歴史書等では箱館戦争を「旧幕府脱走兵」対「新政府」との対立と捉えていることが多いように思える。確かに幕府の脱走兵であることは、榎本武揚はじめ幕府の元老中もいることだし、多くの兵力が旧幕臣であり、また、「旧幕臣」として蝦夷地の移住を新政府に訴えていることから疑う余地はないのであるが、なぜ「脱走」に焦点を当てるのだろうか。箱館戦争の一翼を幕府脱走兵と定義すると旧幕臣以外の旧会津藩士、旧仙台藩士他などの存在がなかったかのように思われる。

「旧幕府側」、「反政府側」では、旧幕臣たちの箱館戦争時の奮闘の影が薄くなるのだろうか。箱館戦争の開始時の勢力で、榎本軍は共和制の選挙を行った事実などからして「旧幕府脱走兵」だけのものではなかったはずだ。「旧幕府」・「反政府」対「新政府」が大枠で、箱館戦争終了後に考えた名称「旧幕府脱走兵」対「新政府」、どちらが実相にあっているのだろうか。誰が、どのように定義するかについては、深い分析を要するが、新政府役人、もしくは道民の誰かが、戦争後、開拓使設置などの新政府の施政に対して気を遣いもしくは気を遣わせて「反政府」という語句を使わなかった、使わせなかったのではないだろうか。そして、「反政府」を旗印にした奥羽越戊辰戦争とのつながりを遮断する意図が無意識に働いたのではないかと私は考える。さらにそれらの無意識な行為は、戊辰戦争の最後の戦いであった箱館戦争を、あえてその戦争を「反政府」と捉えるよりも近代の芽を産み出したという価値観をもって、波風を立てないで外国との交易・交流を優先したいという開港以来の国際的感覚の歴史を育んだ箱館の風土が創ったものと思える。

本書でテーマとする仙台藩士及び仙台藩関係者とハリストス正教のつながりを知るためには、奥羽越戊辰戦争（東北戊辰戦争とも）での敗戦・降伏が仙台藩の者たちには大きな通過点であり、ハリストス正教との出会いが彼らの未来を照らす灯りであったことから、奥羽越戊辰戦争について、なぜ戦争が起きたのか、戦争の経過、戦後処理がどう行われたのかを知る必要がある。

この奥羽越戊辰戦争を奥羽越列藩同盟結成の中心人物であった仙台藩宿老《しゅくろう》（他藩での家老）、但木《ただき》土佐《とさ》成行《なりゆき》（「しげゆき」とも言われるが「なりゆき」と伝わる、現宮城県黒川郡大和町邑主１５００石）の事績を中心にみていきたい。

奥羽越戊辰戦争は、会津・庄内藩征討に対する政府軍の理由が明白でない、鎮撫という名目の理不尽な戦いに対して、仙台藩を中心とした東北越諸藩が、奥羽越列藩同盟を結成し、平和裡に理を尽くして解決するための抵抗であった。新政府は、政府内での薩長対立の中、薩長体制維持のため、はじめから抗《あらが》う者に容赦しないという原理原則を貫くことに拘泥した。会津藩の降伏と庄内藩への寛典を求める奥羽越列藩同盟の避戦論は、この新政府の原理原則によって蹴散らされ、結果的に会津藩はじめ東北諸藩において虚しい殺戮戦が行われた。

奥羽越戊辰戦争は、広義的には、慶応4年（１８６８）４月24日～閏４月11日の奥羽鎮撫軍と庄内藩の清川の戦い（その時、仙台藩は鎮撫軍にあり官軍）をスタートとし、明治元年９月22日・会津藩降伏とするまでの6カ月間を指す。また、狭義・厳密には、一般的な「賊軍」は旧幕府・会津藩と後に結集した列藩同盟軍と、「官軍」の新政府との戦いの始まりである慶応4年閏4月20日の白河の戦いから明治元年9月22日の会津藩降伏までの5カ月間を指す。

そして、箱館に舞台を移した榎本旧幕府軍と政府軍の箱館戦争は、明治元年10月25日から明治2年5月18日の降伏までの7カ月間を指す。

奥羽越列藩同盟の起源は、慶応4年（1868）閏4月1日、七ヶ宿・関宿（現宮城県七ヶ宿町）での但木土佐と会津藩主席家老梶原平馬一行との会談である。但木土佐は、会津藩の謝罪嘆願に対し、会津藩公の首級《くび》を出してもらおうと質《ただ》した。梶原は、鳥羽・伏見の戦いの際、将軍が罪を一身に負い、謝罪嘆願し、朝廷はこれをいれており、当藩に何の罪もない、藩公の首級を出すことは困難であると答えた。さらに、藩公の首級を差し出したところで、薩長の参謀は、私怨を晴らすために性急であり、謝罪降伏を拒み、さらなる難題を持ち出すだろうと疑念をさらした。仙台藩側は、真の謝罪恭順であれば、受理されないわけはないと説得し、梶原は、主君の首級を差し出し、嘆願書を提示すると言って帰国した。そのころ、奥羽鎮撫総督府下参謀世良修蔵《せらしゅうぞう》（長州藩出身）の執拗な会津攻め主張に対し、仙台藩の不戦方針のもとで、最前線では誰の命令に従ったらよいのか混乱が続いていた。このような小競り合いの中、会津藩梶原平馬は、国境の湯の原に嘆願書を提示した。

これを受けて但木土佐は、奥羽諸藩を白石（現宮城県白石市）に集め、会津藩の謝罪嘆願書を披露し、奥羽鎮撫総督府に寛典を求める目論見であった。米沢藩は、藩主自ら藩兵3700人余りを引き連れて白石入りした。鎮撫総督府へのデモンストレーションであった。米沢藩は、奥羽を結集し、薩長勢力に対抗する勢力を形成する機会と捉えていた。後に同盟軍が政府軍と戦火を交える際、戦争の大義・同盟の主導権を示すか否かで、米沢藩と仙台藩との微妙な差が生じたのは、同盟軍内での主導権争いが背景にあったのかもしれない。

慶応4年（１８６８）閏4月11日、白石城主片倉邸で「白石列候会議」が開かれた。この会議は、閏4月22日「白石列藩同盟」、5月6日「奥羽越列藩同盟」につながる実質的な同盟であり、歴史的に新たな未来を拓く出来事であった。新政府の「名目的な公議」ではなく、奥羽という地域を「実質的な公議」で決めていく実験であった。

藤原相之助著『仙台戊辰史』や『宮城県史』によると、この会議に集まった各藩の重臣には「仙台陸奥守（仙台藩）家来但木土佐、坂英力《さかえいりき》（列藩同盟軍事総督）、玉蟲左太夫《たまむしさだゆう》（列藩同盟結成役・仙台藩藩校養賢堂教授・万延元年遣米使節随行その後世界一周）」を筆頭に会津藩、庄内藩を加えた27藩39名の名前がある。但し、黒羽藩、会津藩、庄内藩の参加者名は不記載である。参加の思いは各藩各様違っていたが、小藩は近隣の大藩に頼るしかないという一蓮托生の参加であった。

会議では、但木土佐が会津の嘆願書を読み、降伏謝罪に相違ないことを確認した。この嘆願書を鎮撫総督府に通達することを諸藩に確認した。異論はなく、「諸藩重臣副嘆願書」に各藩重臣が署名した。嘆願書を鎮撫総督府に提出すると同時に会津征討の解兵を通告した。

現在、薩長史観において、列藩同盟はたかだか5カ月間で何の成果もなかったと軽く受け流しているが、列藩同盟は、会津救済を名目にして結集したものであったが、薩長政府が「公論」を無視し、「私怨」で戦争をはじめようとすることを強く批判し、薩長政府に対抗する新たな政権の誕生を目指していた。列藩同盟諸藩が署名した嘆願書は鎮撫総督府が拒否した場合は、宣戦布告であった。

鎮撫総督府下参謀世良修蔵は、嘆願を拒否し、仙台藩士等によって慶応4年閏4月20日に暗殺された。これを契機に、列藩同盟は白河に出兵し、奥羽越戊辰戦争が始まった。

新政府に対抗する列藩同盟の新政権構想は、内的には「公議」の理念を持ち、外的には武力ではなく、「嘆願書」、「建白書」等の手続きを踏んでいった。これらは、但木土佐等による粘り強い同盟結成の過程において具体化し、藩内を統一、奥羽を連携させる但木土佐の政治的手腕がいかんなく発揮された過程でもあった。

内的な理念の例として、会津藩が謝罪したにもかかわらず鎮撫総督府が拒否することについて、仙台藩主伊達慶邦《だてよしくに》が、鎮撫総督府・新政府が朝廷を盾に、政権を私にしている「姦徒」として断罪し、列藩同盟は「大義」をもって災禍を除き、皇国を維持すると藩内に布告したことに現れている。また、合議によって列藩同盟の意思を決定する方法を重視する方針にしたことにも現れている。

嘆願書、建白書によって避戦策を講じた外的な面の特色について、奥羽越列藩同盟・奥羽越戊辰戦争の経過を表で示し、補足していきたい。

慶応4年5月25日	奥羽越列藩同盟「嘆願建白書」を持参し、坂英力上京
5月26日	葦名靭負《あしなゆきえ》藩全権使節となり新潟港へ発つ
6月12日	新潟港、同盟の武器輸入港になる
6月16日	輪王寺宮、奥羽越列藩同盟の盟主となる
7月2日	輪王寺宮、仙台入り、同盟列藩に令旨賜る

7月7日　「列藩同盟趣意書」を各国公使配布のため、横尾東作ら新潟へ発つ
7月10日　輪王寺宮、「薩長征討の令旨」を発し、同盟を官軍と称す
7月11日　輪王寺宮、白石入り、軍事総督に推戴
7月14日　白石に同盟の公議府（軍事総督府）を設置

外的な面の特色の一つ目として、奥羽越列藩同盟の「嘆願建白書」を米沢藩と共に持参した坂英力の上京は、筋を通し、鎮撫総督府への陳情だけではなく、新政府自体へ建白書を提出し、全国諸藩に自らの正当性を訴える陳情であった。しかし、その陳情は拒否され、失敗に終わった。新政府は、赦免した幕府への対応と征討する会津への対応の矛盾を抱え、薩摩と長州に軋轢を生んでいた。列藩同盟諸藩は、会津降伏と避戦の連携であったが、新政府側が同盟の陳情を拒否したことによって、結果的に奥羽諸藩自らの立場を表明することなく戦争に突入した。

外的な面の特色の二つ目は、葦名靫負が、藩全権使節となり新潟港へ発ったことが、諸外国に列藩同盟の正当性を承認させ、仮条約を結んでアメリカ、プロシア、フランスなど11カ国に対し、布告文を送ることにしたことである。さらに、ロシア領事ゴシケーヴィチに対し、但木土佐名義で布告文を作成していた。

さらに、非奥羽諸藩の加賀藩などの諸藩、外国と連携し、新政府との開港問題等を解決しようとした。その例として、ヘンリー・シュネルと弟のエドワード・シュネルの兄弟による列藩同盟による新潟港構築等である。ヘンリー・シュネルは、維新時26歳、プロシア人で国籍はオランダであるといわれている。慶応3年、横浜にあるプロシア領事館を辞め、武器商人となる。慶応4年4月14日、仙台藩

寒風沢《さぶさわ》にロシア船で来航し、ライフル銃のミニエー銃等を約6万2千両で売ることを皮切りに、戊辰戦争が始まった直後、越後長岡藩河合継之助にガトリング砲2丁を1万両で売り、会津藩でも梶原平馬にライフル銃を売った。ロシア船を使用していることから、仙台藩とロシアとの親密な関係を示している。

ヘンリー・シュネル（以下シュネル）は、会津に住み、長岡藩と会津藩の軍事顧問となり、洋式武器の訓練、指導を行っている。会津藩主より平松武兵衛という名前を賜った。シュネルは、奥羽に新政権をつくることを使命として、武器を大量に売り、売買の拠点にするため開港されていた新潟港の整備と防備を図っていた。しかし、会津戦争直前、シュネルは政府軍に捕らえられ、新潟港は陥落した。軍備調達の新潟港を政府軍に抑えられたことは、列藩同盟にとっては、大きな打撃であった。列藩同盟のもう一つの武器調達の拠点である太平洋側の平潟（現茨城県と福島県境）が攻防の要となり、海防の戦いへとなっていった。

シュネルは、薩長史観によれば、賊軍に味方したことによって悪評だけが残っている。同じ武器商人であったグラバーは、「維新の大業」に功績があったということで勲2等旭日章が与えられている。どちらが正義なのかではなく、勝った方が官軍であり、負ければ賊軍となるのである。

外的な面の特色の三つめとして、明治天皇の叔父にあたる輪王寺宮が上野戦争で敗れ、仙台に逃れて列藩同盟の盟主となり、列藩同盟としての組織、令旨の布告など新政府に対抗する新政権が構想されていたことである。

ところが、列藩同盟の新政府に抵抗する新政権の整備が着々と進む中、慶応4年閏4月28日、軟禁状態であった九条総督が、佐賀藩、小倉藩、熊本藩とともに仙台から転陣し、奥羽を鎮撫し、その後上京して列藩同盟の立場を朝廷に説明すると秋田へ向かった。7月1日、九条総督が秋田入りし、結果的に奥羽戦争の継続を示し、奥羽鎮撫府の拠点となった。

その後、7月4日、仙台藩使節団12名が秋田藩士に謀殺された。秋田藩は、列藩同盟を離脱し、政府軍に就くことになる。続いて秋田藩に近い小藩である亀田藩、本庄藩、矢島藩が列藩同盟を離脱し、列藩同盟に大きな亀裂が生じた。列藩同盟にとっては、政府軍と秋田軍との二正面での戦いを余儀なくされ、両面で大きな犠牲を生み出していった。仙台藩にとっては、秋田藩の裏切りに対する憎悪がたぎる戦いでもあった。二正面の作戦は軍事的に効率が悪く、焦点を絞った戦いができず、仙台藩敗因の一つにもなった。

但木土佐は罷免された。列藩同盟の分裂と二面戦争が直接罷免の理由である。秋田藩、その近隣の小藩の列藩同盟離脱と戦争及び但木土佐等の罷免は、列藩同盟にとって大きな痛手となった。庄内藩は、仙台藩主伊達慶邦に対し、罷免の取り消しを願った。但木土佐等が会津救済から主導してきて、秋田藩離脱の危機の中で罷免することは、奥羽諸藩から疑惑を招くという理由であった。仙台藩では評議したが、復帰は叶わなかった。

次に奥羽越戊辰戦争の主な戦いの経過と列藩同盟離脱と崩壊について見ていきたい。

慶応4年（1868）4月24日　　庄内藩清川の戦
　閏4月20日～7月15日　　白河の戦
閏4月24日～7月29日　　北越・長岡の戦

6月16日～8月4日	平潟口、磐城口の戦
7月4日	仙台藩使節団12名謀殺される、秋田藩同盟離脱、政府軍に就く
7月10日	亀田藩、本庄藩、矢島藩同盟離脱
7月11日	新庄藩同盟離脱、政府軍に就く
7月11日～9月14日	秋田の戦
7月15日	弘前藩同盟離脱
7月26日	三春藩降伏、政府軍に就く　守山藩、新発田藩降伏
7月26日～29日	二本松の戦
8月4日	相馬中村藩降伏し、政府軍に就く
8月7日～20日	駒ヶ嶺《こまがみね》の戦（相馬領境）
8月10日	黒羽藩同盟離脱　翌8月11日村上藩降伏
8月21日～明治元年9月22日	会津の戦
9月2日	福島藩降伏
9月4日	米沢藩、二本松藩降伏
明治元年9月9日～11日	旗巻《はたまき》峠の戦（相馬領との国境・駒ヶ嶺北）
9月10日～11日	筆甫《ひっぽ》の戦（仙台藩境丸森・筆甫・旗巻峠北）
9月15日	仙台藩降伏

9月17日　　上山藩、山形藩降伏、18日天童藩降伏
9月22日　　会津藩降伏
9月25日　　盛岡藩、一関藩、長岡藩降伏
9月26日　　庄内藩降伏

慶応4年8月3日、仙台藩主伊達慶邦の官位が剥奪され、仙台藩は、「朝敵」、「賊軍」とされた。8月11日には駒ヶ嶺城が陥落し、圧倒的に不利な状況となった。8月26日、米沢藩も降伏に傾き、米沢藩の使者が仙台藩に降伏勧告を申し入れた。仙台藩内は、抗戦派の松本要人《かなめ》と恭順派の遠藤文七郎による大激論が展開された。松本要人は、遠藤等恭順派に対し国（仙台藩）を売る「逆賊」だとして、密かに誅殺するリストをつくり密計を計った。遠藤等はそれに対抗するため松本暗殺を企図した。陰謀と憎悪が渦巻く末期的な状況であった。

そのような中、旧幕府軍が仙台藩に集結し、慶応4年8月23日、榎本武揚《えのもとたけあき》率いる旧幕府艦隊が、松島湾寒風沢《さぶさわ》に集結した。遠藤自ら出迎え、今後について榎本と情報交換を行った。仙台城で、榎本武揚、板倉伊賀守、土方歳三、フランス人の軍事顧問ブリュネー等と会津藩、米沢藩、庄内藩、一関藩の代表者が軍議を行った。さらに榎本は仙台藩主に掲見、その後、土方歳三も仙台藩主より銀子を与えられている。

榎本らが仙台に滞在中、仙台藩が降伏策を裏で行っているという情報を聞きつけ、榎本、土方らが遠藤文七郎らに詰問した際のエピソードがある。土方は、家来が主君を討ち、倫理は地に堕ち、国家の大政をどのようにしてとるのか、武士道を解し、聖人の教えを知る者は薩長に組すべからずと語り、それ

に対する遠藤の返答は、「徳川氏は前非を悔い、罪を謝したので、幕府の家臣たる諸君も帝に謝罪するべきで、幕府再興を企図している諸君は朝廷を欺くものであり、朝敵だ」と榎本、土方を拒絶した。榎本と土方は、天皇は薩長の傀儡と見ており、天皇を神聖視する遠藤とは平行線で深い溝があった。榎本・土方の主張は主戦論であるため、受け入れられず、明治に改元した9月9日、宇和島伊達家が降伏勧告を奉じ来仙した翌日結果的に伊達慶邦の意向によって降伏することとなった。同日、遠藤文七郎が仙台藩の筆頭奉行に就任した。松本要人はじめ但木土佐を支えてきた者たちは失脚し、「勤王」を自任する者たちが登用され、降伏の手続きに入った。9月15日、伊達《だて》将監《しょうげん》邦寧《くにやす》（一門・水沢領主・1万6千石）を正使、遠藤文七郎を副使、櫻田春三郎（兵学者櫻田良佐《りょうすけ》の甥、禄高１５０石）を監察として奥羽追討総督府に謝罪嘆願書を提出し降伏した。

その前後に奥羽諸藩は降伏し、奥羽越列藩同盟は崩壊した。9月24日、亘理《わたり》（現宮城県亘理郡亘理町）で降伏の式典があり、藩主伊達慶邦が嘆願書を薩長軍参謀に提出し、式典が終わった。仙台藩にとっては最大の屈辱の日となった。亘理に駐在していた政府軍先発隊約2千名余りが、26日には仙台に進駐した。29日には後発隊が進駐し、合計7千名余りの政府軍が仙台に駐屯した。

その際、仙台藩の屈辱と政府軍との横暴を示す事件が起きた。刈田郡宮村（現宮城県蔵王町）での白鳥事件である。柴田郡、刈田郡では、白鳥は神の使いであるという伝説があり、白鳥を殺すことを禁じていた。ところが、牛馬、鶏を食べる習慣があった政府軍兵は、村民のいる前で白鳥を殺した。宮村を管轄する船岡領主柴田中務の家臣がその政府軍兵に発砲し重症を負わせた。仙台藩の遠藤文七郎は、その家臣が逃げたので、主人である柴田中務を切腹の処分にした。家臣を探索すれば済むことであり、見つかるまで先延ばしすればよいことなのに、政府軍に対しておもねる、浅ましい処分であった。遠藤文七郎等の「勤王」は、自藩の者を守れずに誰のための「勤王」だったのだろうか。松本要人等は、彼らは国（藩）を売る奸徒と言い放ち、誅伐しようと企図したことがわかるような気がする。遠藤文七郎等は、この白鳥事件だけではなく、政府軍に有利に働くよう容赦なく戦犯として藩主伊達慶邦、輪王寺宮を謹慎させ、但木土佐等の逮捕は激烈を極めた。

その間、明治元年（1868）9月15日、降伏を不服とする星恂太郎《ほしじゅんたろう》隊長の近代兵器装備の精鋭部隊「額兵隊《がくへいたい》」は、政府軍が会津攻めに集中している背後を討つために出陣したが、藩主伊達慶邦によって制止された。藩の降伏後10月1日、遠藤文七郎等藩庁の制止を振り切り、額兵隊500余名は、石巻に向かい、土方歳三等と一緒に政府軍を迎撃しようとしたが、政府軍の先手として遠藤文七郎等の仙台藩兵が追捕してきており、同士討ちを避けた。遠藤文七郎は榎本艦隊を食料等の供給を条件に藩領から退出させた。10月12日、帰藩した300名余りを残し、榎本武揚率いる軍艦「回天」に、旧幕府軍、新撰組、彰義隊らとともに、256名の額兵隊が乗り込み箱館に向かった。

実権を握った遠藤文七郎等は、主戦論を唱えた反逆の首謀者として9月26日、松本要人を捕縛しようとしたが、自刃した松本家の家老を身代わりに松本要人は、箱館に額兵隊とともに逃れた。翌日謹慎中の但木土佐、坂英力、瀬上主膳《せのうえしゅぜん》等（世良修蔵の殺害者）が逮捕された。10月16日、榎本隊に合流を図った玉蟲左太夫も、捕縛、入獄された。

明治元年（1868）10月12日、榎本艦隊は、品川からの約1千数百名の旧幕府兵と仙台、会津越後各藩等を合わせて3千数百名を乗せて石巻を出港し、箱館を目指した。10月22日以降の戦いで元箱館奉行所が置かれていた五稜郭を占領、11月5日松前城を落とし、江差等を占領して蝦夷地を平定し、12月5日、箱館新政権を樹立した。榎本武揚が、投票で選ばれ新政権の総裁になった。新政権は、蝦夷地に旧幕臣を移住させ、北方防備と開拓ができるよう朝廷に請願したが受け入れられず、政府は征討の兵を送った。明治2年3月25日宮古湾の開戦に敗れ、榎本軍は多数の戦艦を失った。4月9日、黒田清隆率いる政府軍が江差に上陸、箱館に進軍し、12日以降の陸戦、海戦で榎本軍は撤退し、5月11日、政府軍の総攻撃で18日五稜郭は遂に開城し、２０００余りの兵が降伏した。鳥羽・伏見の戦いから1年5ヵ月余りの戊辰戦争は終結した。箱館戦争を含めた戊辰戦争の戦死者は、明治9年統計（幕府・同盟軍４６９０人、政府軍３５８０人、合計８２７０人）と昭和61年統計（幕府・同盟軍８６２５人、政府軍４９４７人、合計1万３５７２人）の人数が大いに違っている。同盟側は抵抗したことを弱めるために少なく見積もり、政府側は恩賞を得るために多く見積もる。真実がわからないのである。箱館戦争も、兵力が榎本軍約３５００人、政府軍約９５００人と、戦死者が榎本軍約１０００人、政府軍約３００人となっているが真実は分からない。

榎本武揚は、戊辰戦争の開始から一貫して主戦を唱えていた。榎本の開明的な経験と知識そして熱情は、新政府の理不尽な戦争遂行に対し、許してはいけないという考えと新政府の近代国家形成への危うさを感じていた。攘夷、開国、薩長、幕府の範疇を超えた西洋社会の組織と「公議」を万国の理によって実現しようとしていた。投票による、箱館新政権総裁の決め方にその片鱗が窺える。

しかし、黒田清隆の熱烈な推薦により、榎本の開明的な経験と知識は、皮肉にも明治新政府で発揮されることになる。そして、ロシアと密接に関係する千島樺太交換条約のように国境線の線引き、蝦夷地開発・発展に一生涯関わっていたのは、箱館戦争で夢破れ、亡くなった者たちへの鎮魂のように思えてくる。新政府での役人生活は、本当に辛かっただろうが、蝦夷地開発が唯一の生きがいであることを窺える熱を秘めた清々しい生き様であったと思われる。

戊辰戦争最後の戦いは、戦争の悲惨さと無辜《むこ》（罪のないこと）なる人たちの犠牲を思うと、幕藩体制という封建制の崩壊と近代国家建設の芽を生み出すものであったのかと思うしかない。

奥羽越戊辰戦争後の「仙台騒擾」

慶応4年（明治元・1868）7月25日但木土佐は、各所における敗戦を門閥から批判され、遠藤文七郎から中傷を受けて奉行（家老）職を免ぜられたが、坂英力は軍事陣代として奮闘していた。しかし、駒ケ嶺《こまがみね》（仙台藩と相馬藩境）攻防の敗戦、9月15日、仙台藩降伏後、9月17日、但木土佐、坂英力抗戦派は、謹慎させられた。仙台藩の藩論が抗戦派から恭順派に転じて、藩内の恭順派は復活した。9月27日、遠藤文七郎、伊達将監（水沢）、後藤孫兵衛（不動堂）が戦後処理を行った。これまで藩政から排除されてきたことから、それまでの反対派に対して厳しい対処をした。

10月12日、謹慎中の輪王寺宮は東京に護送され、10月16日、但木土佐、坂も東京に護送された。10月21日、藩主親子伊達慶邦・宗敦が東京送りとなり、芝増上寺内で謹慎となった。

この間に、遠藤文七郎、大條《おおえだ》孫三郎は、仙台藩の存続を願い、朝廷に謝罪嘆願し、寛典を受けようとした。岩倉具視は奥羽の処分について、会津と庄内は刑典に照らし大罪を免れないが、仙台藩は、会津討伐の勅命を受けながら会津に与《くみ》し、奥羽諸藩の盟主となり、政府軍に抵抗し参謀を殺したことは、会

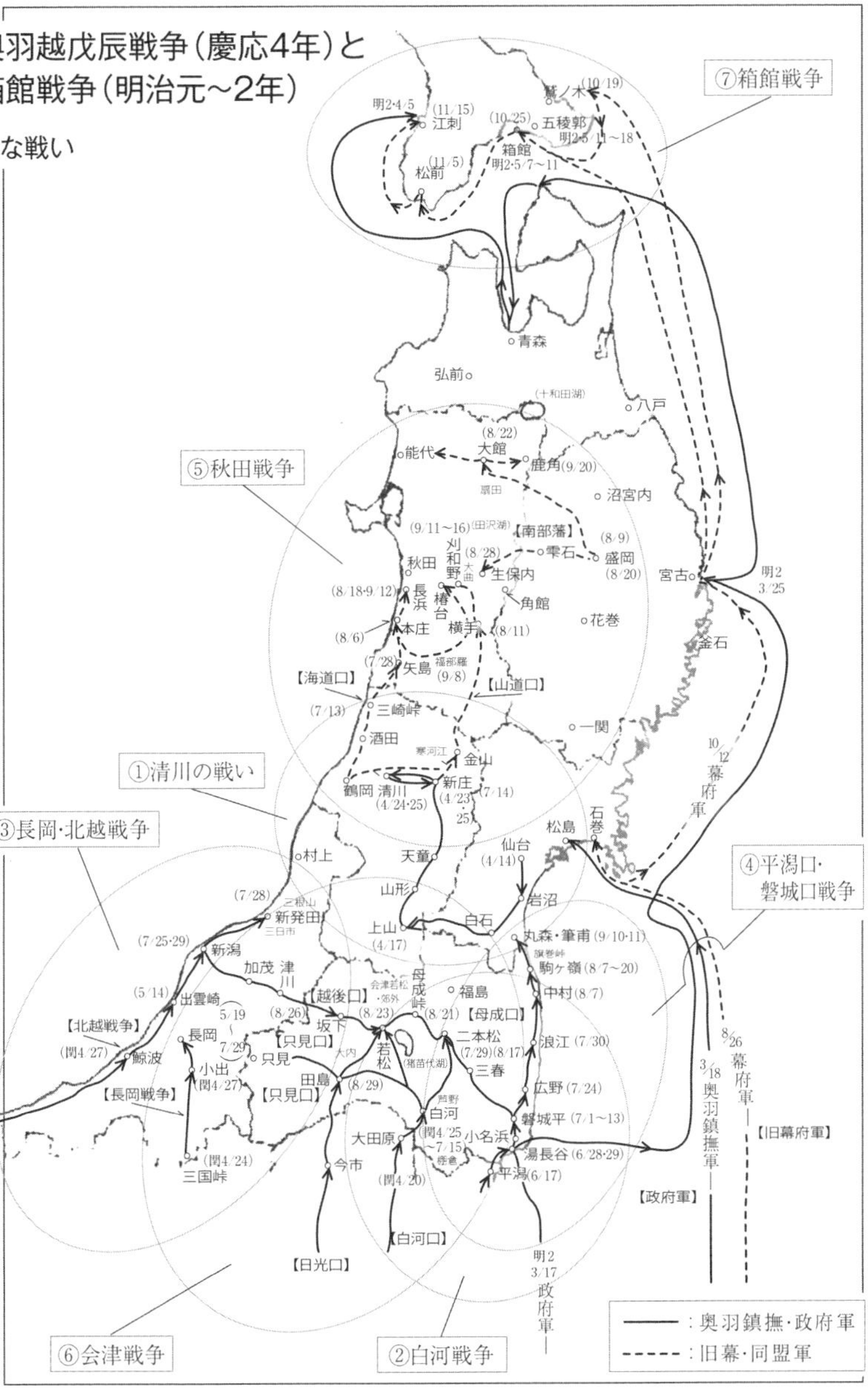

奥羽越戊辰戦争（慶応4年）と
箱館戦争（明治元〜2年）
主な戦い

津、庄内よりも罪は重いとしている。12月7日、奥羽越諸藩20数藩に減封、移封とする厳しい処分があった。奥羽地方を7分割にして、陸奥国は磐城、岩代、陸前、陸中、陸奥の5カ国に、出羽国は羽前、羽後の2カ国に分断した。

降伏後、遠藤文七郎等の旧政府軍恭順派が戦後処理を行うことになり、旧政府軍抗戦派は逮捕等の処分を受けた。明治元年12月9日、仙台藩に対して28万石減封となる政府から処分が行われた。遠藤らは、それに伴う減封地の明け渡し業務、その明け渡し地から追われた仙台藩士たちの移住業務、それらに不平不満をもつ暴徒の不穏な状勢を防止する業務、賠償金の捻出など多難な業務を抱えていた。

伊達慶邦から仙台藩主を引き継いだ亀三郎は3歳で、その後見人には一門の亘理伊達邦成、水沢伊達将監がなった。後見人二人は、遠藤文七郎、櫻田良佐《さくらだりょうすけ》（兵学者）等の一派では理論ばかりで行政実務能力に欠け、この難局は乗り越えられないとして実績のある人物を登用することにした。

明治2年1月2日、執政に実績のある蒲生《がもう》（現仙台市）邑主で、若年寄和田織部を奉行に任命した。3月5日、和田織部は復興を速やかに進めるために、財務、外交、軍事に実力者を配置した。さらに反政府者と同調する脱藩者に対して人的な対策をとった。

政府は、但木土佐と坂英力を戦争責任者として捕縛しており、従属の輩の罪は問わないとしていた。それを受けて仙台藩は、有能な人材を配置し、戦後復興に取り組んでいった。

戦後処理を行い、減封でありながら、政府との交渉で仙台藩を残すために奔走した遠藤文七郎等恭順派は、その後も実権を握り藩政を主導して行くつもりでいたが、抗戦派が多数登用されたことに憤慨した。この人事は新政府、藩にとって憂慮すべきことであり、新政府によって粛清してもらうよう要望することにした。この頃、脱藩者が多く、蝦夷地に渡り決戦を図る者が出て、暴動が起こり旧勤王派の政府恭順派と旧同盟派の政府抗戦派の対立が再燃した。

櫻田良佐を中心に藩内で恭順派が実効できる策を企図したがうまくいかず、今度は降伏後、西軍に取り入り勤王と称した氏家道以、伊達邦成の家臣鷲尾宇源太らが使者として政府に直接訴えることにした。一派は、櫻田良佐が作った政府宛の上申書と奸徒表を伊達将監に提出し、その後、政府軍務局判事大村益次郎に謁見した。恭順派は仙台藩において藩の重臣が脱藩兵を煽動し、その財源を贋金作りで賄い、政府に対する謀反の動きがあるので、速やかに仙台に政府軍を出し、邪党を一掃してほしいと願い出た。

そして、74名の罪状を付した奸党名前書を提出した。上申書には、遠藤吉郎左衛門、玉蟲左太夫、若生文十郎、大槻磐渓、新井儀右衛門等は、楽山（伊達慶邦）を迷わし、あるいは会津奸人に党し、米沢の奸人に欺かれ、三国を奔走周旋し、反逆を主張し、邪説を草稿し、上始め下方を動揺せしめ大逆無道人これ有り云々と述べている。

この密訴をうけて大村益次郎は、新政府を揺るがす事態になりかねないと判断し、武力をもって鎮撫する可能性を示唆した。明治2年3月30日、政府軍務局は、藩主後見役の伊達邦成を尋問したが、知らぬ存ぜぬと埒が明かず、新政府は、蝦夷地の榎本軍と仙台藩の連携を恐れ、仙台藩からの「邪党一掃」の願いを受けて鎮撫軍を派遣することにした。

明治2年4月2日、大納言久我通久を鎮撫総督として、大隊司令士高橋熊太郎（長州藩）ら政府軍600名を率い、伊達邦成を随身させ仙台に進駐した。しかし、藩内は静かで、暴動、謀反の動きが見られなかった。

ところが櫻田等恭順派は、久我総督に嘆願書を提出し、但木土佐、坂英力以外にも戦争責任者がいるとして、徹底的に断罪しなければ抵抗の再発の恐れがあるとした。奥羽鎮撫下参謀世良修蔵と親友であった渡辺清左衛門（大村藩）が弾正台から派遣され、渡辺の仙台藩憎しにつけ込み、櫻田良佐、増田繁幸らが断罪すべき会津征討以来の罪状を付けた名簿を提出した。

明治2年4月7日から3日間、捕縛が行われた。狙われたのは、戦後復興で登用された和田織部以下15人であった。鎮撫総督府では、その15人の主だった者に謹慎、他人預かり、入牢を申し付けたが、翌4月12日に急変し、切腹等重罪になった。玉蟲は、仙台藩の意向では禁固7カ月であったが、罪人処刑と同じ牢屋前での切腹に変わった。

藩内騒擾の責任者として執政和田織部、列藩同盟成立に尽力した遠藤吉郎左衛門、玉蟲左太夫、若生文十郎、安田竹之輔、世良修蔵殺害の手引きをしたという栗村常連《とこつら》、箱館行き脱走兵見逃しの齋藤安右衛門7名が切腹、榎本軍に米をおくった武田杢助《たけだもくすけ》は逼塞、合計8名が断罪された。これが仙台騒擾第一次処分（明治2年4月9日〜14日）である。

理由にもならない理由で、処刑されている。初めから処刑するために仕組まれた処分であることが、糾明することなく処刑したことからも、また一夜で処分内容が変節することからも推測できる。

櫻田等の恭順派は、戦前、戦時中自分たちを排斥した者たちへの報復のため、新政府の威を借りて、嘆願・密訴を企てるなど、手段を選ばず旧抗戦派の撲滅を図るため、激烈なやり方をとっていたのではないか。さらに、4月21日をもって、贋金密造者の検挙、処分が行われた。幕府銭の贋金密造は仙台藩ばかりではなかったが、鎮撫使が出動した手前、誰かを処分しなければ埒が明かなかったのだろう。

再鎮撫出兵の狙いは、奸徒任用、贋金鋳金、残賊隠匿などを明らかにして処分することであったが、それらの事実を明確にしないで、旧恭順派の処分リストに沿って処分するということは、仙台藩の力をそぎ落すことであった。藩内では、旧抗戦派が一掃され、旧恭順派が実権を握り、藩政を牛耳っていくことになった。

4月21日、政府が布令した「藩治職制」に基づいて、議事局を設置した。藩主が下問した議案を審議する機関であるが、議員を旧勤王・恭順派が占めていた。議長は桜田良佐で、戊辰戦争での論功行賞の諮問、戦後処理について行われた。

明治2年5月21日に久我鎮撫使が仙台を離れてからも、政府は仙台藩処分の追及の手を緩めなかった。同年6月29日、仙台騒擾2回目の処罰が行われた。蝦夷地で戦った「額兵隊」を創設した前の隊長であったが、名門葦名家であるから切腹のところ罪一等減じられた葦名靱負《あしなゆきえ》、大槻磐渓等の家跡没収・入獄はじめ57名にわたる大粛清であった。

この2回目の処分は、箱館へ脱走した人たちが主で、「回天隊」を結成した金成善左衛門、「飛行隊」（修験者を動員した僧兵隊）を組織し奮戦し、明治4年に寛典をもって罪を赦され、放免後ニコライ堂建築に推され、教会監督となった大越仲《おおごえなか》（通称文五郎）、「額兵隊」隊長星恂太郎、「額兵隊」医師濱尾最一郎、「見国隊《けんごくたい》」隊長二関源治《にのせきげんじ》、勇義隊士官で後に日本ハリストス正教を布教した影田孫一郎たちであった。さらに、福沢諭吉に資金を扶助して大成させ、高橋是清、新井奥邃《あらいおうすい》、富田鐵之助を育て、但木土佐と一緒に「奥羽諸藩会議」を開き、奥羽諸藩の結束と軍備を整えた大童信太夫《おおわらわしんだゆう》（改名黒川剛）がいた。

仙台藩の度重なる恭順派と抗戦派の内部戦争による内部告発によって、新政府は、この機会に仙台藩の旧抗戦派を一掃しようと考え、その結果として、「仙台騒擾」と表面化し、戦後復興の有為な人材、一次に8名、二次に57名、合計65名が処分された。戊辰戦争前、戦時中の内部抗争、対立が引き起こしたことが原因である。「仙台藩は、戦いに負けた上に、身内で殺しあうのか」と全国から非難を浴びた。

藩外からの非難によって死を免れ、罪一等減じられた者もいるようだが、本人はもちろんのこと家族、親族は、その土地を離れ、墓に名前も刻むこともできず、その土地の者から白眼視され、名を変え、ひっそりとした生活を余儀なくされた。その不遇は目も当てることができない。

奥羽列藩同盟と新政府の対立、戦争がなぜ起きたのか、それを克服する道はなかったのか。また、藩内の対立が怨嗟を繰り返す連鎖をなぜ引き起こしたのか。それらを知ることができないでいる。戊辰戦争中、戦後、明治の2度にわたる仙台騒擾において、仙台藩士同士の戦いが、戦争を語らない、重い障壁となっていることを改ためて考えさせられる。語れば相手を傷つけ、対立を生んでしまう。語らずにきた戊辰戦争は、勝者の薩長史観の中に埋もれ続けてしまっている。

最後まで同盟を通した23藩は79万石減封され、会津藩、房総の請西《じょうざい》藩は徐封（滅亡）された。盛岡藩は、7万石の減封の上白石への移封であったが、70万両の献金で盛岡復帰が認められた。会津藩は徐封されたが明治2年、家名復活、青森県下北に3万石の領地を与えられ、「斗南藩」として復活した。しかし、廃藩置県で「斗南藩」は消滅した。庄内藩は、5万石減封の上、会津若松への移封であったが、献金70万両で移封は取り消された。

仙台藩は、藩主親子の引退謹慎、家名は存続するが、34万石減封し28万石の処分であった。罪状には、世良修蔵参謀殺害も含まれていた。宮城郡、黒川郡、名取郡、加美郡、玉造郡、志田郡の一部28万石が下賜されたが、実高18万石と大幅な減封であった。新封地以外の16郡は、他藩取り締り地、仙南5郡は盛岡藩の移封地になった。

明治2年6月2日、政府は戊辰戦争の功労者に奥羽諸藩から没収した所領を財源に戦功章を贈った。功労者419名、諸藩に賞典禄を授けた。9月14日に箱館戦争の追章により、多くの勤王方が賞典禄を受けた。

政府側については、藩、親王、公家、藩士の順に戦功章が多い。戊辰戦争の功績への報奨、損失に対する補償の意味合いが強かったと思われる。戦功章の数から、多すぎると思うが、薩長史観によれば、戦後の処置は甘いもので、新政府側からの温情であったといわれている。多すぎる戦功章は、多くの藩が日和見を決め、自分の益になることだけを考えての証に思えて仕方ない。列藩同盟においても脱盟したか、しないかで雲泥の差の処置であった。全体から見れば、多くの藩が報奨を受けたことで、処罰を受けたのは当然で、微々たる問題だとする考えだ。根底には報復と蔑視、差別する態度が見られる。これが、後の東北地方を「白河以北、一山百文なり」の意識と経済格差として現われていくことになる。

仙台藩においては、戦前、戦中の但木土佐等の誤りが、戦後の厳しい処分につながり、28万石でも残したという思いが賞典授与者にあったのかもしれない。しかし、藩主親子の謹慎を招き、報奨を受け取ることに抵抗はなかったのだろうか。勝てば官軍は、藩内にも蔓延していたのだろうか。藩よりも政府が大事であり、将来の国造りをどう描いていたのだろうか。理不尽な戦争と藩内の対立を繰り返した者の考えに人々はついていくことができるのであろうか。単なる怨嗟、報復での行動は、また怨嗟を生み出すことであると歴史は教えている。

このような報奨の一方で、政府より、獄中にある但木土佐、坂英力は尋問を受けていた。戦争責任の追及であった。2人は明治2年5月19日、国事犯として処刑された。第二次仙台騒擾から1カ月後、箱館戦争降伏の翌日であった。他藩での責任者の処刑は1人のみであったが、仙台藩では2人を戦争責任者として政府に召し出したのである。これだけで仙台藩内での粛清である2回にわたる仙台騒擾の凄まじさが想像できると思う。

箱館戦争とハリストス正教との出合い

戊辰戦争最後の箱館戦争を見るにあたって、奥羽越戊辰戦争を原点として連続で捉えなおす視点が必要と思われるため、東北が舞台となった奥羽越戊辰戦争を、仙台藩を中心に見て来た。

榎本軍の仙台入りから、石巻から箱館に向けての出航までの経緯を見ると、榎本・土方等は、仙台藩主に謁見するが、降伏寸前の仙台藩を見限り、出航前の石巻で戦争準備をしていたこと、「額兵隊」等の仙台藩脱藩者、会津藩・その他の藩の脱藩者の動きが見えてきたのではないだろうか。また、仙台藩の内部対立による処刑、処罰を逃れるために箱館へ逃走した者たちの中には、箱館戦争で戦い、そこで亡くなる者、捕虜になって赦免後北海道開拓に生涯をささげた者たちがいた。さらに、奥羽越戊辰戦争後、領地・宅地を没収され、「賊軍」の汚名を雪《そそ》ぐため、北海道に移住し、苦節を乗り越えて開拓した者たちがいた。

明治元年（1868）10月12日、榎本艦隊は、大鳥、土方の幕府残兵と新撰組、仙台藩士星恂太郎率いる「額兵隊」256名、会津、白河の残兵等2千数百名を超える陸兵と合わせた3千数百名を載せ、石巻を出港した。この艦隊の旗艦「開陽」に金成善左衛門が「額兵隊」の指揮官の１人として乗っていた。また、玉蟲左太夫の下、奥羽越列藩同盟の結成、さらに加賀藩を同盟に加入させる使節として活躍し、仙台藩内の抗争で逮捕断罪されることを周囲が心配していた新井常之進（後の奥邃）もいた。

10月21日、箱館から40㎞北にある噴火湾の沿岸、鷲の木に陸戦部隊が上陸した。その後、箱館を目指し、２隊に分かれ進軍すると、大鳥圭介隊は峠下・大野本道、土方歳三隊は臼尻・川汲《かっくみ》の海岸を進んだ。10月26日には、政府軍の清水谷知事以下守兵が逃げた後の五稜郭に無血入城した。

その入城数日後、金成善左衛門は、志士として聞こえた澤邊琢磨と会い、時局について話し合おうと訪ねた。澤邊は、ニコライ神父の教えを受けてから、尊攘であろうと佐幕であろうと、無辜《むこ》の庶民を戦禍に巻き込むことの無益さを知り、それをなくすためには、人の心を変革しなければならないと考えた。それには思想の根本を成す真の宗教によって、人を改めることであるという信念を持つようになっていた。

したがって、金成は、澤邊という人は武人で志士であると思って面会したが、話がかみ合わない。金成は、武人であり、颯爽とした気風の持ち主で、かつて仙台藩宿老・但木土佐を暗殺しようとした星恂太郎を説得し、土佐に会わせた。星は、土佐に心服し、土佐から横浜での遊学を勧められ、西洋の兵学を学んだ。仙台藩では、「額兵隊」の西洋式訓練、西洋近代兵器を装備し類まれな組織力が評価され隊員からの信望が厚かった。皮肉にもその実力は、東北では発揮できる機会を失い、やむなく脱藩した箱館で激烈な戦いを見せつけた。

澤邊琢磨と金成善左衛門との出会いは、話がかみあわなかったが、人を斡旋し、仲間にしてしまう両人の気質がハリストス伝教にとって、大きな成果を生み出していくことになった。金成は、地元旧仙台藩の宮城県に戻り、郡長を務めながら、正教に対して、陰日向になり力を尽くした。彼は、亡くなる寸前に受洗した。

この金成から、澤邊に会うように勧められたのが、新井奥邃（常之進）である。後に、新井は金成の推薦により、森有禮《もりありのり》（礼）のアメリカ特命辯務使（駐米公使）赴任にあたり、同行留学生として渡米している。

新井の家は、伊藤屋伝左衛門という仙台大町3丁目の呉服問屋を営んでおり、相当な素封家で、藩の財政窮乏の時に多額の献金をした功績で士分に取り立てられる、仙台藩で言う所の「金上侍」である。天保15年の天保の飢饉の際、現金で2千何百両、手形で2千何百両の莫大な献金をしている。その後、店を譲り、武士一本に専念し、新井と改姓する。仙台藩は、藩の財政増と素封家の士分のステータスを得るという利害が一致し、他藩に較べて士分取り立てが多かったようで、新井家もその一環として士分となった。

新井は、仙台藩校養賢堂で漢文を学んでその才を発揮する。20歳の時、藩命で昌平黌に入学するが、より高度な学びを目指し一年でそこを去り、当時の権威である安井息軒の門に入り、学びに励んでいた矢先、戊辰戦争が起きるのである。非常の時機に際し、学問どころではないと仙台に帰郷を命ぜられた。

新井は、仙台に着くと本人の意思など無関係に軍事局議事応接方を任命された。仕事の内容は、奥羽越列藩同盟結成の正使・家老並の重臣玉蟲左太夫を支える副使である。おそらく、本人が学問好きであるからとの抜擢でとんでもない役を任じられた。はじめの仕事は、加賀藩を同盟に組み入れる役目であったが、同盟軍と政府軍が戦争状態になり、金沢に入ることが出来ず引き返すことになり、加賀藩の同盟入りは失敗する。

その後、新井は前述したように仙台藩の旧勤王派（政府への恭順派）による旧同盟派（政府への抗戦派）への報復で逮捕されることから、周囲からの勧めで石巻から箱館に向かったのである。

くり返しになるが、明治元年（1868）10月17日、石巻を出帆する榎本軍は、品川からの1千数百名に旧幕府軍、仙台・会津諸藩の脱藩者などが加わり計3千数百名であった。詳しくこの一行を見ると、桑名藩主松平定敬《さだあき》、老中小笠原長行（唐津藩主世子）などの旧幕府諸侯、仙台藩からは執政松本要人、額兵隊の隊長星恂太郎、熱海貞爾《あつみていじ》（仙台藩校・養賢堂蘭学教授）、ヘボンの弟子であった伊東友賢、山田良琢、新井奥邃とその生涯の友であった影田孫一郎、金成善左衛門がいた。玉蟲左太夫は、石巻出帆に間に合わず、気仙沼に向かうが捕縛される。

これらの脱藩者の胸中は、薩長撃つべしの徹底抗戦・薩長憎悪があったことは確かである。仙台藩は、薩長憎悪の代表的な対象である世良修蔵を暗殺した結果、平和工作の奥羽越列藩同盟を抗戦へと追いやるのである。それと同時に榎本の檄文にみられるように、輿論を尽くさないで、強藩（薩長）の私見で成る政権を真正の王政ではないとみなしている。仙台藩・会津藩など朝敵・賊軍と呼ばれている諸藩と同じ考えであった。

そして、蝦夷地は、幕府の直轄地であり、仙台藩にとっては文化4年（1804）以来の蝦夷警固の馴染みの地であった。さらに、新政府からも遠く離れており、榎本の「蝦夷地共和国」の夢を実現する新天地として、旧幕臣、旧藩脱藩者が求めるには最適な場所であった。かつて奥羽越列藩同盟成立の時、玉蟲は列藩同盟を奥羽越諸藩の連合政体・公議政体と考えている。仙台藩校養賢堂の頭取であり、幕府・

藩へ親露外交など開明的な提言をし、戊辰戦争を戦った大槻磐渓が、republicを「共和政事」と訳したように、玉蟲もまた共和政治国家建設を、榎本軍に同行し新天地での実現を描いていたのではないだろうか。

2　新井奥邃と仙台藩士

金成と澤邊の出会いの後のところに戻ることにしよう。新井は、金成の紹介で澤邊に会い、ニコライ神父にその日に会うことになった。ニコライ神父は、次のような話をした。「開国した日本は、武家の政治から文民の政治に変わり、法治国家に発展するだろうが、法によらないで貧者を助け、困難から救う世が来ることを願うために、人の心の改めが必要であること、それは浅薄な思想ではなく、宇宙万象の関わりから人の心のあり方を根源的に覚る教えでなければならない。」新井は、心の中で描いていた朧気《おぼろげ》な考えにある程度の理解ができ、数日後にその所感をニコライ神父に小論として届けている。その所感は、後に仙台藩士たちに具体的に述べ伝え、正教伝道の一役を買うことになっていく。

ニコライ神父は、慶応4年（1868・9月明治改元）5月に日本人初の信徒3人の洗礼の後、金成と新井らとの出会いなどから福音宣教の時期が到来したことを確信した。明治2年（1869）1月、ニコライは日本宣教団（日本伝道会社）設立のため、澤邊に後事を託してロシアに一時帰国した。

五稜郭内の軍議では、籠城を主張することが一般的になっていた。仙台藩の重役として加わった新井と金成は、相手の進攻準備拠点を攻撃する積極的な戦法を提示し、榎本もその策を認め、両人はその策のために必要な募兵をすることになった。明治2年1月、新井、金成、熱海貞爾（仙台藩脱藩）、鴨原某は、募兵のため仙台藩領に向かうことになるが、外国船の船長の策略によって、仙台領にうまく上陸できず、最終的に房総に上陸し、陸行して同年4月ごろ仙台領に入った。

その時には、仙台藩領内では、旧勤王派（政府への恭順派）による旧佐幕派（政府への抗戦派）への粛清である第一次仙台騒擾が行われていて、玉蟲左太夫ら7名が処刑された。募兵どころか、自分たちの身が危ない状態であった。この1カ月後に榎本は降伏し、箱館戦争が終わることになる。その戦争が終結した5月18日の翌日に、仙台藩の戊辰戦争の全責任を負った執政但木土佐と坂英力が処刑された。新井は、募兵は無理であることがわかり、仙台領に潜伏した。また、同年6月29日に新井ら57名にわたる大粛清の第二次仙台騒擾がおこり、仙台から房州に逃がれる。

同年11月7日、新井は、仙台に再び帰ってきて、仙台藩領内の紛争に将来の展望を見出すことができない状態は、新たな国家の変革を求めるためには真理なる正教の教えが必要であること、ニコライ神父のことを第二次仙台騒擾で処分を受けた知己や同志たちに伝えることを使命とした。新井からの教えの話を聴いて啓蒙された高屋仲（後イアコフ・司祭）、小野荘五郎（後イオアン・司祭）、笹川定吉（後ペトル・司祭）、津田徳之進（後パウエル・伝教師）、大立目謙吾《おおだつめけんご》（後ペトル・伝教師後退職）、大條《おおえだ》金八郎（後マトフェイ）らは、直接ニコライ神父から教えを受けたいと思い立ち、旅費の工面を始めるのであった。

新井の声望は、同志や知己の間では非常に高く、新井の言うことは深く聞くまでもなく間違いないという人が多かった。新井は人徳を持った人間であった。ハリストス正教と仙台藩士をつなぐ接点は、新井の存在があったからこそ可能であった。新井は、ハリストス正教伝道に重要な役割を担ったことはまちがいない。

新井は、旅費を工面するために家産を処分する彼らを見て、彼らを函館で迎える準備を痛感し、彼らに函館からの便りを待つように言い、明治3年（1870）1月10日、1人函館に向かった。その時には、ニコライ神父はロシアに帰国中であった。同年5月、小野荘五郎、笹川定吉、大立目謙吾の3人が来函した。8月には津田徳之進、柳川一郎（永沼・後アンドレイ・伝教師後辞職）、大條季治（後パウエル）は函館に向けて仙台を出発し、途中、但木良次、影田孫一郎（後マトフェイ・司祭）が合流し、合計5人が9月、函館に着いた。

当時の函館は、五稜郭の戦いをもって箱館戦争が終結したものの未だ戦禍の跡が生々しく、仙台からやって来た仙台藩士たちは澤邊琢磨の自宅に同居することになったが、その家も類焼し神明社内の2階建ての板倉を住まいとしていた。澤邊は、この仙台藩士たちを正教によって人心を統一し、事を天下に成す同志として家族のように接した。

彼らは旧約聖書、信経（信徒信条）を読み、正教の教えの真理に近づこうと熱心に教理研究にいそしんだ。そのような中、明治3年冬、新井奥邃（常之進）、小野荘五郎は、函館での澤邊の経済的負担を軽くし、信徒の拡大をはかるため仙台に戻った。この時、小野は高屋仲を訪ねた。『日本正教傳道誌』によると、小野は、自分の言葉で「神の存在の事、神の子の事、神の子が人類を救い贖《あがな》うために処女より人体をもって生まれた。33歳になって十字架の刑を受けて死んだ。その3日後に復活したという教義」を説くまでに正教を理解するにいたっていた。

一方、函館にいた仙台藩士たちは、澤邊の下で教理研究を続けていたが、次第に生活費が尽きてきた。

それを察した澤邊は、赤貧でありながら秘蔵の刀を売るなどして、彼らを補助して大変な苦労をした。そのような中、ニコライ神父がいつ戻るかわからず、澤邊への苦心・配慮を心苦しく思い、津田徳之進と柳川一郎を函館に残し、笹川定吉、影田孫一郎、大立目謙吾、大條季治、但木良次は仙台に戻ることにした。澤邊は、ニコライ神父が戻るまで留め置こうと非常に心を痛めたが、津田と柳川が残ることに幾分心が慰められた。

明治４年（１８７１）３月22日、ニコライ神父が函館に戻ってきた。ニコライ神父はロシアで日本の情勢を伝え、伝道のためには好機であることから、聖務院に日本伝道を目的とする伝道会社の組織を請願した。１８７０年、聖務院は、日本宣教団の設立を許可し、ニコライ神父を「掌院」に昇叙し、その宣教団長とした。

ニコライ神父が函館に戻り、津田徳之進、柳川一郎は澤邊宅よりロシア領事館の敷地内に移った。仙台から小野荘五郎、笹川定吉、眞山温治（保兵衛・儒学者・パウエル）、大立目謙吾、大條季治、小野虎太郎（ペトル）、小松韜蔵《とうぞう》、影田隆郎も来函した。彼らも領事館敷地内で居住し、正教の教理を研究した。

彼らは、日夜正教の教義を研究した。また、ニコライ神父は再来日の際、以前から欲しいと思っていた石版印刷器を携えてきており、印刷説明を見ながらインクにする薬を調合し、高屋、大立目らに版下を書かせ、津田、大條、岡村伊賀蔵らを相手に自ら職工となり、ニコライ神父が日本語を学び初めて訳した『天主経』、『日誦経文』、『東教宗鑑』、『教理問答』などを印刷した。このようにニコライ神父による石版印刷によって、正教伝道を始めたことは時代の先端を行く画期的なことであった。これは、初代領事ゴシケーヴィチや医師ゼレンスキー、医師アルブレヒトらによって洋服の仕立て、写真の技術、医療技術の西欧の文化が紹介されたように、正教が明治維新後の日本の産業振興に対して、基盤的役割を果たしたことを示すものである。

明治4年（1871）秋（仙台正教会「銘度利加・メトリカ・洗礼名簿では11月26日、『大主教ニコライ師事蹟』には10月26日と記載」）、小野荘五郎（イオアン）、高屋仲（イアコフ）、笹川定吉（ペトル）、大立目謙吾（ペトル）、影田孫一郎（マトフェイ）、眞山温治（パウエル）、大條季治（パウエル）、柳川一郎（アンドレイ）、小野虎太郎（ペトル）、津田徳之進（パウエル）、小松韜蔵（ティト）、岡村伊賀蔵（パウエル）仙台藩士12人が洗礼を受けた。代父はパウエル澤邊琢磨であった。

同年12月、ニコライ神父は、イオアン小野荘五郎、ペトル笹川定吉、イアコフ高屋仲を布教のため仙台に送り出した。この部分の『日本正教傳道誌』を意訳すると、「ニコライは、初めて日本内地の布教に遣わされる彼らに懇切に福音の道を説き、布教上の注意を与えた。・・・今、神国の福音を伝えるために彼らを異教者会に遣わすことは、日本人をして布教に従事させる初めての業となった」と本州における日本人による正教伝道が始まったのである。これより日本全国に伝道を開始するために、その中枢を日本の首都に置くことが必須と判断したニコライは、明治5年（1872）2月、函館から東京に居を移した。

仙台藩士たちが、ハリストス正教を研究し、ゆくゆくはロシアに留学することを目標にして函館に集まって来た経緯を見てきたが、なぜそのような行動をとったのかを知るために仙台藩士たちの結束の固さと正教を受容する背景を深く探る必要がある。

新井と仙台藩士たちとの結束が固い背景には、戊辰・慶応４年（１８６８）１月16日、眞山保兵衛（温治）、江馬亀之進、内崎順治、影田孫一郎とともに、５名連署で藩主伊達慶邦に建白書（『戊辰始末』巻之二）を呈したことにある。新井は、この建白書を起草する前、鳥羽伏見の戦いの頃は昌平黌から安井息軒の三計塾に移っており、帰郷後に軍事局議事の役目を玉蟲左太夫と共に行っていた。眞山は、養賢堂指南役で、戊辰時、養賢堂目付として学頭の新井雨窓、指南頭取玉蟲左太夫と共に国事に奔走、農兵隊の隊長となる行動派の文人であった。他の者たちも養賢堂での学友であり、同志の関係であった。彼らは、どのような思いで、この建白書を提示したのか、その内容を意訳、現代語表記したい。

一　薩長等の諸藩は、王政復古の名を借りて、自分の奸計《かんけい》（わるだくみ）を勢いよくして、神州（日本国）が厄運（不運）になっていることに切歯扼腕《せっしゃくわん》（憤り残念）である。このような場合には、藩論を一定にすることが良策で、自然に危難為さざるものと思われる。藩論の一定良策は、関東を挽回する事である。薩長の匪徒《ひと》（徒党を組んで出没し殺人・掠奪をする盗賊）は、勅命を借り、徳川氏へ朝敵の汚名を与え、その実は自分の奸計を図るのみであるから、徳川氏への罪名が下る間に関東を押さえることである。そのためには、本家（仙台藩）の富国強兵の策を怠らないことである。

一　近来の英断をもって、西洋銃隊訓練、蒸気船購入、海防手当、その他の改革は、卑賤のわれら共にまで仰せつかうことは喜びに堪えない。・・・有司旧例旧格を申し立てている論は・・破却し、門閥に関わらない卑賤の者も任用すれば、綱紀は一新する。

一　薩長等諸藩の一時の勢いがあっても、天下の諸侯はその指揮に従わない者もいるので、その者たちを連衡し、征伐すれば、関東の再興がなされる。

一　以上のような策をとったならば、重役の1人を選び、徳川氏へ参議させることが必要である。
一　京都の朝廷へも天皇を守るためにも兵力をだすことは、天朝の敵ではないことを示す。
一　徳川氏を助けることは本家（仙台藩）も朝敵の汚名を受けることになるが、勅命とはいえ匪徒奸計故に、天下の人たちはわかることだし、もしも佐幕でなければ、薩長の奸計に陥り、大藩としてなすことではない。前文の通り処置をお願いしたい。（略）

辰正月十六日

眞山保兵衛（温治）
江馬亀之助
内崎　順二
影田孫一郎
新井常之進（奥邃）

この建白書の内容は、その年の正月3日から始まった鳥羽伏見の戦いが幕府側の敗戦で終わり、今後、徳川将軍の処分から奥羽越戊辰戦争が始まろうとする間において、仙台藩「有志ノ士」が、薩長新政府へ敵対する考え方を明確に示し、今後、藩がとるべき策を提案するものである。そして、その「有志ノ士」は、その考えを実現するために行動し、結果、朝敵の汚名をきせられたが、固い信頼で結び付いていた。彼らは、第二次仙台騒擾で処分を受けた者たちで、同じく処分を受けた新井への信頼から、眞山、影田、江馬らは後に函館に出向くことになる。残念ながら、内崎順二は、慶応4年（1868・9月改元・明治）7月4日、秋田藩仙台藩使節の副使として派遣されたが、秋田藩によって謀殺された。

新井は、明治元年10月26日に箱館五稜郭入城後、金成に紹介された澤邊の提案で、その日のうちに二コライ神父と話し合い、それまで考えていたことが整理でき、ニコライ神父から大いに触発された。その中味を仙台藩知己・同志に遺憾なく発揮することとした。再度仙台に戻る明治2年11月7日から単独で函館に帰る明治3年1月10日の間の新井の活動を『日本正教傳道誌』は次のように伝えている。

「常之進はこの時初めてハリストス教の大体を談じ」「今より後は、このハリストス教にあらざれば、世道人心を維持する能わざるを以て」「今や幸いに其真理を探究するの端は開けたり。その道たるや、其高尚なること儒・仏両教の比にあらず、且それこの道たる、貴賤上下の別なく、これを解得するを得べきの正道なり。予略々《ほぼ》これを開き殆とその教義に服せり」と、新井常之進（奥邃）がハリストス正教の大意を会得していることを示す言葉を連ねている。「国家の革新は人心の改造よりせざるべからず、人心の改造は宗教の改革よりせざるべからず、宗教の改革はハリストス教を以てせざるべからず」という澤邊琢磨の確信が、新井の心中に深く刺さっていたはずである。募兵し再挙を願っていた新井らは、福音伝道に向かっていた。

そのことは、『日本正教傳道誌』を意訳すると、「奥羽諸藩の亡命の志士は、自ら主張した正義の道も大逆無道なる敵に蹂躙され、ほとんど天道の是非に迷い、またその正義の心を国家のためになす時を失った。しかし、新井の伝えた真理の微光は、彼等を国家のために尽くさんとし、前途に一縷の希望を与えた。このことは、キリストを戴《いだ》いて、ローマ帝国からの軛《くびき》から脱せんとするユダヤの亡国の志士が神の国の建設者として導かれたるが如く、薩長財閥政府を仇敵とし、もしできるのであれば回復を図らんとする奥州亡国の志士は日本帝国に神の国を建つる者として導かれたり」と書かれてある。新井の話が、亡国の志士である仙台藩の志士たちに神の国を建設する福音となったのである。

明治3年（1870）1月10日、新井が1人で先発した函館では、ニコライがロシアに滞在中であり、澤邊琢磨が新井を待ち受けていた。函館における伝道熱は、「日本宗教の改革」、「国民の教化」を旗印に、仙台藩開拓所である北海道去留（沙流）に居た細谷十太夫（戊辰戦争時任侠集団の衝撃隊・烏組隊長、明治5年開拓使権小主典）にまで及んだ。その後、細谷からはハリストス正教に関わる仙台藩士たちに対する陽となり陰となりの援助があった。

新井奥邃（常之進）を中心としたハリストス正教に関する仙台藩士及びその周辺にいたのは新井を含めた第二次仙台騒擾で「脱藩に付、家跡没収」された「朝敵の重《おも》なる者」として「探索中の者」もいた。それらは旧勤王派（政府恭順派）が、藩内抗争で目障りであった者たちという私怨で作成したリストに基づいている。

その「探索中の者」は、新井奥邃（常之進）、金成善左衛門、細谷十太夫、大越仲、沼辺愛之輔、影田孫一郎であり、処分されない者は、小野荘五郎、笹川定吉、大立目謙吾、津田徳之進、柳川（永沼）一郎、大條季治、但木良次、高屋仲、板橋昇、粟野実、戸沢（男沢）精一郎たちであった。彼らとは異なり、町医で仙台藩同郷（現栗原市金成《かんなり》）であった酒井篤禮《さかいとくれい》がいた。仙台藩士は、ロシア語を学び、ロシア留学を希望する直接的理由で渡函したが、ハリストス正教を受容し、信仰、伝道していくことに関して、朝敵・賊軍とされた仙台藩士が新政府内での出世が見込まれないので、ハリストス正教にそれらを見出し、活路を開くための「野心」であったという見解が一般的に流布している。この見解は、新政府側の視点からなされたいささか俗っぽく、朝敵・賊軍と蔑む薄っぺらな一面の捉え方でしかないと考える。朝敵・賊軍処分は、仙台藩にとって全く屈辱的汚名であった。このことが黎明期の仙台キリスト教を担う人々に、明治国家に対する明確な思想的・信仰的な対決態度を取らせる。

新井奥邃のハリストス正教に対する理解と仙台藩士への伝教は、この明治国家への対決態度であり、純粋で壮大な気宇をもって、新たな国家をつくるという真理の微光であった。これらの明治国家への対決態度と新国家建設が、戊辰戦争以後の朝敵・賊軍諸藩のキリスト教受容になるのである。新井奥邃はじめ多くの仙台藩士や千葉卓三郎らのように、多くの人たちが、その価値体系の上に、独自のキリスト教思想（信仰）や自由民権思想を展開していくのである。

函館での旧仙台藩士
上段から　パウエル津田　パウエル大條
マトフェイ影田　イヤコフ高屋　ペトル笹川
下段から　パウエル澤田　ペトル大立目
但木良次　　明治3年（1870年）頃

第5章　ハリストス正教の受容

1　ハリストス正教の教義と新井奥邃

ハリストス正教の『東教宗鑑』は、前述したように新井奥邃（常之進）がニコライからのこの書によって正教を理解し、仙台藩士たちが函館でこの書によってハリストス正教を研修したテキストである。

『東教宗鑑』は、1863年（清国・同治2年、日本・文久3年）、ロシア人グリー・カルポフによって訳出し、北京で刊行されたものである。東教とは、西教（ローマ・カトリック教会）に対するもので、東方教会（ギリシア正教会に属するロシア正教会即ちハリストス正教会）のことである。ギリシア正教では、カトリックの『公教要理』のような要領を得た教理問答書（カテキズム・入門書）はなかった。19世紀になるとモスクワ府主教フイの下で、ラレトが、『公教要理』に準じて作成し、1839年、ロシア正教会公認のカテキズムになる。それが『東教宗鑑』の原書である。

初代箱館領事ゴシケーヴィチは、神学大学卒業（1839年）と同時に、1848年まで中国への正教伝道と支那・満州・チベット・蒙古の歴史、地理・宗教・言語文学を研究する東洋学の権威の集まりである北京伝道会社に所属していた。『東教宗鑑』は、この北京伝道会社の賜であり、ロシア語から中国語に訳出された正教会カテキズム（教義入門書）である。ゴシケーヴィチとニコライは、『東教宗鑑』が刊行された1863年には箱館にいた。2人とも日本伝道のことを考えていたのであるから、『東教宗鑑』を早い時期に手に入れていたことは間違いない。それが、明治元年（1868）、新井がニコライと会い、数回の会見後に、新井の手にニコライより手渡されたと思われる。それは、新井の学識と才能を認めるゆえんであると考えられる。

前述したように『日本正教傳道誌』には「儒教の道理を以て、未だ其思想を満足せざりし新井の心は、大いに啓発せられ、ハリストス教の真理について、ほぼ悟るところあり、自ら正教に関する文章一篇を草してニコライ師に示せり」とある。その1年後、明治2年（1869）末、仙台に戻り旧知の同志に対して「然るに常之進（奥邃）はこの時初めてハリストス教の大体を論じた」とある。その内容をどう具体的に論じたかは判明しないが、「ハリストス教の真理を認め、国家の改革、安心立命の道はハリストス正教にあると悟り、衷心悦服《ちゅうしんえっぷく》（心より感服）するハリストス正教を以て、国家の改革を任ずる」という考えにいたっていた。ニコライがロシアに帰国していた後にも、新井はハリストス正教の真理をこの『東教宗鑑』で学んでいたと考えられる。

『東教宗鑑』は、上・中・下の3巻から成り立っている。（　）は筆者補足である。

巻上－論信徳　信経（使徒信条のことで、十二に分け解説）十二端　十七帖

巻中－論望徳　天主経（「主の祈」）解略

真福九端（マタイ福音書第5章3－11節の「九福の教え」）　八帖

巻下－論愛徳　善徳諸端

罪悪諸端

自作之死罪三条

罪宗七端・附対治之徳七端
悖（背）徳聖神之罪
呼天速招悪報之罪
天主十誡（「モーセの十戒」）

このカテキズム（教義入門書）の基本が、「コリント人への第一の手紙」（第13章13節・「このように、いつまでも存続するものは、信仰と希望と愛と、この三つである。」）の「信・望・愛」の三つの徳の上に成立していることがわかる。この『東教宗鑑』は、基本信条が取り扱われており、教理問答や教義学の基本となる「信徒信条」、「主の祈」、「九福の教え」、「十戒」が主要な内容である。

『東教宗鑑』には、前述の内容にある「端」の中に訓辞以外にところどころ関連する補足の挿入がある。例えば、巻上「信経十二端」の第八「聖霊」の項では、「聖神七思」（明智、聡慧、謀略、勇毅、超識、虔誠、敬畏）や「聖神九效（効）」（愛慕、喜悦、安和、忍耐、良善、仁慈、信徳、温柔、節制）が説かれ、第九「聖なる公同の教会、聖徒の交わり」の項では、「聖会誡命九条」（教会生活規則、信徒としての生活倫理上の規則）があって、一般に教会生活上の厳しい誡命が示されている。第十「罪の赦し」の箇所では、サクラメント（ハリストス正教では「機密」という『東教宗鑑』の訳語を使用している・「七件機密正義」（聖洗、堅振、聖体、神品、痛悔、婚配、聖伝）が説かれている。

巻下の「罪宗七端」（驕傲《きょうごう》、貪吝《どんりん》、邪淫、嫉妬、饕餮《とうてつ》、忿怒、怠惰）に対して、「対治之徳七端」（謙遜、施捨、貞潔、仁慈、修節、忍耐、勤善）が出て来る。『東教宗鑑』には、キリスト教教義と倫理がコンパクトに凝集されている。

新井奥邃はどのようにして正教を理解していったのであろうか。前述したように新井は、戊辰戦争前の慶応2年（１８６６）８月、21歳の時、江戸遊学を命ぜられ、昌平黌に入学したが、間もなく当時昌平黌出講教授であった安井息軒の三計塾に入門した。安井は、精密で考証的な学風を持ち、後世の注疏《ちゅうそ》（注釈）によらず直接に経義を究めようとする儒学（朱子学・陽明学）者であった。しかし、新井に影響を与えたのは、仙台藩藩校養賢堂の学頭大槻磐渓である。

『現代日本教会史論』（山路愛山）は「中村正直論」の中で、大槻磐渓を次のように言及している。「大槻磐渓の所謂二十年の功を以て研究したる漢籍の内に教えられたる「性」と「天道」との教理の基督教中に在って更に活発なるを見たり。孔子の教えの決して陳腐の物に非ずして現に欧米を風靡する基督教はより高く、より大いなる孔子の教えなるを見たり。彼は是に於いて其仕うる所の幕府の亡びて帰朝を余儀なくせられたる後も敢えて憚るところなくして基督教に同情を表すことを隠さざりき」

ここで、大槻磐渓は、孔子の教えである儒教の「性」と「天道」をキリスト教の中に見出すことができるとし、キリスト教を儒教のようであると隠すことをしなかった。『日本正教傳道誌』ではこの儒教とキリスト教のことを次のように述べている。

「儒教道徳とハリストス正教は素より相いれない主義を有するものであるが、表面上、儒教道徳とハリストス正教は補完関係にある。例えば、儒教の「仁道」とハリストス正教の「愛道」とは、精神に違いがあるが、両者は深層には同じもののように思われる。また、「神」の観念と「皇天」の観念は、その意義の違いは大いにあるが、儒教の「仁」を以てハリストス正教の「愛」を解き、「神」の観念を以て「天」の意義を解することができる」

儒教の「仁」とキリスト教の「愛」、儒教の「天」とキリスト教の「神」とが結び付いた。新井は、養賢堂において儒教古典を多数読破しているが、その中で、『西銘』（周惇頤《しゅうとんい》・北宋の人・宋学の創始者）の「乾《けん》（天）を父と称し、坤《こん》（地）を母と称す。・・・混然として中におる。故に天地の塞《そく》（満たすもの）は吾がその体になり。天地の師は吾がその性なり。民は吾が同胞、物は吾が与《とも》なり」に深く傾倒した。後に、新井は「天地」を「上帝」と名を改める解釈をした。すでにここに後年の新井の「二にして一つ、一つにして二なる父母神」の思想へと繋がっていくが、朱子学の形而上学では、太極は天帝・上帝とし、キリスト教の「神」に通ずるという解釈になっていくのである。このことが、儒教によるハリストス正教理解を早める背景となっていた。

以上のことから、新井ら儒教に精通している仙台藩士たちは、儒教を通して正教の教義の核心を理解した。また、第1章で武士道の「二君にまみえず」という倫理観も儒教をフィルターにして、儒教の「天」と正教の「神」が置き換えられ、二君ではなく一君と解釈された。武士道の「二君にまみえず」という倫理観はクリアしたことになる。儒教、正教の教えをしっかりと学び、比較検討できて、正教への探求心が前提になっていることは確かである。さらに、再伝来したハリストス正教がもたらす医学、建築、土木、栄養学などの科学技術に仙台藩士たちは大いに驚き、ロシアに留学して、日本の新しい国家づくりに役立てたいという思いが募った。その思いが正教への理解を早め、正教を受け入れる・受容へとつながっていく。

この新井をはじめ仙台藩士たちの思いをいち早く覚っていたのが、ニコライであった。先進的な科学技術の神髄を究めるためには、必ずその精神であるハリストス正教にぶつかることを知っていた。ニコライは、日本が外国の先進的な技術、近代的な組織を導入する際に、必ずキリスト教精神がそれの前提になっていることを知っていた。そして、今の新政府が近代化を推し進めている中で、その精神を学びとる姿勢が欠けていることも、知っていた。新井と仙台藩士たちが、そのニコライの思いやりを知っていたかどうかは知ることはできないが、新井らは、ハリストス正教を新しい国家づくりの光と断定している。

新井奥邃は、ハリストス正教の洗礼は受けてはいないが、『東教宗鑑』を通して、後にキリスト教・プロテスタントに改宗していくことになる。そのきっかけは、森有礼（禮）宅に居た金成善左衛門が森に新井を紹介したところから始まる。

特命弁務使（代理公使）として、渡米の予定であった森は、ニコライの門下でハリストス正教研究者でもあった新井を、かつてロンドンで会い、共にアメリカに渡り、そこで共同生活をしたT・L・ハリスのもとに連れて行くことを考えたのである。森にはキリスト教による日本改造のプランがあった。こうして新井は、明治3年（1870）12月3日、実質森の私費留学生であるが、5年間の官費留学生として、森に随行してアメリカに渡るのである。そして彼が帰国するのは、5年後ではなく、明治32年（1899）8月、実に留学後30年も経た後のことであった。

森有礼とT・L・ハリスの関係と、森のキリスト教による国家改造プランについて触れなければ、新井の渡米、在米が見えてこない。

ハリスは、ニューヨークにあるユニバーサリストの教会の牧師であったが、世界の人情が利害の欲心に陥り、一切天然の良心を消滅させるということがキリスト教にも起きており、人倫の根本である「天然の良心」を合点し、これより自家修養、良心必死に迫った新しい道に回心《かいしん》（神の正しい信仰へ心を向けること）していくことになる。それは、１８４７年、24歳の時であった。当時、黄金期であった自由平等主義的な福音主義は、救いは律法・礼典の遵法ではなく、福音書に示された恩寵の信仰によるものであった。

１８５０年、ハリスは、バージニア州マウンテンコープに短い期間ではあったが、ユートピア理論家であるC・フーリエ、R・オーエンの影響を受けながら、労働と修道の組織をもった閉鎖的な共同体（コミュニティ）をつくった。その後、ハリスはニューヨークに帰り、キリスト教心霊主義者たちの独立教会創立を目指し、１８６１年、ニューヨーク州ウオサイックに再び共同体（コミュニティ）・「新生社」（The Brotherhood of the New Life）をつくるのである。森有礼ら薩摩英国留学生６名は、１８６７年、プロクトンに移ったコミュニティ「新生社」にやって来た。

森らは、ハリスの唱えるキリスト教的理想社会に変革・改造する国造りに傾倒し、ハリスもそれらに応えようと日本人のための学校を開設した。しかし、森は、１８６８年（慶応４）、戊辰戦争のさなか帰国することになった。

そのような背景があって、当時24歳の森は、森より1歳年上の新井がハリスを継承する打って付けの人物と見込み、渡米随行・留学させたのである。

１８７１年（明治４）、新井は、ニューヨーク州エリー湖近くのプロクトンで「新キリスト教」を提唱していたT・L・ハリスの「新生社」に入った。ハリスと新井らは、その後、１８７５年（明治８）、サンフランシスコ州サンタローゼに移り、さらにそこから北方のファンテングローブに広大な土地を購入して理想的な農園建設に着手していくことになる。

新井は、外界との交通を一切禁ずるハリスの方針に従い、ファンテングローブの外に出ることはなかった。新井はそこで穏士的、修養的な労働と瞑想と修学に明け暮れるのである。彼の関心は世俗的な事業ではなく、ひたすらキリスト教における真理の問題、社会改造の問題であった。

森に随行した留学生たちは、アメリカでの大学生活を経て、その後の明治政府や大学、キリスト教界で、先駆者的な名を成していく中で、新井奥邃だけは全く別な道を歩んでいった。森有礼が設計したキリスト教による国家改造論のプログラムの道を進んだのである。

新井は、ハリスと森の路線を1人で歩いていたといえる。彼にとっては、大学への道をとることも私心に他ならなかった。ハリスに師事しプロクトンでの「新生社」生活に参加した彼は、はじめから「献神の確志（神に献げる確かな意志）」の姿勢があった。この姿勢は、日本を出国した際にも胸中にあり、この学び以外なかったのである。それは、戊辰戦争のさなか、ニコライの門に沈潜（心をこらす）した時以来の彼の課題であったともいえる。ただ変わったことがあるとすれば、「ハリストス」が「クライスト」に変わっただけである。

新井とハリストス正教の関係については、林竹二氏の『新井奥邃と仙台正教会』に詳しく紹介されている。前述したように渡米・滞米については触れたが、帰国後の田中正造に影響を与えたこと等については本書の筋から離れるので、ここまでにしたいと考えている。

新井と同志であった仙台藩出身で正教会の伝教者となっている人たちとのつながりはどうなっていたのだろうか。

新井は結局正教会の人にはならなかったわけではあるが、キリスト教を信ずる者として立派な生涯を送ったことを『日本正教傳道誌』でも認めている。宗派として正教会とは違ったところにいってしまったということではあるが、新井に対して高い評価を与えている。

金成善左衛門の紹介で弁務使として渡米する森有礼に随行して米国に遊学、その後、一種のミスティック（神秘主義）なるハリスに入門し、在米30年間、1899年に帰国して彼も一種のミスティックとなった。『日本正教傳道誌』においても「正教を信ずるに至らざりしは、最も遺憾とするところなり。新井は深く唯一の天父を信じ、その道徳の堅固なるは、主ハリストスを信ずるの人士たるを失わざるなり」というように新井奥邃に対する同僚からの畏敬の念が表れている。その畏敬の念は、ハリストス正教に属さない宗派であっても続いている。同僚である彼らと新井の友情は生涯続いていた。在米中の新井から同僚への手紙が交換されているが、帰国後小野荘五郎神父に宛てた明治36年3月1日付けの手紙は、新井の深い友情と信仰の立場を示している。

その内容は、「今か来月に近くでお会いしましょう。2年前あなた（小野）が東京に出て来た時、訪ねて来なかったことは大変遺憾のことでした。もし救世の道において余（新井）を待たたるるならば、一寸御立寄申上げ度《た》く候。然し若し俗宗に依って余を非認せんと欲せば敢えて強いず」と厳しい。そして、「本当に神を信ずる者としての同志としての立場で自分を迎えてくれるならば、お寄りしたい。もしも宗派のセクト的な感情・思想で私を遠ざけるのであればお会いできません」と断固とした意志を示している

くり返しになるが、第4章でみたように、新井と仙台藩士たちの畏怖と尊敬の関係は、生涯変わらな

かった。新井とハリストス正教の基礎をつくった仙台藩士たちは、神に対する信仰を追い求め、それによって結び付いていたのではないかと思わざるを得ない。

2　酒井篤禮の受容と伝教

酒井篤禮は前述したように澤邊琢磨、浦野大蔵とともに、慶応４年（１８６８・９月改元明治）、大政奉還後、箱館奉行が新政府の公家に替わることから、耶蘇教（キリスト教）弾圧の風評が起こったため急遽ニコライ神父のもと日本初のハリストス正教の洗礼を受けた。酒井の家族、澤邊、浦野は箱館を後に命からがら逃げ、酒井と澤邊は酒井の妻の実家後藤家・仙台藩栗原郡刈敷《かりしき》（現宮城県栗原市志波姫）に、浦野は南部藩宮古に潜伏した。

刈敷から１里離れた酒井の実家の金成（現宮城県栗原市金成）に、明治2年3月、酒井が正教を伝えた。金成正教会の始まりである。

これらは、『酒井篤禮小伝　司祭イオアン川股篤禮小伝』（以下『小伝』）を参考にした。この『小伝』のタイトルは、「酒井」と「川股」の姓が併用されているが、その理由は後述する。

金成正教会聖堂献堂者・川股松太郎は、昭和9年（１９３４）10月17日、聖堂成聖式（落慶式）に松太郎の祖父・卯吉の義兄弟である金成正教会創始者川股篤禮師父のことを記し、成聖式の記念として小伝の執筆を小野帰一氏に依頼していた。小野帰一氏は、篤禮とゑいの三女信《しん》の夫であり、正教会の聖職者、日本人最初の主教となった人である。小野氏は、巻頭言で、『日本正教傳道誌』や実際に篤禮に面会した人たちに伝えられているものを参考にしてこの『小伝』を書き上げたと書いている。

大正13年～昭和10年代にかけて、金成正教会を管轄していた松原西面（シメオン）司祭が、昭和9年もしくは10年ごろ『金成正教会沿革』（以下『沿革』）を執筆している。金成正教会聖堂成聖式の際、『酒井篤禮小伝　司祭イオアン川股篤禮小伝』が世に出てから、同じころにこの『金成正教会沿革』が出たことになる。

『小伝』はタイトルどおり酒井篤禮を中心に正教会を俯瞰した内容であるが、『沿革』は、『小伝』では拾いきれなかった、耶蘇教（キリスト教）禁制下の金成正教会の始まり、迫害、苦難について是非残しておきたいという心情から生まれてきたように思われる。以上の二つの資料を参考にしながら話を進めていくことにする。

この『小伝』・『沿革』の酒井が当時の役人からの迫害・審問を受けた内容から、ハリストス正教の教義を探っていき、さらに酒井は、士族出身者の伝教活動と一線を画し、庶民の中に入って伝教していたことにも触れたい。

このテーマに行き着くには、酒井の生い立ちを見て行かなければならない。

酒井の生年月日は不確かであるが、酒井が永眠したのが明治14年（1881）、享年46であれば、天保7年（1836）ということになる。また、酒井は川股姓も名乗っている。酒井家は代々検断を務め、名字帯刀が許されていた。篤禮の父甚四郎（順庵）は、及川治平衛の娘キヌと結婚し一子をもうけるも、キヌが亡くなり、同じ検断の川股家の後妻ツルの入り婿になる。そこで生まれたのが篤禮である。父の甚四郎は、ツルも亡くなり川股家を出ることになったようだ。篤禮は川股家で養育され、10歳ごろ商家に奉公したが性に合わないため、地元で医業をやっている父に従い、箱館に渡った。

『適々斎塾姓名録』（適塾記念会）によると、適塾入門について「奥州松前箱館　酒井篤禮　559」という年月日がない記載がある。入門月日が判明している「萬延元年10月4日備前岡山　花房虎太郎　557」、「萬延元年11月15日入門　土州岩村八京田村　岩村龜治　560」によって、篤禮は、萬延元年（1860）の10月初旬から11月半ばに松前箱館から24歳で入学していたことになる。このことから篤禮は、24歳までに箱館に父とともに渡っていたことになる。適塾の卒業年は不明であるが、適塾の自由な気風と父へのあこがれから医業に進んだものと思われる。この時から酒井姓を名乗っている。

戸籍法が明治になってから施行され、篤禮の姓は戸籍上、川股姓になっていた。このことは後に篤禮がキリスト教入信の罪で、帰郷命令が出た時、戸籍上の川股家に督促状が届いていることで分かる。さらにキリスト教入信以外で酒井姓と偽っていた罪名で拘束されている。父が川股家を出た時に、篤禮は旧姓の酒井に戻ったとされているが、実際は、酒井姓は通称でしかなかった。

そして、篤禮が亡くなったあと、妻のゑいが、「明治22年8月12日川股吉治亡叔父篤禮妻入籍」し、長女のすみが、「明治22年8月12日母ゑい携帯入籍」している。「養女　ゑい」、「養孫　すみ」と酒井家の戸籍にあるように篤禮は酒井家には入籍しておらず、あくまでも戸籍上は川股吉治の叔父「川股」篤禮であったことが推測できる。明治22年（1889）に酒井家にゑいとすみが入籍したのは、すみの結婚があったためだろう。そうであったならば、ゑいとすみは明治22年以前どこの戸籍に在ったのだろうか。

明治4年には全国的に統一された戸籍法が施行されたが、それ以前は地方毎にまちまちであった。篤禮は川股家の戸籍に在ったことは間違いないが、ゑいとすみは川股家に入っていなくて、今でいう無戸籍ではなかったのではないかと思う。ゑいと結婚後も、ゑいの実家に籍があったとするならば、後藤家からの籍異動が標記されていてもおかしくない。ゑいの実家も医業を生業にしていることから、今の子育てのような医療に関する行政からの支援を受けなくてもよく、また、篤禮の生まれ育った環境からくるこだわりのない冷《さ》めた気持ち、父との流浪的生活からくる無頓着さが戸籍へのこだわりをなくしていたのではないだろうか。ましてや明治の戸籍法は近代徴税体制のもので無一文の篤禮にとっては甚だ腹立たしく、仙台藩敗戦の屈辱も腹の底にあったのではないだろうか。

篤禮が、「酒井篤禮」、「川股篤禮」と名乗る、姓の違いにどういう意味があったのだろうかと考えていたが、「酒井」姓は父の原点の姓で、さらに新たな生き方をする際使用した。「川股」姓は、父の都合により川股家を出た手前、世話になった「川股家」に迷惑を掛けないために「酒井」姓を使用したと思われる。篤禮が川股家を出て、父と箱館に渡った時から、「酒井」姓を名乗ったのであろう。結果的には、川股家には耶蘇教(キリスト教)迫害において迷惑を掛けていたことは確かであったが、篤禮として、「姓」の区別で義理を果たしていたのかもしれない。

酒井篤禮は、なぜハリストス正教を受容したのだろうか。

酒井は、澤邊琢磨からニコライ神父のハリストス正教の原理を聴き、1年以上の論駁を経て、ニコライ神父から教理の聴聞にいたっている。『日本正教傳道誌』及び『酒井篤禮小伝』の中では、篤禮の性格は、温良で剛直とある。「その心を決した時、専心精意一切の他事を排して勇心」という気骨、「思想緻密、自分の意に叶うまで追求する」という探求心及び澤邊琢磨との1年間の論駁などから確かに剛直で合理的な面が強いように思える。それは、酒井が、武士階級ではないが、医師であり、儒教にも精通している知識人であるから、新井奥邃らと同じ様に、儒教と正教の教理の共通点、違いについて理解する過程でもあったと思われる。

　このような合理的で探求心の強い気質を持つ篤禮であるからこそ、正教への深い理解に拍車をかけ、「真《まこと》の神」を見つけて、受容と信仰につながり、自分の使命として伝教へ駆り立てたのではないだろうか。

　しかし、受容する新井奥邃はじめ仙台藩士たちは、酒井の正教への直向《ひたむ》きさと微妙に違う。新井ら仙台藩士たちの悲願は、第4章でも述べたように、戊辰戦争で「賊」軍として敗れた「賊」を雪《そそ》ぐことである。さらに新政府に対抗する新国家をつくるために、それらを実行する方法として、正教の教理を光・希望として正教を受容した。

　酒井は、武士ではないことと、明治2年の箱館戦争以前から箱館に渡っていたため、「賊」を雪ぐという意識は薄いのではないだろうか。但し、医業を営んでいる知識人として正教を理解する儒教の素養は相当深いものがあり、新井同様正教への理解については遜色なかったと思われる。

　酒井は、志士であった澤邊や新井たち仙台藩士の武士身分とちがい、何のしらがみもなく、澤邊との論駁、ニコライ神父からの教えから、「真《まこと》の神」を純粋に見出し、自分の道を見定めた。結果的には、酒井は正教を受容し、信仰するのではあるが、武士と武士以外の身分を超えたところにいたのではないだろうか。

清貧と正教真理の追究

　明治2年、箱館戦争が終わり、仙台藩士たちが来函したがニコライ神父がロシアに一時帰国中、その藩士たちの生活が困窮していた時、酒井篤禮は、これらのことに無関心を装っていて、藩士たちから「貪欲者」と罵られていた。明治4年、ニコライ神父が函館に戻った時、篤禮は二分金・百枚（50両）を教会に献上した。仙台藩士たちは、篤禮が仙台藩士の困窮よりも正教会の振興が第一と考えていたことを知り、誤解であったことを恥ずかしく思った。

同じように、明治11年、篤禮が伝道の管轄地を巡回中、信徒に旅費を請求したことに対して、信徒たちは、酒井神父が無欲で淡白な人と思っていたので、大いに憤懣《ふんまん》（いきどおりもだえる）で信仰に疑心を抱いた。しかし、その金は、祭壇に紙包みにして置いてあり、次の布教巡回に来る伝教師に対しての旅費であったことがわかり、信徒たちはこれまた、大いに恥ずかしく思った。

『酒井篤禮小伝』の明治4年の記述に、清貧と正教真理の追及に関する、断食のことが記載されている。「教理を研究し、敬虔の道を明らかにするに従って、肉体の疾病を治療する医業より、精神の治療をする福音の伝道に一身を献げる決心をし、身心の清潔を主とする熱愛的祈祷の錬磨の必要を悟り、実行するとして、断食して数日間の祈祷を終われば聖体機密の拝領をせん」ことに対して、ニコライ神父は「誠に善し、但し、司祭に告げ、教会の規定之を行うよう教訓を受ける」としている。篤禮は、正教の教理研究から、伝道の道に踏み入れるために医業をやめて、ハリストスと一体化するための正教の言い方である聖体機密をするために断食祈祷を続けた。

篤禮は、このような断食を何度も行っていた。そして、食事は巡回の際、信徒に迷惑をかけないようにと生米と生野菜としていたが、生米、米の粉が常食であった。さらに明治10年代からは生米よりまずい小麦粉を20匁（75ｇ）と少量の水1日1回を常食としていた。明治13年、東京での公会後、篤禮は、正教所有の箱根塔之沢避暑館に出向き、塔之峰に登り、その下山途中の山腹の古寺院の岩窟に苦行潔浄のため籠ってしまったため、ニコライ主教、ウラジミイル司祭が避暑館に住み替えるよう説得した。

明治14年（１８８１）、復活大祭の斎《ものいみ》（禁食して心身を浄める）に際し、篤禮は、40日間禁食祈祷して、信徒と皆に復活大祭を献じた。その祝賀の会に列した後、体調を崩し、数日後、霊を天父に依せりと『酒井篤禮小伝』にある。

酒井篤禮は、明治14年3月14日盛岡で逝去した。彼は、誤解を受けながらも、神とともにあるという使徒的精神を持ち、福音伝道に身を献じた。またその精神は、ハリストスと一体であることを示す断食祈祷の苦行的実行の清貧に現れていた。

弾圧と正教の真理

酒井篤禮が正教の教理をどう捉えていたのかを、彼の伝教過程と迫害の審理の場面等から見ていきたい。小伝では、迫害のことを「窘逐《きんちく》」（さし迫った状態）と取り繕って表現している。耶蘇教（キリスト教）禁制の時代で、国禁を破っていることから、官からの弾圧を「迫害」と表立って表現できなかったのであろう。ここでは、「窘逐」という言葉を使うべきであろうが、耶蘇教を弾圧する実態に即した「迫害」の言葉を使うことにする。

第1回目の迫害。明治2年3月、篤禮は、妻の実家のある刈敷《かりしき》（現宮城県栗原市志波姫）から、金成《かんなり》（現宮城県栗原市金成）に出向き、正教の真理を説明しにきた。ところが、彼にはキリシタンで政府のお尋ね者としての風評がたっており、迫害されることを恐れて正教の教えを聞く者がいなかった。篤禮は、澤邊とともに、刈敷から2里半（10㎞）から3里（12㎞）の範囲にある築館《つきだて》（現宮城県栗原市築館）の旧友医師八重樫玄道、岩ケ崎《いわがさき》（現宮城県栗原市栗駒岩ケ崎）の医師山田幽仙へ伝教した。

このことによって、篤禮・澤邊2人は、登米県庁によって捕縛される。澤邊は、土佐藩出身で、2カ月で放免され、函館に送り返される。この時は、まだ箱館戦争の最中であり、東北戊辰戦争敗者側の仙台藩が新政府に対する配慮を示したことになるのだが、役所としては面倒を避けたにすぎない。しかし、篤禮は仙台藩の者であるから、思うままにできるということがあったのか、2年間も登米県の獄舎に入れられた。また、篤禮が武士ではなく医師であったことからも差別的な待遇を受けたに違いない。

キリシタンの迫害は、江戸封建時代において、仙台藩領でも多く散見した。信徒及び一族は死罪、「類族改」による本人を含めた6世代までその汚名を着せ、村八分にする。したがって、信徒たちは、「隠れ」になっていった。仙台藩内のキリシタン弾圧・迫害については、第1章を参照してほしい。ここでは、詳しく触れることはしないが、新政府になってもキリシタン禁制が続き、明治6年の解禁になっても迫害は続いていた。迫害する側の為政者にとっては、島原の乱に見られるキリシタン信徒の組織力・破壊力に対する恐怖が江戸時代から延々と続いていたのだった。

県令増田繁幸（仙台藩政府恭順派）と篤禮の審判問答を傍聴していた登米県庁雇い書記で日形村（現岩手県一関市）の神官、葛西多津枝《かさいたずし》は「正教の真理」を認め、書記、神官を辞め、仙台に出て、佐藤修（秀）六、笹川定吉両氏より正教を聞き、正教会の信徒となった。「正教の真理」の具体的な記述はないが、審問中での篤禮の返答に、彼の正教への思いの深さに葛西は感じ入ったのであろう。

篤禮は、解放後上京し、ニコライ師と相談し、函館行きを決めた。彼は、その途中金成に寄り、一時正教を伝えた。この時には聞く者が現れ、金成地方に伝教者を派遣することを聴聞者に約束し、函館に向かった。明治6年12月、高清水（現宮城県栗原市高清水）の針生大八郎《はりゅうだいはちろう》が金成に来て正教を伝えている。

第2回目の迫害。明治5年（1872）3月26日、函館に居たイオアン酒井は、町会所に投獄、3月29日、パウエル津田、マトフェイ影田は弁天台場に投獄された。この3人は、同年2月に信徒たちから選ばれ、函館正教会伝教師となって布教活動をしていた。耶蘇教禁制下で、この目立った活動が、捕縛の契機となった。

函館での迫害による出獄記念
左からパウエル津田　マトフェイ影田
イオアン酒井　ペトル鈴木
明治５年（1872年）頃

大主典（書記官長）岡本長之の「何故に国禁を犯してキリシタンを学びたるか」の訊問に対して、酒井は「学びたる宗門は邪教にあらず、人類救済の道なり」と返答し、岡本は「そのくらいのことは承知している。なぜ学ぶのかを弁明せよと叱咤した」。酒井は、その言に対して、そのように承知しているのになぜ私たちを捕縛したのだと答えたことに対し、岡本は答弁に苦しみ、審問を終わらせ、強盗殺人の罪囚人の如く投獄した。

『小伝』では「六畳の一室に16人の同囚者あり」、「獄中に在りて、日に握り飯2個に漬物2片を給される中、飯粒を捻じりて珠子の玉を作り、衣類の糸を抜きて之を繋ぎ、箸を折りて十字架を作り、他見を憚らず祈祷をなし居りたり、されば彼は無事に出獄せんよりも寧ろ主の恩寵によりて窘難《きんなん》（さし迫った難）

を忍びて終わりに至らん事を祈りたる」、「彼の言行の凡庸ならざることは獄中の囚人をして嘆称せしめたる」とある。

酒井は、正教を「人類救済の道」と語るが、役人がそのことはわかっているとして、そのことについての続けた説明には至らなかった。

また、獄中の迫害については、酒井は出獄の際、疲れ痩せ、餓死に近いところまでの扱いを受けていた。当時の窘難が甚だしかったことが推察される。そして、彼の言行は同囚人たちから畏《おそ》れ（敬意）られ、信仰の深さを感じさせた。

酒井が投獄される1週間前に、酒井の家族は、宮城県栗原郡刈敷から函館に移住してきた。酒井が獄中なので、函館正教会アナトリイ司祭は家族に帰国を勧めたが、妻ゑいは帰国せずに苦難の生活を選んだ。明治5年5月1日、酒井、津田、影田は釈放されたが、開拓使庁は捕縛入獄者を原籍地の県庁に召喚するよう命令した。同年10月3日、酒井は家族を澤邊に託し、帰県することになった。その際、酒井を函館で引き取るよう命じられたのが、川股家である。

第3回目の迫害。明治5年10月半ば、酒井は、川股家当主とともに登米県庁に出頭し、取り調べを受けて、ハリストス正教の宣伝及び伝道行為を禁じられて、金成の川股家預かりとなった。酒井はこのような宣告を留意せずに知己親戚を介して講義を始めたが、親戚たちはこの宗門のことで迷惑が掛かることから進んで教えを聞く者はなかった。酒井は金成のみに止まらず、妻の実家の刈敷、その近在の伊豆野《いずの》（現宮城県栗原市志波姫）や若柳《わかやなぎ》（現宮城県栗原市若柳）に伝道をした。

この伝道の中で、伊豆野の千葉卓三郎は、酒井の伝道によって福音の真理を認めて信仰を起こし、酒井に協力して布教に務めた。千葉はまもなく上京し、受洗してペートルの聖（霊）名を得た。『日本正教傳道誌』によると、この千葉卓三郎の洗礼を第3回目の迫害の「まもなく」である明治５年の末と考えるが、『仙台郷土研究』（２２２号）で逸見英夫氏によれば、早稲田大学図書館所蔵・『大隈文書』（太政官命の密偵の報告書）に明治６年４月23日に酒井と千葉が一緒にいたという内容が記載されている。しかし、当たり前であるが、受洗した記載はなく酒井と千葉が一緒に上京していたということと、さらに、酒井は明治６年４月28日に函館に向かったと報告されている。『日本正教傳道誌』の「まもなく」である明治5年に酒井と一緒に上京し、千葉が受洗したのであれば、次の年、再び２人で上京したことになる。どちらにしても、受洗年が明治5年なのか、６年なのか判然としない。また、函館行きの月が若干違うが、『日本正教傳道誌』に沿って話を進めて行こうと思う。

明治6年（１８７３）5月、酒井は、上京し、ニコライ師と相談後、函館に渡り、開拓使庁に居住の申請をしたが、同庁から何の沙汰もなかった。しかし、明治7年1月、酒井の原籍県・水沢県庁（登米県庁から管轄替え）から、川股家に、酒井を伴っての出頭を命じられた。

酒井は、前年12月より函館を去り、南部地方の八戸・福岡・三戸の伝教に赴いていたが、酒井の甥川股吉次（後アウラーム）と福岡で会い、同伴して明治7年1月20日、金成に着いた。

第4回目の迫害。酒井は、明治7年1月23日に登米県庁（水沢県庁より管轄替え）に、自分の処分を見極めるために千葉卓三郎とともに出頭した。酒井は、訊問に対する書面を書き上げた翌日、付添人千葉とともに白洲（法廷）に出て、権小櫻井某より訊問を受ける。酒井が密かに上京し函館に向かったこと、川股ではなく酒井の姓を名乗ったことを詰問されたが、酒井は、函館に残した妻子が窮していたので急いで函館に行く必要があったこと、父と一緒に函館に居た時から酒井姓を使用していたことを述べ、争うことをせずに赦免を乞うた。それに対する櫻井某法官と酒井のやり取りを『小伝』より記す。但し、後述の訊問全てにおいて、（　）は筆者が記す。

櫻井某「ハリストス教を棄てざれば赦免するを得ず」（棄教しなければ赦免しない）

酒井「いかなる事ありても之を廉棄つること能わず」（いかなる事があってもやすやすく棄教しない）

櫻井某「一時之を廃して我が国の学を為せよ」（一時やめて日本国の学問をせよ）

酒井「国書を見るは敢えて難しきにあらずも、一時なりともこの教を棄つる能わず」（日本国の学問を学ぶことはたやすいことであるが、一時たりとも棄教することはできない）

櫻井某「然らば爾はハリストス教の事を宣べ伝うことなかれ、人々には我が皇教の事を勧めよ」（ハリストス教について布教するな、日本国の神道をすすめよ）

酒井「これ能わざることなり、我が口はハリストス教を衆に告ぐる為の具に賜はりしものなり。いかにして之を言わざるを得んやと」（そのようなことはできない、私の口はハリストス教を伝えるために神より賜ったものなのだから布教する）

櫻井某「国帝或いは爾の親之を排斥せば爾は如何にするかと」（天皇や親が棄教せよといった場合どうするか）

酒井「我が肉親は假令刑戮《かれいけいりく》（たとえ刑罰）に遭うともこれに従うべし、我が心に至りては素より此の命に従うを得ざるなり、これに従えば悪となるなり、試みに見られよ、世間正教を聴かざる民、その慾と悪のために其生命を損するものあり、我は今殺戮に遭うともこれ善のためなり、死して而してこの縣の鑑先《かんせん》（手本の先駆け）たらんことを欲す、百親の親、萬帝の帝のためなり、その願う所は来世の救贖《きゅうしょく》（救済）なり」（私はたとえ刑罰にあおうとも、自分のこころのままに従う。あなたの命令に従うことは悪であり、正教を聴かない者は欲得を尽くし悪のため生命を削っている。今、死を賜っても善のために手本となる先駆けとなる。それは、親のため、天皇のためであり、来世のためである）

櫻井某「来世の如きものあるべからず、爾は愚かなり、問うに足らず・・・」（来世はない、愚かで話にならない・・・）

訊問がかみ合わない。酒井のいう「来世の救贖」は、第2回目の迫害での訊問にあったように、ハリストス正教の真義である「人類救済の道」が「来世」（後世）での救済にあることを示す。殺戮されても、この救済の命に従うと具体的に述べている。

このことは浄土真宗での「後生大事」に通じるものであるが、櫻井某がその真宗と正教の共通点や違いについて知っていれば、もっと酒井の正教への真義を知ることができたのではないかと残念で仕方ない。キリシタン禁制下の当時の政府及び一般の人たちにとっては、はじめから邪教キリシタンという先入観で排他的な態度と思考のために、この程度が精一杯であったのだろう。

この時の酒井は、「姓」詐称の罪で入獄を命ざれた。仙台福音会にいた澤邊が登米県庁に赴く予定であったが、危害が及ぶことを懸念し、ティト小松、ペートル河田が登米県庁に赴き、県官吏の縁故をもって赦免に尽力した。

酒井は、2月中旬に放免された。酒井は刑期中にもかかわらず、伊豆野、若柳地方の伝教を行い、パウエル津田の上京に合わせて本人もニコライ師に意見上申のため上京しようとしたが、また加害が及ぶことを周りは心配し、酒井の上京を留めた。したがって、酒井は高清水、築館等に信徒のために福音を講じていた。そういう中、明治7年5月19日、県庁より川股家にまたもや召喚状が来た。

第5回目の迫害である。同年5月22日、酒井は、登米県庁に出頭した。酒井は前回のように釈放嘆願の行為をしないように仙台のハリストス正教会・福音会に手紙を送った。「聖道大義（信仰すること）」について官からの命令であっても従うことはないとした。酒井は迫害を受けて致命する覚悟であった。

前回同様の法官櫻井某と酒井との訊問の様子を『小伝』より述べる。

櫻井某「ハリストス教を講ぜざる由申上置きたるが何故に今もってハリストス教を説くか」（ハリストス正教の布教を禁じたにもかかわらず、なぜ布教するのか）

酒井「ハリストス教を口に断つべしとは申上げたることなく、又敢えて人を教導し勧むるにあらず」（私は、自ら布教しないとは言っていないし、人を誘導しているわけではない）

以下、長文のため、要点を記す。

私は医者なので道を問われれば答えていたにすぎない。神仏の教えの如きも同じであり、いわんや天主の道なれば談ぜざるを得ない。

「此の事を禁ぜらるるにおいてはこの肉体を献《ささ》ぐるも辞せざる所なり、されど霊は任ずる事を得ざるなり」（道を説くことを禁じられた場合、殉死《じゅんし》〈肉体を献げることを辞さない〉し、霊魂は道を説くこととなる）

櫻井某は、前回の酒井が赦免を乞う一貫した態度から、今回、彼が死を覚悟している態度に変わったこの意外な態度に怯《ひる》んだ。さらに、同じ質問をしても、同じ返答のため酒井を宿舎に返した。数日後、酒井は再び白洲に引き出された。この日は、大属本間季明《としあき》が法官であった。本間は酒井に対して、過日より櫻井氏より説諭されながら、政府の許可があるまでこの教をやめて、政府の命ずることをしないかと述べた。酒井は、如何に政府が盗賊をしろと命ぜられても之をしないと答えた。本間は酒井の言を失言と認め、暫時無言になったが、語を激し、怒気を帯びて再度審問した。

本間「其方の信ずる神は何神《なんのかみ》なりや」（信ずる神とはどういう神なのか）

酒井「天地万物の主宰なる唯一の神、即ち之を造物主と称すとて此《ここ》に於て、真神《まことかみ》の存在と三位一体の神のことを詳述せり」（天地創造の唯一の神で、真《まこと》の神の存在と三位一体のことを詳しく述べた）

本間「その神はいかなる處《ところ》に在るや」（その神はどこにいるのか）

酒井「天に在り」（天にいる）

本間「その神の天に在ることを見う得るや」（その神が天にいることと見ることができるか）

酒井「見ること得るなり」（見る事ができる）

本間「我等の目に見えざるは如何に」（私たちには見えないのはなぜか）

酒井「そは貴官等が真神を信ぜざるが故なり」（あなたたちが真の神を信じていないからだ）

その時、本間微笑して

本間「然らば余等もハリストス教の門に入り唯一の神を信ずれば見ゆるという意なるや」（そうであるならば、ハリストス教に入信し、神を信ずれば見えるのか）

酒井「然り」（そのとおり）

法官・本間と酒井のやり取りは、酒井の伝教の如きだと『小伝』に書かれている。これによって審問は終わり、「新律綱領不應為《しんりつこうりょうふおうい》」（新しい法律に人のなすべからざることをした）の罪に触れ、懲役80日に処せられた。

酒井は、この宣告を喜んで受け入れ、日々荷車を引き、人足など種々の労役を喜んで苦役に任じた。そして、至る所で救いの道を宣《の》べ伝えた。囚徒の安い労賃で雇う者から、酒井の真の神の存在、人類の救いを聴く者が現れた。

酒井は、使役が終われば獄舎で罪人仲間にハリストス教を伝え、外役すれば雇われ先で教えを説き広めている。その酒井に対して、明治7年8月8日、官は計略で、更に入獄を命じた。

酒井は、獄中において、少しも憂いることもなく、日夜祈祷をなし、同牢者に救いの道を伝えた。同牢者は、酒井に対して高徳の人として慕い、入獄者間の争論の際、酒井の教訓を仰いだ。

このように官自らが伝教者を雇い、獄中にハリストス教を広める有様なので、本間法官は、県令と相談して、ハリストス教を伝えてはいけないと命じて放免した。

明治5年時の函館、仙台等での迫害の結果、政府は、外国及び政府要人からハリストス教を黙許するよう圧力を受け、明治6年にキリシタン禁制を解除した。地方官の中にはこの方針を理解せず、また、政府自体もその方針を率先して地方に浸透させることはなかった。この方針が徹底することも外国からの圧力を待つしかなかった。

この酒井の放免を待っていた者がいた。佐沼（現宮城県登米市佐沼）の西條佐助と佐々木泰蔵である。訴訟事件でたまたま登米町に来たこの2人は、なぜキリシタン宗門を信ずる人が禁圧を受けるのかに疑問をもち、酒井が登米県庁に出頭し、入獄前に投宿していたところに、酒井に会いに来た。酒井は、知らない人が訪ねることを不思議に思っていたが、彼らが訴訟事件のために当地に来たことを告げたことに対して、『小伝』より述べる。

「人には肉体の外《ほか》に霊魂が存在するありて、人は常に安心を求めんとするもこの霊魂と肉体とを共に満足せしめんことを慮《おもんばか》らずして、唯《ただ》肉身のみを苦慮し居るを以て一生の間到底安心を得る能わざるなり、人々互いに己の霊魂の事を慮らば、敢えて訴訟などの如き争い訴ふる事なさざるも自から商業も成就して、これによりて安心を得らるべしと」（人には、肉体の他に霊魂があって、人は常に安心を求めるが、霊魂と肉体両方を満足させないで、ただ、肉体のみを駆使しているばかりでは一生安心などできない。お互いに霊魂の交わりの思いをはせれば、訴訟などの争いごとなどをしなければ、自分の商売もうまくいき、肉体的、精神的な安心を得ることができる）

肉体と霊魂の一体による安心を説いている。特に霊魂からの安心を説いている。西條、佐々木両名は、酒井の言によって福音を研究し、後に、佐沼教会の柱石となった。

酒井は、いかなる場所、いかなる時にも懸命に福音を伝えて、さらに放免されてからは自由に各地に伝道することになる。酒井は、その伝教を熱心に行う中、明治8年（1875）に函館で輔祭《ほさい》に叙聖、明治11年（1878）ウラジオストークで影田、針生、高屋、佐藤（秀六）とともに司祭に叙聖した。酒井の清貧さと断食苦行のことは前述したが、ここで、酒井の伝教の様子を伝える中新田ハリストス正教会成立に関わるエピソードを紹介したい。

明治13年（1880）、酒井は、巡回中に足を痛めたため、陸前玉造郡川渡《かわたび》温泉（現宮城県大崎市鳴子川渡温泉）で療養中であったが、いずれの所でも主の福音を宣べていた。同郡岩出山（現宮城県大崎市岩出山）の湯村吉造が訴訟事件のため川渡村に滞在しており、酒井のハリストス教の講義を聴聞しに行ったが、講義の厳しさに窮屈を感じ、偽って外出した。酒井は、湯村が帰るまで待つと答えた。湯村は、鳴子温泉での相撲興業を見て夜半に川渡温泉に帰ったが、まだ酒井が依然と講義の座にいたことに敬意の念を起こし、この教えを研究しようと希望し、その後、針生大八郎伝教者が中新田に伝教に来た時、洗礼（霊名ペートル）を受け、自ら希望して伝教者となって生涯を終えた。これが、中新田正教会への成り立ちに繋がっていくことになる。

中新田正教会の成り立ちは、『日本正教傳道誌・巻之弐』に詳しいが、前述の湯村吉造等の伝教により最初に受洗したのは、「無頼の徒」であり、彼らがハリストスのお召しに応えて悔改の道に向かい、教会の基礎を築いた。ここではその詳細に触れることはしないが、『中新田ハリストス正教会の歩み』（令和元年・２０１９年9月15日、中新田ハリストス正教会前駆授洗イオアン聖堂成聖記念）に是非目を通して頂きたい。

第5回目の迫害の審問の中、酒井と法官本間とのやり取りで、ハリストス正教の核心を突く内容が出て来た。特に、三位一体の内容であるが、詳しい説明の記録がない。『東教宗鑑』にもあるように、三位一体は、正教の教えにとって大事な内容である。第2章でも少し触れたが、このことを現代風にわかり易く説明する。

キリスト教では、創造主としての父なる神、贖罪者キリスト（正教ではハリストス）として世に現れた子なる神、信仰経験に顕示された聖霊なる神の三つなる神の姿（位格・ペルソナ）で現れるが、元来は一体であるという説である。

「聖霊」は、洗礼を受けた信者に宿り、神の意志（啓示）を伝え、人の精神活動を聖化へと導く霊と位置づけされる。より砕いていうと、「聖霊」は、子が父から生まれるのに対して、父（子）から発出するもので、人々の霊魂を照らし、清め、慰めるもので、人は肉体と霊魂とを有することによって、神と共に居らんと欲すれば、唯一の望、信、愛をもって「聖霊」を受けることができる。そして、イエス・キリストについての証《あかし》を示し、キリストの栄光を現わし、人々を導いて、すべての真理を悟らせるのである。具体的には「聖霊」は絶えず人々の間に働き、人々を聖化し、キリストの肢体である教会を「立てる」・「助ける」働きをする。

「聖霊」は、父なる神、子なるイエス・キリストと同一実体で父と子から永遠の愛として出る霊として位置付けられている。但し、第２章で触れたように、東方正教会では、父からのみ発出されるとしていて、東西教会の教義上の争点となっている。また、「聖霊」は、「助け主」、「恵を与える生」、「慰めの主」などと呼ばれる。図像では、火炎の舌、鳩などで示される。「聖霊」は使徒等に見える徴《きざし》が火の舌である。これをもって「聖霊」が見えるように、人々に大切な効能を顕すのである。火とはひかりであり、物を暖めるものであり、信徳の光また愛徳の熱である。これを受ければただちに神を知るばかりではなく、神とともにならんとする望を得て、多くの善行をもって神のものとなるのである。

このような説を裏付けするものは、『創世記』18章・アブラハムの家に「３人の人」が訪れた話、『旧約聖書』におけるイザヤの幻の三つの霊、『新約聖書』マタイ伝福音書（28章19）の「父と子と聖霊の名においてパブテスマ（洗礼）を施せ」に三位一体を示唆している。さらに、パウロによる祝祷（コリント13章13）「主イエス・キリストの恵み、神の愛、聖霊の交わりがあなたがたすべてとともにありますように」と具現化されている。

酒井篤禮と法官本間の尋問から、当時のニコライの日本人観・宗教観が垣間見られる。ニコライが来朝し、キリスト教の禁教下、9年間日本語を学び、日本の書物研究を行った。その中で、古のバビロン、ペルシア、エジプト、ギリシア、ローマ等と同じ建国でありながら、これらの国はもはや老衰し、廃滅しているにもかかわらず、なぜこの国のみ、なお2千500年以上も健在しているのかを了解した。それは、かの諸国はその内部に蔓延《はびこ》る悪の為に衰弱して亡びたが、日本国のみが神より愛されるだけの善徳があったから神の守護と愛とを被って堅固に存在しているのである。

日本国民には聖使徒パウエルが「律法をもたざる異邦人等、性に率いて律法のことを行う」（ロマ書2章14）といわれたことがあっている。すなわち造物主が立てられた律法を行って、その保護の範囲から脱しないのであって、日本人は神を知らないけれども、神は之を護っていると、ニコライは日本国を敬慕する。

日本には、神道・仏教・儒教の3種の教法があり、ニコライは、これらの教法がその道徳に関する根本の教義において、ハリストス教と融合するのだという宗教観をもつ。それは、神道は清浄などを教え、仏教は慈悲隣愛を教える。そして、儒教は礼儀と仁愛を教えるとする。

これらは、偶然に伝わってきたのではなく、また冷静なる思想の中に存しているのでもなく、実に日本国民の心血となっている。日本国民の慈愛心、礼譲信義を固く守る、美しい風儀を見る。

但し、これらの日本の宗教は、人間の行為についての教えであって、日本国民のために崇高で偉大なる神のこと、世界のこと、人類のこと、悪の始まりのこと等の重要な問題を解決することなしにそのままにしている。それらの人類根本の問題は、唯神のみ之を解決することができるというキリスト教すなわちハリストス正教の教えである。

酒井篤禮の尋問に出て来る創造主の概念の無い法官は、日本の宗教の概念の範疇での思考であるから、酒井との議論がかみ合わないのは当然のことであろう。

ニコライは、キリスト教の禁教が宗教上の問題ではなく、政治上の問題であり、外寇の危険があったからだと分析し、開国の時代になり、その外寇という政治上の問題から開放され、ハリストス正教も危険なものではないというふうになったと伝道の道が展開されることを覚った。

ニコライが函館から東京に居を移し、東京の神田を正教会の中心とする明治5年（１８７２）２月以降に起きた函館、仙台等における迫害に対するニコライの対応について触れたい。『函館正教会史』では、ドイツ公使をはじめ列国の公使が日本政府に抗議することになった。ほどなく日本政府は、正教徒信徒の放免の命を函館、仙台等に伝え、捕縛された者たちに「特命に依りて赦免せらる」との宣告文をもって、直ちに赦免した。

仙台における迫害は、『仙台ハリストス正教史』によると、前述した酒井の第2回目の迫害に該当する函館の迫害より約1カ月前の2月13日から行われ、澤邊琢磨、石田轍郎、笹川定吉、高屋仲、高橋兵三郎、板橋昇、大條金八郎、中川操吉、樋渡正太郎らは入獄し、正教聴講者たちの取り調べを受ける者が１００名を超えた。

このことは、日本正教会始まって以来の大迫害事件であり、ニコライ師に知らせ、救済の策がはかられ、外務省や朝野の名士に赦免を働きかけた。明治5年3月7日、ニコライ師は、仙台の入獄者と信徒に慰籍激励文「魔の力は限りあり、必ず恐るる勿《なか》れ、而《しか》も進みて禍を求むる勿れ、唯慎て主に祈れ、少壮の鋭気を以て兄弟の窘難《きんなん》を速やかに求はんとし年長の言を忘るる勿れ、慎て主の義怒に触るる勿れ」（迫害する魔の力には限界がある。恐れてはいけない、そして進んで禍に飛び込んではいけない。ただ、主に祈り、英気をもって窘難・迫害から速やかに解かれん事を願う。知恵ある年長者の言葉を忘れずに、主の教えから外れないよう）と自重を促すとともに励ました。

旧仙台藩士黒川剛（大童信太夫改名、福沢諭吉より、仙台藩を背後から支えていた大人物と称された）は、このような蛮行は国の恥辱であると、太政官顧問フルベッキに訴えて、大隈重信に忠告した。小野荘五郎は副島種臣を動かした。宮城県参事塩谷良翰《しおやりょうかん》により入獄者は赦免され、5月28日に澤邊らが出獄した。

函館では酒井らが明治5年5月1日に解放されている。その後、仙台における迫害事件から5カ月も経ていない10月半ば、酒井は、仙台藩出身者の帰県命令によって、帰県した後、前述した第3回目の迫害で入獄することになる。

この明治5年の仙台・函館等の迫害事件によって、明治6年2月24日にキリシタン禁教高札の撤去を促し、キリスト教の禁制が解かれ（信教の自由は明治22年の大日本帝国憲法制定後）、函館、仙台はじめ、正教会は結束を固め、布教体制を整えていった。

仙台では、明治6年6月に「福音会」という教会が発足した。明治4年の伝道による仮会堂・小野荘五郎宅（東一番丁）から現聖堂の地所・（東二番丁）に明治6年に移った。この年の仙台布教伝道は進み、２００名位の者たちが聴講し、祈祷所に通っていた。信徒の戸数が20戸、一家に若干名の信徒の戸数１００戸、総員２００名になっている。しかし、これらの人々は啓蒙を受けるだけで、受洗していないので、信仰を保っていくことが困難であると『日本正教傳道誌』にある。

明治７年５月、東京で初めて布教会議が開かれた。前年にキリシタン禁制の高札が市中より取り除かれ、布教の拡大を図る道が開かれたからであった。

酒井篤禮が布教伝道し、その後、高清水（現栗原市高清水）の針生大八郎が金成に正教を伝え、聴聞者が多数出た。針生が宿泊し講義する旅館の主婦、坂本やゑも信仰し、明治７年６月７日、来仙していたニコライ師より洗礼を受けた。金成村の隣である沢辺《さわべ》村（現栗原市金成町沢辺）では、洗礼者10名、啓蒙者が多数出た。

明治８年11月10日、金成正教仮会堂が建設された。はじめ坂本やゑの旅館が祈祷所であったが、不便なため神官清原三善（アレキセイ）宅を仮会堂にしたが、迫害・火事で坂本やゑ方に仮会堂を建設したのだった。

迫害については、酒井篤禮を中心にみてきた。しかし、明治６年にキリスト教が解禁になっても迫害が続いていた。『金成教会史』を概観していくと、明治７年、仮会堂焼失、明治９年、農民の２世帯の信徒は、天照大神の分霊神輿と称して、水止めされ、やむなく北海道に移住した。明治12年、坂本やゑ方の仮会堂に消防組が乱暴狼藉、仮会堂を杉山伊惣治宅に遷したが、２カ月後に全焼し、沢辺村に祈祷所を移す。明治15年、金成、沢辺、岩ケ崎等で信者が72名になっている。明治16年、坂本やゑ（マリヤ）76歳で永眠、相続者坂本喜三郎、正教式の葬儀・埋葬のため罰金刑を受ける。明治33年と35年に正教の埋葬を許可しないと埋葬を阻止しようとした金成の龍國寺住職と、当時の大川伝道師が対峙したが、埋葬がなされた。明治40年にも同じように寺門閉鎖等を強行する寺側に対して、葬儀は済ませた喪主が若柳警察署に訴え、両者が呼び出され、住職に説諭・厳戒があった。以後キリスト教の葬儀に対して妨害などしないようにと一筆をとった。「無智の坊さん方往々にして宗教に泥を付ける」時代だった。同じようなことは全国で起こり、訴訟問題までに発展し、当然の如く正教側が勝っている。この2年前の明治38年10月2日、川股松太郎の寄附による仮教会が落成し、領洗者が124名となった。大正13年～昭和9年ごろの領洗者は277名いた。

酒井篤禮を中心とした迫害の審問から、ハリストス正教の教理について見てきたが、仙台藩士たちのハリストス正教受容は、儒教の理解と儒教と正教の共通点から可能であると考えられるが、一般庶民が受容していくのはどのような背景があるのだろうか。

新井は、ハリストス正教の教理を追求し、仙台藩士同志たちを正教に導き、洗礼を受けず、渡米しプロテスタント生活から、キリスト教の真理を生涯通して追及した。

酒井篤禮は、ハリストス正教を断食、清貧の実践で教理追及した。医師仲間、故郷一円の親戚縁者などの庶民に布教、伝道していった。

2人の共通点は、実践にはお互いに中味とアプローチの違いがあるが、名利を求めない清貧、教理追及の実践にある。新井によって、仙台藩士同志への入信、酒井によって、庶民入信と士族と庶民両方からの布教が行われる規範が生まれた。『日本正教傳道誌』にあるように、酒井の一般庶民への伝道は、前述したように、最初は医業仲間や知人であったが、訴訟問題で悩む人たちが酒井の説くことに納得して正教を受容していく例が出て来る。また、酒井の審問、講義を見聞きした婦人たちが正教を受容していく例もあげている。酒井の誠実な生き方が同じ獄中の囚人からも慕われている。これらの人たちは、酒井が正教を受容したように、酒井を通して正教の教えに引き込まれていったのであろう。

現状への閉そく感と不条理に対して光明を見出し、この教えを信仰していくのではなかったのではないだろうか。したがって、迫害があっても屈することなく、光明という希望に燃えて、かえって信仰への濃さが増していった。

今まで、酒井篤禮の気質と品行から、正教の受容について見て来た。酒井が意識していたかどうかは不明であるが、正教の伝道地域が栗原、登米、一関、南三陸から内陸の隠れキリシタン殉教地と重なることから、それらが関連しているのか、していないのかを調べ、正教の受容の背景として、第7章のハリストス正教の伝道のところで整理する。

第6章　ハリストス正教と自由民権

1　旧仙台藩士たちの自由民権

自由民権運動は、日本を分断した戊辰戦争により成立した藩閥政府が「富国強兵」のスローガンの下、日本の近代化を急ぐあまり、民衆の意識、生活実態を無視した上からの強引な政策に反対し、自由と民権の伸張を旗印とする民衆による下からの近代化を図る運動であった。また、それは、進むべき近代国家像を模索する運動でもあった。国会の開設や憲法の制定を具体的に要求すると同時に、国会の在り方や憲法の中味について追及する全国を舞台とする民主主義運動に旧仙台藩の民権家も参加していた。

その運動には、ハリストス正教会の信徒が中心となって関わっていたことはあまり知られていない。ハリストス正教と自由民権の関係、特に正教の教えが自由民権にどう位置付けされているかを知ることは、旧仙台領で正教が受け入れられ、伝道されていったかを知ることにつながると考えられるのではないだろうか。そして、第4・5章で見てきた正教受容の俯瞰的背景が具体的な正教の伝道にどう反映したかを見ることでもあると思っている。

そのために、民権運動の大きな流れを押さえながら、そこに正教がどのように関わったのかを概観していきたい。

自由民権政社鶴鳴社《かくめいしゃ》が、明治11年10月に仙台で結成されるが、その民権運動が立ち上がる前から既に

仙台ハリストス正教会生神女福音聖堂
明治25年12月18日成聖

自由と民権を唱える運動が展開していた。一つは、仙台ハリストス正教会信徒の演説会であり、もう一つは、仙台師範学校における演説会である。

仙台ハリストス正教会演説会は、ハリストス正教徒の佐藤秀六、小野庄（荘）五郎（戊辰戦争時は「荘」五郎）や仙台新聞社編集長で函館に渡り、正教を研究・伝教していた立花良治（但木良次）が中心となって、明治10年4月11日から3日間、南町の共立病院の会場で行われた。

この案内は、『仙台新聞』で開催日までに2回広告を出すほどの力の入れようである。演説会は、回を重ねるごとに傍聴人が増え、毎月1回定期的に開催された。演説の内容は明らかでないが、単なる宗教演説に止まらず、人々を啓蒙し、権利を伸張する立場で行われたようだ。

仙台師範学校の演説会は、同年12月23日に行われ、直接自由民権運動の一環として行われたものではなかったが、「教員たるもの自己意見を演ぜしめ、よって教育の弊害の習慣を去り、体裁を一新し、研修を盛んにして」新知識を求めて、新しい教育を目指す動きであった。これらの演説会は、未だ慣れていない演説で奇説なものもあったようだが、仙台における自由と民権の湧き上がる叫びであり、ハリストス正教会及び師範学校の両者が、この後の仙台、宮城県の民権運動を共にリードしていくことになる。

これら両者が、自由と民権に対してどのような考えを持っていたかについては、ハリストス正教会がこの時期に発行した『講習餘（余）誌』及び『仙台新聞』の記録から見ていきたい。仙台師範学校については、この時期にはあまり自由民権を意識した活動ではなかったことから、3年後の明治13年に結成された進取社などの政社の成立過程から紹介していく。

『講習餘（余）誌』（B5判平均14ページ）は、第1号（明治10年3月15日発行）から第17号（明治10年12月25日発行）まで、「5」の付く日に発行されていた。発行人兼編集は小野庄五郎で、寄稿者は全てハリスト正教信徒であった。

第1号の「叙」に仙台藩養賢堂儒学者であり、函館に渡りニコライ師の漢訳を担った眞山温治が「風が流動しなければ、気は腐敗し万物は生きていけないように、人の心も活動をしなければ腐敗してしまう。・・・心を終日用いることは難しいが・・・心を理義に用い講習の餘諸友を会し協議討論」するための刊行目的と『講習餘誌』タイトルの由縁を述べている。

また、その末に「講習餘誌ノ発兌《はつだ》（発刊）ヲ祝ス」と『仙台新聞』編集長・立花良治（但木良次）が寄稿している。講習餘誌を讃美し、この雑誌の特徴を「人をして霊魂の汚穢《おわい》（よごれ）を洗しめ、人をして肉体の健康を保ち、此の誌をして社会に治からしめ、此旨をして人心に徹せしめば国をもって文明に赴き人をもって開化に進み、実にその意に適《かな》はんとす」と述べている。この雑誌の発行が、ハリストス正教の発想である霊魂の汚穢を洗い、肉体の健康から社会、国家、文明の開化まで及ぶのだといういささか大げさに思えるが、当事者たちには、正教の伝教を兼ねていたので、いたってまじめで画期的なことであることを示している。

閉刊する第17号の前の第15号の末尾・社告に閉刊を暗示する「本社やむに得ざるの事故ありて、休刊を重ねてしまったが、これからは毎期に必ず刊行する」と謝罪している。その内実は定かではないが、今でいう不倫で拘禁された社長が自死したことであろうが、明治10年の末で、結社設立が日程に迫っており、定期的な発行が難しくなっていたのかもしれない。そして、結社設立による自由民権運動の拡大とハリストス正教の布教の裏表の関係を維持することが困難になってきたことが窺がえる。これは現実的にハリストス正教の教えが、自由民権の基本的な精神を育み、正教信徒のみならず浸透していった証であり、『講習餘誌』の限界を示し、使命を終え、次の政社による段階に移行することを意味する。

『講習餘誌』の思想的啓蒙

『講習餘誌』の内容を見ていくと、ハリストス正教の教えを一般にもわかり易く、「近代的な日常生活」、「自由と民権」、「教法」について分けて説明している。それらに関する主なものを列挙する。

「近代的な日常生活」・・・・・「人間生活ノ目的」（佐藤秀六1号・3号・4号）、「謙遜ノ説」（笹川定吉2号）、「日曜日ノ身持」（佐藤秀六5号・6号・7号）、「偶成」（眞山温治5号）、「教育ト魂ノ良能ノ解発相応スル事ノ譯」（8号・10号）、「自殺ノ非」（10号・11号）、「音楽興スヘシ」（14号）、「婚姻ハ忽ニスベカラサル事」（千葉文爾15号）、「音曲ノ不正ハ人民ノ品行ヲ乱ル」（15号・16号・17号）

「自由と民権」・・・・・「自由ノ話（1）～（5）」（小野庄五郎1号・2号・3号・6号・9号）、「演説會設へキノ論」（菊田半次7号）「自主ノ説」（12号・13号）、「独立ノ話」（田手喜右衛門12号）、「富国策」（荒木三徳13号・14号）、「政府の鴻思ニ報スルハ民権ヲ拡張スルニアリ」（14号）、「西南平定ノ祝辞」（佐藤秀六15号）、「人性ノ権」（佐藤秀六16号・17号）

「教法」・・・・「教法論上」（大島丈輔2号）、「罪ヲ知ルハ修身ノ始ト云事」（田手喜右衛門4号）、「艱難ハ人ノ利益」（佐藤秀六13号）、「名分ハ卑屈ノ原」（17号）

以上の中で、ハリストス正教と自由民権のつながりが色濃いと思われる二つ「人間生活ノ目的」（佐藤秀六1号・3号・4号）と「自由ノ話（1）～（5）」（小野庄五郎1号・2号・3号・6号・9号）から、正教と自由民権の関係を現代表記で見ていきたい。

第1号の「人間生活ノ目的」には、「万物各一定則又具《そなえ》て生活の目的となす。どうして、独りの人の生活目的から万人同一なる不易の目的になるのか」の問いを前提とし、論が展開する。「生活の目的とは、人は、万物の中で、生涯最も『吉福』であることを認識、保持することであるが、・・・己の快楽を求めることによって他の僕《しもべ》となることがある」、「人間万事に煩《わずら》いが多いが、・・・生涯を通じて我が真の生命の「吉福」を得るために心身を労することになるので、物事をさとる知恵を持つ必要がある」。ここまで「全国の民皆己《おのれ》を世と肉との僕《しもべ》となして自ら世と肉との主とならざればなり」というキリスト教の倫理をもって展開している。「吉福」を求めることを主とすることが、世俗と肉身（体）の僕《しもべ》役から免れることをいっている。

ここでいう「吉福」とは、人が生まれながらにもっている権限のことを指し、積極的に求め得ないとその権限を手に入れることができない。手に入れることが出来ない場合は奴隷役に陥ってしまう。今でいう人間の幸福を追求する権利、「幸福追求権」のことで、日本国憲法第13条でそれを確認できる。自由権の一つで社会保障の権利の根拠として主張されるもので、当時としては画期的で進歩的な内容であったことはまちがいない。

その「吉福」を求め、得るためには前述した「物事をさとる知恵」を具体的に述べている。「智に役立つ技巧は『福権』を得やすくするが、技巧を誇大にすると実害が多い」、「刑政は人の『福権』を保守するが、あるいは人の自由を圧する」、「国体を慎重にするは、人心の趣向を考え『福権』を安定させるが、意見が偏って新たな善に進まない」、「兵制を盛んにするは『福権』の妨害となり、残酷な具となる」、「尊王を唱えるのは、『福権』の外に在り、権に乗じて人民を奴隷に使役する」。「自主の体面を備えておくが、もしもその自主が制圧を受けた場合は奴隷たるを免れない」と、このような知恵の功罪を説きながら、生活を営む目的を「心性《しんせい》（うまれつき）の真の『福権』、真の快楽が抜け落ちない」ことに心力を注ぐことが万事に及ぶのだと結論づけている。

第3号に「人間生活ノ目的続篇」とあり、「人間生活ノ目的」連載の「2」にあたる。「人は万物中、最も『吉福』なる心性の位権を保持して僕役とならないことが生活の目的なり」と前号をまとめながら、「肉身と罪悪との僕たるや否や」という、ちょっとわかりづらいが日常生活を指す肉身生活における罪悪が僕《しもべ》（奴隷）役の状態にあることなのかどうかを論ずると述べている。

人間の心身の生活は、「禀《う》けて」（天命を受けて）、生まれながらにしてもっている「生活の権」であって誰もが奪うことができないものだとし、「神魂ノ生活」と「肉身ノ生活」の二様に現れているようだが、「神魂ノ生活」に帰一すれば真の生活を保つことができるとしている。「肉身ノ生活」の中で、情欲による神魂のはざまに起きる放逸《ほういつ》（わがまま）を貪《むさぼ》る疲弊に陥り、肉身を滅ぼすことになり、神魂によって情欲を節制することから、情欲を滅すことになる。神魂は、己の安逸を考える肉身の情を「主治」（主となって治療にあたる）し、真の善・美を尽くす。また、神魂が、肉身と相反するようであるが、もしも肉身を主たるもの（主治）にしなければ、肉身は死人と同じであるとし、神魂の生活の快美を求めるためにも神魂は肉身の束縛を辞さない。さらに、神魂を犯して肉身の僕となったならば、神魂の不平が永くまとわりつき、それは自ら相憐れむことはないと断定する。

第4号には「人間生活ノ目的続篇前号ノツヅキ」と「人間生活ノ目的」連載の「3」にあたり、連載の最終となる。前号の続きのとおり「肉身に属する生活」と「神魂に属した生活」を対比して、肉身の生活を制御した神魂の生活を求めることが当然であり、「肉身と罪悪との僕から免れて人の真位に立つ（万物の霊長たる真性に達する）」と述べる。さらに、「肉身の罪悪と奴隷を免れる事を図らないで、ただ奴隷となっていることの力を誇っていることは獣の行いを誇っているものだ」と手厳しい。そして、肉身と罪悪の僕は、たとえ身が富貴であっても最も下位の僕であるとしている。

大抵、生活の道とは、糧食を得て、金貨を積むことをするが、生活の本は、神魂にして、衣服飲食を私すべきではない。肉身と神魂の二つの生活が挙げられるが、一つ肉身の生活を求める時は、求める所の一つを得るが、もう一つの神魂を失う。得る者は、避けるものを得ず、失う者は追うことはできない。このことは古来より言われていることであり、憂いえるこの世で、得ること失うことの時に、人は、実福の権利を独り持ち得るべきである。「なんじの権利をもって己の主治とならんことを」。

以上より、「人間生活の目的」は、禀賦《ひんぷ》（生まれながらにしてもつ・天賦と同意語）の権利である、「福権」による真の「快意」の安定する神魂の生活である。そのことは、肉身の罪悪の奴隷となっている僕からの自由によって成り立っているとキリスト教的倫理観で説いている。

次に「自由ノ話」の「（1）〜（5）」までの連載についても、現代表記しながら見ていきたい。

「自由ノ話（1）」は第1号に掲載されている。「人間の自由とは何か」という問いに、当時のベストセラーである中村正直訳『自由の理』（J．S．ミル『On Liberty』）を参考にしながら自分の論を説くとしている。自由の反対は束縛であるが、自由の理を知るとすれば、「人性（人間が生来もっている性質）の自由」を明らかにしなければならないとし、「人性の自由は稟賦《ひんぷ》（天からうけた性質）にして、いかなる国だろうが、人として自由を備える」としている。

その自由は、「性善の説」、「性悪の説」、「善悪混合の説」に現れるが、人心も善悪の光闇のようなものだ。光去れば、闇来る、闇去れば、光来るように、善を思わなければ、悪を思い、悪を思わなければ、善を思う。人の職分《しょくぶん》（それぞれの立場で尽くす努め、本分）が善であるならば、悪をなす時は自由を失うことである。悪は、習慣から生ずるものだろうか。イギリスのロバート・オーエンが「悪は習慣による説」をもって育児院を建て、その説を証明しようとしたが、院に入る児と院外の児との比較で、院内の児に悪心及び感情面の悪念が生じないことがわかった。

悪は習慣によって生ずることではないことが明確であるが、自由によって生ずることのようだ。何か、禅問答のようであるが、このように人性において自由は数々の疑惑を生み出すようだとして、このことは次号で語ると終わっている。

「自由ノ話（2）」は第2号に掲載され、前号の終わりに語った自由の数々の疑惑の一つである「動物は性皆《うまれつき》自由であるか」の問いから始まる。

「自由は、唯《ただ》、人独《ひと》り有する」。禽獣昆虫は自由を与えられていない。なぜなら禽獣昆虫は欲するところに随《したが》い、労せずして楽しみを尽くしやすいからであると説き、「人は、万物の長たるゆえに、万物の長であるから自由を有する」。人は、禽獣昆虫と違い、困苦し、難じとするところを勉め、労して苦しむことに、「天の寵福《ちょうふく》（めぐみと福）」が万物に洽《ひろ》い（ゆきわたる）つくして、万物の長である人間に自由を及ぼした。

善悪の自由の性（生まれつきの質）は、天賦した自由をもっているからこそが、万物の長であるゆえんである。その自由の善は、職分《しょくぶん》（本分）であり、悪は、性を傷つけるものだ。

そして、自由の中での善悪のこと、禽獣との違いをさらにわかりやすく述べている。

「自由は道により存じ、善悪は道によりて分かる」、「道は唯一なり、之を踏めば善となり、踏まざれば悪となる。踏むと否とは人の自由にあり、善なるべく、悪なるべき性をもっているが、善を選ぶことできるのが人のみであり、万物の長たるゆえんである」。

「禽獣は古の禽獣異ならず（同じ）」というように禽獣はずうっと変わらないが、人は、いつも同じではなく、変わっていく。人は、原因を探り、未知なるものを知り、古人の知らないことを知る。さらに後世の新奇を発覚し、知ることができる。これらの行いは、天の寵福である自由をもとにしている。

「自由ノ話（3）」は、前号の「人は本性の自由により、内外自由であり、万物の長たるゆえん」であることに対して、自由の本性は、稟賦に基づくものであり、思索、行動等でその自由を尽くさなければ、稟賦たる意味を失い、万物の長たる地位を失うのだと補足している。

そこで「人は自由を尽くさなければその罪は大きい」のだと反問し、人は、自由があって、天命に順《したが》うことによって天の愛子《まなこ》となり、人は自由をもって万物を制するゆえに万物の長たると自由を尽くすことを強調する。それでも足りないとして、強調したことの反対のことを次に述べ、逆に強調点を力説する。自由があっても天命に順わざれば愛子にあらず、父の命を遵奉《じゅんぽう》（法律、命令、教えなどを尊重してこれに従うこと）する者は孝子というが、犯違《はんたが》い（法、掟、戒律を破ること）する者は不孝大罪であり、万物を制することができないことから万物の長ではない。

したがって、「人は罪深く、自由を全うすることは聖人でも難しい」ことなので、凡庸の人々は人間の貴重な分を忘れず、勉めて怠らないことだと力説する。しかし、勉めるが罪を犯してしまうのが人間である。暴荒淫をする者だけが罪深いのではなく、温柔端座《おんじゅうたんざ》（何事もせず座ること）している者でも自暴の罪、自棄の罪、怠惰の罪などを犯しているのだから、そのことを自覚し、勉めることが大事であることを再度力説し、万物の長たることのみを強く要望するのであった。

このように自由があって、天命に従うということが強調されるが、次のテーマである「政府が自由を束縛したならば、人々は自由にどのように向き合っていくべきか」に論が転ずる。

政府が自由を束縛することは、天賦を奪うのか、それとも禁圧・法によって悪を除き、良民の自由を保護することの両面性を持っている。しかし、天賦の自由を束縛することは、「水を高きに遣《や》る」ようなもので、束縛することはかなわないのであるとし、人の自由は、稟賦であり、善美を慕う心、知を好み、悪を恥とするところにあると位置づけしている。そして、「我の身体を殺すといえども、我の自由を束縛することはできない。圧政のために自由を尽くすことができない者は自主の民でない」と喩《たと》えを使って束縛にあっても、自由を尽くすことを断定している。その根拠を「暴虐の者は、必ず言うことを禁ずれば、次に目を禁ずるが、心に思う心を禁ずることができない」として、政府の抑圧は、外面には及ぼしているようだが、内には及ぼすことはできないのだと語る。

したがって、政府は、命を受けて民を保ずることが天命であり、万民の上に位置し、万民に命ずる者は皆天命であるとし、「自由があって、その天命に順ずることによって天の愛子」となるのだという最初の段に戻ることになる。いささか、心許ない性善説的見方であるが、束縛にあっても一貫して人が自由を勉めることを基本としていることから、全く論理的な矛盾はない。

「自由ノ話（4）」は、「人の自由を圧政束縛するのは暴虐な者だけなのか、他にはないのだろうか」という問いから展開する。その回答は「自由を妨害し束縛するのは、我にあり」。それは、我の悪にある。悪は、驕傲《きょうほう》（驕慢）・貪吝《どんりん》（むさぼる）・邪淫《じゃいん》（みだら）・嫉妬・饕餮《とうてつ》（むさぼり食らう）・忿怒《ふんぬ》（怒り）・怠惰《たいだ》（怠け）である。このような諸悪は、自分の知るところのみの理で判断するが、知らないところでは非理で人のおもねりと友の戒めを嫌って自らが傲慢になり、ついに冥頑不霊《めいがんふれい》（かたくなで道理に暗く、賢くない）になってしまい、自由を妨害し束縛する。ここには第5章で触れた『東教宗鑑（巻下）』の「罪宗土端」のキリスト教教義と倫理が反映されている。

そして、キリスト教の倫理観の植物の喩《たと》えを加える。「植物の生気を斧や鋸で奪おうとも生気は益々盛んになり、萌芽を発生する。樹心の病や根の虫が発生した時に植物は枯れる」から、人間も圧政、拘束、艱難、窘逐《くんちく》（迫害）の中にあっても、生を捨てず、身を殺して、己を曲げず、真理を全うして屈せざる者は、斧や鋸を加えられても生気がなお盛んにして萌芽を発生して、暢茂《ちょうも》（草木が繁茂する）する。身が死すとも天賦の自由を失うことはない。そして、人間の諸悪は、樹心の病、樹根の虫であり、その生気を害する。

したがって、植物の生気を殺すものは、植物の心根にあり、人の自由を束縛して、暢達《ちょうたつ》（のびのび育つ）できないものも人の衷心《ちゅうしん》（まごころ）にあるのだから、人間の職分（本分・役目）たる自由を全うするならば、自ら反して、我が心の諸悪を去って、平安で和やかな道を担うべきだと指針を示している。

「自由ノ話（5）」は、「自由ノ話（4）」でのまとめの指針であった「自由を全うするとはどういうことか」という問いから始まる。その回答は、「大道を誤らないで、勉力、忍耐、智恵を用いる者」であると断定するが、そのことをキリスト教倫理観の喩《たと》え「人の一生を旅行のごとし」で補足説明する。大道を進み、退かない者が、幾重の山河を隔てていても欲するところに達することができることが「旅行を全うする」ことである。真理に遵《したが》い、大道を誤らず、勉めて怠らない者は圧政、拘束の中にあっても、必ずその志の所に達するように必ず自由を全うすることができる。さらに自由を全うすることは、天賦を全うして、万物の長たるにそむかず、艱難を冒《おか》して（向う見ずに進む）、真理を曲げず、本性の善美を欠くことがないことであると再度自由を全うすることを強調し、艱難の何者かを知らないで終身平安にいる者を卑屈で、わずかな一生を全うするのみで自由とはいわないと手厳しい。

「人間生活ノ目的」と「自由ノ話」に共通することは、人類根本の問題である、唯神のみ之を解決することができるとか、世界は如何にして造られたのか、それは造物主のみこたえることができる、そして原始の人は如何にして地上にあらわれたのか、さらに人間の目的は何か、それは人間の運命を定めた者がこたえることができるのであるというハリストス正教のキリスト教の倫理観が一貫しており、近代化の中で見落としがちな人権、特に今でいう基本的人権を成り立たせる自由をキリスト教倫理観である「天賦」（本文では「稟賦」を使用・天が与えた生まれつきの権利）であると定義づけした。このことは、近代資本主義まっしぐらな政府及びその対応に迷っている庶民に対して、本来の人間生活の目的を示した。

それの実現には自由がなければ、人間が生まれながらにしての本性である人間らしい生き方ができないことを啓蒙した。さらに、「すべての人間には自由で永遠の魂がある」、「不平等は人間の尊厳に対する冒とくである」というキリスト教の教えを発展・展開させている。ハリストス正教が初めから自由民権運動を意識していたわけではなさそうだ。純粋にハリストス正教を布教し、人間本来の幸福とともに国の安寧を実現する理想を成し遂げようとした。この動きに、自由民権運動が追い付いて来たに過ぎない。

正教内で、自由民権運動に邁進する小野庄五郎等『講習餘誌』執筆陣と、伝道を本分とする酒井篤禮等に布教伝道に関する考え方の違いが発生したのではないかと推測する。その証拠は発見できないでいるが、武士出身者と武士以外の出身者に対する当時の社会差別が背景にあり、明治5年前後の迫害時に対する官側の対応にその区別が見られる。正教内部ではそのような差別は存在しないと思っているが、酒井に対する前述した誤解、酒井が教義や戒律にのめり込み断食業をたびたび行ったことはその差別に対する払拭ではなかったろうかとこれも推測の域ではあるが。

確かなことは、小野庄五郎等が自由民権運動の中核を担っていく間にも、酒井等は布教・伝道を行っていたことであり、アプローチの違いはあっても、お互いが正教布教・伝道に邁進して、理想を実現しようとしていたことである。

政社としての啓蒙

本格的な自由民権運動の動きの前におきた『講習餘誌』に見られるようなハリストス正教会が担った思想的な啓蒙活動が、具体的に自由民権運動の中でどのように実現していったのかを見ていきたい。

明治11年（1878）10月、鶴鳴社《かくめいしゃ》が結成される。ハリストス正教徒と師範学校教員の演説会等が実を結び、民権家たちが仙台に最初につくった組織であった。社長は、箕浦勝人（慶応義塾出身、民権家として名高い師範学校長）とし、立花良治（但木良次・仙台新聞社編集長、ハリストス正教伝教者）、高瀬真之介（仙台新聞社局長）等の有志によって設立された。

その設立趣意書が『仙台新聞』の後継『仙台日日新聞』（第４４９号・明治11年10月29日）に掲載されている。その概要は、「社会の利を計画し、各自の論を交流、結集することが大趣旨である。討論・演説・談話・輪読を時宜に応じて行い、人心を集め、協議して、事業に発展させる」。会員数は明確ではないが、当時の地方の知識人が大部分で、師範学校・中学校・小学校の教員が多くを占めていたようだ。具体的な活動としては、設立趣旨にあるように、演説・討論会が定期的に開催された。その進め方は、原案提案に対して、賛成・反対の論をたたかわすという今でいうパネルデスカッション的なものであった。鶴鳴社の演説・討論会は主に仙台が中心であったが、地方への啓蒙・伸張を図るために、出張で対応し、自由民権運動が発展していく過程で地方にも結社が設立されていく。

明治10年ごろに自由民権運動が宮城県に入ってきた時には、その受け皿を、ハリストス正教が担ったが、その１年後の結社設立時には、受け皿の形態を引き継ぎながらも、キリスト教色が薄められていった。そのことは、鶴鳴社設立後の明治11年12月、鶴鳴社に所属しながらも学業研究を目的に小学校教員が結成した喈々社《かいかいしゃ》（気心がそろってやわらぐ）・時習社、政治・法律に関する自由演説会と称した会を主宰した精法社等が仙台で設立されてからは、自由民権の熱が民衆の中に高揚していったためであったと思われる。

明治12年11月、全国的結社の愛国社が、大阪において第３回大会を開催し、国会開設を決議し、明治

13年春に各地からの国会開設署名を持ち寄り、大阪に結集することになった。宮城県では、鶴鳴社が明治12年12月21日に愛国社に同盟するかどうかの会議を開き、25日に大会を開くことになった。同盟参加が36名、同盟参加せずに独立が13名、同盟するしないいずれも決しないが6名の結果であった。

翌13年2月、鶴鳴社は、愛国社に加盟し、国会開設を政府に要求する若生精一郎、高瀬真之介、田代進四郎らの本立社《ほんりつしゃ》、宮城県独自で運動を展開し、国会開設の素養を養成する方法を採る水科正左衛門、立花（但木）良次、西大条規《にしおおえだただし》、関震六らの進取社《しんしゅしゃ》と二分された。

本立社は、明治13年3月、大阪で開催される愛国社第4回大会（国会期成同盟と改称）に代表者を派遣した。その代表は、本立社108人、分社48人の総代として国会開設請願書に署名した。本立社の会員内訳は、仙台の他に志田、宮城、名取、磐井、西磐井の各郡の士族、平民であった。このことから、それまで鶴鳴社の少人数で仙台を中心とした活動から、宮城県全域に広範な人々が参加するようになってきたことが分かる。国会開設請願は4月に行われたが、政府はこれを却下した。全国的な運動を警戒した政府は逆に集会条例で規制した。これによって、一時運動は下火になるが、明治13年11月、東京で開かれた第2回国会期成同盟大会には、2府22県、13万人の署名が集められた。この大会に宮城県の1330名、山形県76名の総代として若生精一郎が派遣された。第1回の大会に較べると規模の違いに隔世の感がする。それだけ運動の勢いが押し寄せてきていたことを示している。

一方、宮城県独自の運動を展開するとした進取社は、明治13年4月に大会が開かれ、役員は不明であるが、大会以前の案であった水科正左衛門が社長、立花（但木）良次、笹川定吉が幹事、大立目謙吾、菅野巌が事務員、今野和内、佐藤源太郎の司計（会計）らが選出され、規則ができあがった。進取社は、士族が多数いた関係から、県から官有地を借り受け士族授産事業も行っていた。

進取社も集会条例による弾圧によって運動も下火に思えてきたが、「政治集会」がだめならば「学術演説会」という苦肉の策で、実質、政治演説会であったが、直接政府批判を避け、この困難を乗り切った。その甲斐あって、明治13年から14年にかけて郡部に７分社（桃生郡赤井・寺崎・志津川・登米郡佐沼・吉田・黒川郡吉岡・加美郡中新田）、東京に１分社が組織されている。各分社は、本社（仙台）の規則にならい、自主的な活動を行っている。全社員数は明治15年ごろ１５００人といわれている。また、郡部の分社は、ハリストス正教の布教地であり、後にハリストス正教伝教者である大立目謙吾、立花（但木）良次らが郡長として赴任しているところであることは、ハリストス正教との深い関係を示す、大変興味深いところである。

「仙台の自由民権運動‐その活動と思想」（『仙台市博物館年報　No.２』）によると、進取社の佐藤時彦（外記丁小学校校長）が「自由の説」と題した演説会で「自由権」について述べている。意訳抜粋すると「自由は天賦固有の性（中略）何人も所持するものが自由の権利」とする天賦人権論を展開している。さらに、「自由の権利は束縛圧政を好まない性質」を持つから、「圧政を受けた場合には、自由の権利を伸ばし、この圧政を取り除かなければならない」としている。

これらの「自由の権利」についての考え方は、前述した『講習餘誌』に掲載されていた小野庄五郎の「自由ノ話（１）～（５）」、佐藤秀六の「人間生活ノ目的」（３編）と天賦人権論をもとにした全く同じ内容であることがわかるが、若干の違いがある。圧政に対して、『講習餘誌』のハリストス正教信徒は、抵抗せずに自由を勉めて行うことが自由を全うすることができると強調するが、進取社の佐藤は、今でいう抵抗権を主張する。自由民権運動の時勢の勢いから、現状の専制政治を打破し、立憲政体を実現する実践的な基本原理として浸透していったことになる。進取社の社員には、ハリストス正教の信徒が多く含まれていることから、正教のキリスト教的考え方が組織に大きな思想的な影響を与えていたと同時に、正教自身も自由民権運動としての政社から現実的な方法論の関与を受けたことがあったと推測できる。

明治13年、国会期成同盟第2回大会では、14年次全国大会時に、各地の組織が憲法見込案を持参するように決定した。東北の民権家たちは明治14年8月に東北七州自由党大会を開催し、憲法見込み案を審議予定であったが、東北各地からの有志の集まりが少なく、審議はなされなかった。また、進取社でも明治14年に開かれた大会で憲法編集員会が決せられたが、その審議も不明である。

明治14年10月12日、10年後を期して国会を開設するという詔勅が発せられた。同月に板垣退助を総理とする自由党、15年3月に大隈重信を総理とする立憲改進党が結成された。このような動きに対して、鶴鳴・本立・進取等の各社が一致結束して、同年5月に「東北改進党」を結成した。しかし、そこのメンバーには自由党を支持する人たちも含まれており、結成時から名前が「宮城自由党」、「東北立憲党」と変遷し、最終的にこの「東北改進党」になった。この名前が示すように東北の団結・独立を目標にしていたと思われるが、当局から認可されず、結果活動できずに解散した。それは、結成した約1カ月後の同年6月に民衆の政治活動を一切禁ずる「集会条例」の改正が行われたことが背景となっていると思われる。今までの抜け道であった学術演説会にも警察の臨検があり、違反すれば罰金・禁獄処罰が課せられた。

さらに、条例改正の一環として同年11月に福島事件が起こり、河野広中以下福島自由党員が大量検挙され、東北及び宮城・仙台の民権運動は、打撃を受け衰退した。その衰退から盛り上がりを見せるのは、明治20年から始まる大同団結運動を待たなければならなかった。

佐沼正教会顕栄会による商社・「広通社」

ここまで明治10年から明治14年までの自由民権運動とハリストス正教の関係について自由の権利という思想面と、政社の設立過程を概観してきたが、仙台中心から郡部への民権運動の展開とハリストス正教の関係が抜け落ちていることにお気付きのことと思うが、両者の関係を示す資料が少ない。自由民権運動という熱気に溢れた動きの記録が町史等にも見当たらないのが残念で仕方ない。政府からの弾圧が厳しく、廃棄し、伝承することもためらったのだろうか。弾圧等にあったハリストス正教の資料も少ないのであるが、かろうじて手紙・日記が見つかり、また、伝承によって今に伝わっている。現在、関係者の取材中に、今は不明であるが酒井禮礼の日記があったはずだとか、鹿児島正教会初代の高屋仲の手紙等が発見されたとかの情報はあったものの、新型コロナ感染症禍でこれらを確かめようがない。もしもこれらが発見・閲覧できたならば、正教の伝道経路・教義等がより鮮明に分るはずだと思っている。

そのような資料の不足の中で、宮城県佐沼（現登米市）ハリストス正教会顕栄会とその正教顕栄会員が主力とする、自由民運動の「公愛会」（進取社の佐沼分社）活動及び、殖産興業の商社「広通社」記録から、郡部における自由民権運動とハリストス正教の盛衰を見ていきたい。

このことを『日本正教傳道誌』、『半田《はんだ》卯内《うない》翁小伝《おうしょうでん》』、『半田卯内文書』、「ギリシア正教の受容と地域の結社‐佐沼顕栄会と広通社について（佐藤憲一）」（『近世日本の民衆文化と政治』渡辺信夫編）、「新宗教の受容と教会の形成‐陸前北部におけるハリストス正教会について（波多野和夫）」（『陸前北部の民俗』・和歌森太郎編）の資料及び研究成果を参考にしながら見ていく。

佐沼ハリストス正教会顕栄会は、日本正教会ホームページによると、明治7年（1874）に高清水（現宮城県栗原市高清水）の針生大八郎が上京し、ニコライ師より受洗したことからはじまり、酒井篤禮によって洗礼を受ける者が増えていき、教役者《きょうえきしゃ》（正教運営に携わる人）のために水田を購入し、経済活動なども盛んに行ったとある。第5章酒井篤禮の項で、宮城県北地方の伝教について詳しく触れなかったところであるが、酒井の郷里で布教・伝道した現在の宮城県北部の栗原市は、旧仙台藩領であった現在の岩手県奥州市・一関市が南部藩と接触するところを背後から抑え込む経済的、軍事的に重要な地であった。酒井が布教の後、針生大八郎（高清水）、小野荘（庄）五郎（仙台）、樋渡正太郎（仙台）、影田孫一郎（仙台）、江刺家某（一関）、津田徳之進（仙台）と元仙台藩士たちの担当者が変わっていった。これは、明治11年、地方布教会議でこの現栗原市の県北地方における諸教会の振興について協議がなされ、担当者を投入していった証であろうと考えられる。

ホームページでは針生大八郎の現在の登米市佐沼への布教が教会設立の端緒となっているが、その経緯を見ていきたい。後に佐沼正教会の中核となる西條佐助、佐々木泰蔵と酒井篤禮との出会いについては、第5章で篤禮の布教と伝道で触れたが、酒井が言うように「肉体ばかり考慮しては、生涯安心は得られない。己の霊魂を考慮すれば安心を得ることができる」と安心立命を唱えるハリストス教の教えと、後に佐沼に伝教する針生大八郎が「善美」、「切要」（きわめて重要）な宗教と捉えたことに通底する。そして、西條、佐々木の2人は酒井の釈放を待って佐沼へ同道を願った。このことと併行した針生の布教が、佐沼教会のはじまりではなかったのではないだろうか。

そして、明治8年8月18日、津田徳之進（パウエル・仙台正教会）が祈祷を司り、信徒と共に公祈祷を献げ、主イイスス・ハリストスを讃揚した。この主顕栄の祭日を由来に、これ以後佐沼正教会は顕栄会と名付け組織した。さらに、明治10年、佐沼正教会は、信者に向けた「檄文」の中で、教会の目的をハリストス正教の布教である「福音弘布《こうふ》（ひろくつげること）」、ハリストス正教を文明化の手段とする「自国文明の振興」を掲げている。

佐沼正教会にとって、前述した仙台ハリストス正教会が主宰した『講習餘誌』の天賦人権思想が、文明を振興するための思想であり、その思想を具体化する自由民権運動へ接触・発展することは、必然であったと思われる。そして、佐沼正教会がロシア本国から経済的自立を目指すための商社「広通社」を設立することによって、ハリストス正教を布教する地盤を確保することができると確信した。近代貿易港・野蒜《のびる》（現東松島市にある松島海岸の東名と鳴瀬川河口の野蒜を結ぶ運河・明治11年開削後明治17年台風のために崩壊）開港の将来性を見込んだ先見性の表れが広通社であったが、1年足らずで倒産した。それは、広通社の株主、ハリストス正教、宮城県の独自の自由民権運動にとって大変な痛手であった。

佐沼正教会の入信者は、商人、士族層（帰農士族を含む）、医師、地主層で、このうち商人が多くを占めていた。入信の人的経路は、酒井篤禮のところで前述したように交友関係、家族的つながりが大きい。戸主が入信するとそれについで家族ぐるみで信者となる。酒井篤禮の戸籍上の実家である川股薬局では、主人が信仰すれば従業員も信仰するという徒弟的な関係で職業の倫理に宗教の倫理が活かされていた。信仰していた従業員が独立した場合には、その信仰を顧みることはなかったようだ。そこの従業員の時だけでの信仰ということになる。このようなことは、中新田の鍛冶職人における徒弟制、佐沼の商人の徒弟制でもみられたのではないかと推測できる。これは、第1章でとりあげた隠れキリシタンの精錬集団の互助組織に近い組織に思えてくる。

次に、前述した参考資料の他に『迫町史資料』も加えて、【佐沼正教会受洗者と正教会・広通社の推移】と【佐沼正教会・広通社の主なメンバーの佐沼正教会・広通社等の関係】について触れたい。両方のメンバーが親族・縁戚・徒弟関係にあるかは判明できないが、正教会の洗礼を受ける契機は、地方においては、酒井篤禮の伝教から見られるように、教理よりも伝教者の滲み出る人品から伝教者の知人・縁戚・徒弟の循環関係で波及していったと考えれば、佐沼正教会も同じようにハリストス正教の受容があったと思われる。

【佐沼正教会受洗者と正教会・広通社の推移】

明治7年	1名	西條（賀茂川）佐助、佐々木泰蔵、酒井篤禮よりハリストス正教の啓蒙を受ける。
明治8年	53名	10月24日　佐沼正教会役員の選任
明治9年	100名	佐沼正教会から信徒への「檄文」
明治10年	93名	1月3日　天長節の祈祷を行う。
明治11年	30名	11月7日　広通社認可のため佐沼邑主・亘理隆胤（第七十七国立銀行創立者）を訪問（当該銀行からの資金借入の目的か）
		野蒜築港開削

明治12年	16名	仮会堂を新築 4月「広通社」結成願書（西條佐助・半田卯内等）を県に提出　6月認可 株主募集、本社・佐沼、出張所（一関山目・石巻・仙台・福島県相馬小高）の設置
明治13年	25名	5月　横山製糸場操業（宮城県初本格的な器械製糸工場） 5月　広通社、米相場の失敗で倒産 8月「横山製糸会社」に改称して開業
明治14年	32名	
明治15年	8名	野蒜築港本格化
明治16年	7名	
明治17年	14名	野蒜築港の突堤、9月15日の台風で崩壊

以上の経緯からわかるように、明治10年には、２００名以上の受洗者がいた。明治4年に仙台にハリストス正教が入ってくる前から、酒井篤禮による伝教活動があり、栗原・登米郡に正教受け入れの下地ができており、正教の勢いを感じる。広通社倒産の明治13年は、『大日本正教会公会議事録』によると、全国的に信徒が５０４４人、受洗者８２５人とその後の明治19年に1万2千人を超えるハリストス正教会の隆盛の端緒を見ることができる。

明治11年からの広通社開業前に、第七十七国立銀行の創業と国内最大港となる野蒜築港を見越し、石巻正教会とともに手を組み広通社の開業準備をしていたことは、前述したように先見の明があったことを示していた。広通社が倒産してもその起業の精神は、直接的に製糸業に、間接的に金融業等に多くが受け継がれていった。

【佐沼正教会・広通社の主なメンバーの佐沼正教会・広通社等の関係】

氏名	住所・属籍	洗礼名	受洗日	年齢	正教会役割	広通社等役割
西條佐助	横山村・平民	イサイヤ	明治8年11月7日	33	会堂管理	広通社商議掛
佐藤尚平	佐沼町・平民	ペートル	明治8年11月7日	30	会計係	広通社頭取（社長）
佐藤儀助	佐沼町・平民	アンドレイ	明治8年11月7日	29	書籍係	
遊佐雄治	佐沼町・平民	モイセイ	明治8年11月7日	44	庶務係	広通社副頭取
佐々木廉造	佐沼町・平民	イヤコウ	明治8年11月7日	22	会計係	佐沼進取社社長
半田又右衛門	佐沼町・平民	ダニエル	明治8年11月8日	28	会計係	
半田卯内	佐沼町・平民	パウエル	明治8年11月7日	25	素読・書籍係	広通社肝煎 佐沼進取社会員
白石三俊	佐沼町・士族	ステファン	明治8年11月9日	31	素読係	佐沼進取社会員
佐々木健造	佐沼町・平民	シメオン	明治8年11月8日	17	素読係	
佐藤清七	佐沼町・平民	アナトリイ				広通社支配人
鈴木文三郎	佐沼町・士族	ガウリイル				広通社肝煎

岩城繁治	佐沼町・平民	イリヤ				広通社員
千葉利右衛門	麻崎村・平民	フェオドル				広通社員
佐々木泰蔵	佐沼町・平民	パウエル				広通社員
鮱名武治	登米町・平民	ペートル				広通社員
佐々木文之助	佐沼町・平民	マルコ				広通社員
千葉龍二郎	宮野駅					広通社員
今野権兵衛	亘理隆胤家臣					広通社員

広通社のメンバーは、ハリストス正教の信徒であることがわかる。正教会のメンバーで受洗日が不明なものもあるが、明治8年11月7日から9日の受洗日は、佐沼教会の初期受洗者である。前述の【佐沼正教会受洗者と正教会・広通社の推移】で示したように、明治8年は53名が受洗している、その中の人たちである。

その信徒は、平民出身者が大半で、仙台正教会の士族出身者が多数を占めているのとは対照的である。佐沼正教会の役職の中で、「素読係」があるように、教義を士族の講読の手法を用いている。これは、士族の儒教的教養を身に着けていた平民たちがいたことを示すものであり、正教受容の基盤になり、布教伝道がなされていた証左である。佐沼正教会の目的は前述したように「安心立命」、「福音弘布」、ハリストス正教を文明化の手段とする「自国文明の振興」であるが、このことを実現するための具体策が商社「広通社」の設立であり、士族授産と関係の深い「進取社」による自由民権運動への活動である。

広通社は、明治12年6月5日、県の許可を得て、資本金8万円で設立された米・豆・生糸・海産物等を取り扱う商社で、士族・商人等のハリストス正教の信者が中心であった。設立から1年足らずの明治13年、米相場の大暴落で14万8千円の損害を受け倒産した。その損害は、株主・基本人（全財産を負債に当てる「無限責任」）と株主・平株主（株式金だけの損失を負債にあてる「有限責任」）が負担した。大方の株主は、田畑・山林等を担保に第七十七国立銀行から資金提供を受けていた。そのため、株主は、その抵当を失うことになり、佐沼町等を去るはめになった。

商社・広通社経営、布教活動を一体化した宗教活動は、広通社倒産を機に現実性を失い、教会関係者の中に亀裂を生じさせたことは間違いなく、その後の佐沼正教会の信徒数も衰退していった。

自由民権運動とハリストス正教のつながりについては、前述したように、ハリストス正教の『講習餘誌』に見られる、人が生まれながらにして有する人権・天賦人権思想から万人平等にいたる思想が、自由民権運動と結びついたと推測できる。

その結びつきは、明治11年（1878）に自由民権運動が仙台に入り、「鶴鳴社」の結成に結実する。しかし、都市と士族出身者層を中心とした少数での結びつきで、民権運動としての推進母体としては、組織基盤・活動能力は微弱であり、正教との関係よりも全国的なつながりを求める政社を目指すものであった。

ところが、明治13年（1880）、「進取社」が、ハリストス正教信徒・信者の樋渡正太郎、笹川定吉、立花（但木）良次らによって結成された。「進取社」は、国会開設を目的とし、さらに「御用政党」と揶揄される士族授産活動を方針にしていたことは前述したとおりであるが、正教の布教を前提にし、そして、郡部に分社を積極的に設置する組織運動を展開していた。

佐沼正教会とハリストス正教のつながり及び広通社については前述のとおりであるが、自由民権運動との接点はどのようにしてうまれたのであろうか。

今まで見てきたように、佐沼正教会は『講習餘誌』によって、キリスト教（ハリストス正教）と自由民権運動の新しい思想に感化された。さらに佐沼正教会は士族授産を目的とする「進取社」と接触したことによって、進取社の分社として佐沼進取社支部の「公愛会」を設立し、自由民権運動と殖産興業を活動目標にした。そのことは、「広通社」の仕事柄と関係を一致させるものであり、両者が接近する背景ができていたことになる。さらに「夜学」を主宰し、ハリストス正教の祈祷・説教のあとに自由民権運動を論じる思想啓蒙活動を同時に行っている。このような活動を担ったのは、半田卯内（先祖は豊臣秀吉に滅ぼされた葛西氏の家臣）などの商人層であった。

宮城県の自由民権運動は、全国的な運動である「士族民権」と「豪農民権」に運動の中核が移動していたのとは異なる「士族民権」運動が中心の独自の運動を展開し、全国、東北の福島などから遅れをとったといわれている。

しかし、実際は、「本立社」が全国的な民権運動を目指していたが、「進取社」に見られる「士族層」と「豪農層」が結び付き展開する全国的な自由民権運動と、「士族」、「豪農」、「中小地主」、「商人」を基盤とする明治初期のキリスト教（正教徒）信者が互いに影響しあいながらの自由民権運動が混在して展開していった。

そういう流れで広通社・佐沼正教会の中心的活動を展開する「商人層」の半田卯内は、自由民権運動に積極的に関係していったことになる。但し、その接点である広通社が倒産したことによって、推進母体を失った自由民権運動も衰退していくことになる。

2　但木良次の矜持

但木良次の郡長任官

但木（立花・橘）良次は、前述したようにハリストス正教の伝教と『仙台新聞』編集長を経て、黒川・加美郡長に就任していくのである。但木良次は、叔父である旧仙台藩宿老（他国の筆頭家老職）但木《ただき》土佐成行《とさなりゆき》が、東北戊辰戦争の首謀者として断罪され、明治2年5月18日、国事犯として処刑されたことから、但木家の旧姓橘（立花併用）を使用していた。但木姓は秘匿されたのである。

東北戊辰戦争国事犯が赦されたのは、大方が明治22年の大日本帝国憲法制定の寛典であるが、但木姓に復する許可は、明治19年の市町村制の制定による寛典でおりていた。しかし、但木家では、明治19年には姓を変えずに、明治22年になってから改姓した。それは、他の者が赦されないのに、自分たちだけが「但木」姓に復することを諾《だく》としなかったからである。

但木良次は、明治初期に立花と橘を併用しているが、ハリストス正教の伝教、『仙台新聞』編集員として、立花良治と「立花」の姓と、名前も「治」を使用している。

明治3年、新井奥邃の手紙を受けて、仙台藩士5人といっしょに函館に行き、ハリストス正教とロシア語の研修を積んでいたが、その後、一緒に行った者たちが洗礼を受けながらも、良次は洗礼を受けなかった。そうでありながらも良次は、ハリストス正教を伝教し、正教の啓蒙新聞『仙台新聞』の編集局長まで勤めていた。なぜ洗礼を受けなかったのか。また、郡長という官界に進出し、明治13年から明治22年の9年間、明治27年から明治37年の10年間、合計19年間、黒川郡長（加美郡長も兼務した時期もあり）を勤めた。なぜ官界に進出したのか。

但木良次が官界に入っていく過程を、当時の自治体制度の変遷を把握しながら、黒川・加美郡での彼の事蹟を『大和町史』及び『吉岡町史草稿』、『黒川郡誌』を参考にしながら見ていきたい。残念ながら、但木良次に関する資料は、良次の末裔が家の建て替え時、焼却したと言われているので、見つからない。『吉岡町史草稿』等での資料以外に、彼のハリストス正教や郡長としての思い等の私的な記録が、焼却を免れて埋もれているのか、散逸しているかよくわからない。

近代へと進むにつれて、藩から県への大きな変化はすでに始まっていたが、行政・財政の基礎となる郡制の変化は、住民の生活と直接的なつながりがあるために、慎重な配慮の必要から小さな進み具合であった。

そのようなことから、旧藩時代の役職である大肝煎《おおきもいり》・大肝煎手代・肝煎・組頭、町場での検断・判肝入《はんきもいり》（産物移出を管理）が引き継がれていた。

新政府は、明治4年4月、「戸籍法」を制定し、戸籍調査のために地方の区画を定め、戸長・副戸長を置くことを原則とした。従来の戸口調査であった宗門改である檀家制度から政府の神道国教化政策の神社の氏子制度となった。しかし、「戸籍法」は全国一律に施行しなくてもよかったので、地方によって異なっていた。東北では、明治3年末から明治4年3月ごろにつくられていた「郷村規則」が実施され、郡長‐村長（市長）‐百姓代（町人代）‐伍長という行政組織と戸長・副戸長の別建てで実施した。これは、「郷村規則」の基本方針である入札（投票）して行政役職を選ぶ「自治」の芽を存続させる主張を貫いていたことを示す。

明治5年4月、「郷村」制度の改定があり、戸長・副戸長との一本化が図られた。これによって、「大小区制」が定められた。宮城県では、19の大区が設けられ、２３０の小区に分けられた。

明治7年、大小区の数が多すぎ、事務効率を落とすということから、県内を大区10区、小区１０７区に統合した。明治9年に亘理・伊具・刈田三郡が宮城県を離れまた管下に入り、また磐井県から栗原・登米・玉造・本吉の各郡が加わったことによって、県下が5大区、68小区に統合された。

明治11年4月に地方官会議が開かれ、三新法（郡区町村編成法・府県会規則・地方税規則）を審議し、同年7月に公布された。これによって地方制度は全国画一的なものになった。

こうして、明治11年10月、宮城県は大小区制が廃止され、郡区町村制が施行された。この結果、県下は1区（仙台）16郡となった。黒川・加美郡連合郡は一つの行政区画となった。

その初代郡長は、郡書記の大立目克諧《おおだつめよしかな》であった。明治14年の区画改編と17年の戸長官選への改訂によって区画が改められた。それまでは経費の都合上で区分けしていたということであり、地方民に応えるような行政区画ではなかったことを示す。

明治21年、市制・町村制の施行は、最終的に旧村落の統合を確定することになった。この間、黒川郡長には高木惟矩（明治12年3月〜13年11月）、橘（但木）良次（明治13年11月〜22年11月）が就任している。

明治11年の三新法施行以前は、原則として郡・村吏員は選挙によって選出される「民選」となっていた。ところが三新法によって、この「民選」は大きく変化した。国の行政単位の郡となって、かつての「民選」区長が郡長となり、県令が郡長はじめ吏員の任命権をもつことになった。しかし、後の町村長である戸長はまだそのように「民選」はなっていない。後に「民選」の制度選挙が実現して、戸長の被選挙権は満21歳以上の、その町村に在住し、10円以上の納税者であり、選挙権は5円以上の納税者となっていた。県会議員の場合もこれと同じ納税者に限っていた。

三新法の制定によって、全国一律に府県会が発足した。同時に区会や町村会も開かれることになった。宮城県では明治12年4月に町村で行われる事業、町村の予算・賦課方法などの町村会の規則が制定された。この規則内容の議案は全て戸長（町村長）が作成することになっており、議員には発言権はなく、県令に請願する権限しかなかった。それは、同年初めて開かれた県会でも同じであった。さらに町村会は他の町村会と連絡は一切できなかったが、必要に応じて共通の議目を連合町村会で各町村会の議員公選者が議論できた。このようにして町村ごとに議会が開かれた。

明治13年ごろから自由民権運動が盛んになり、政府は弾圧を繰り出すと同時に国会開設を約束し、攻撃の矛先をかわそうとする。そして、地方行政の戸長が民権運動の温床になっていることから、明治17年5月、戸長を県令の任命制、すなわち郡長と同じ様に「官選」にすることにした。それは、地方の自治要求と政府の中央統制とが鋭く対立していくことであった。しかし、政府は、経済状況の大きな進展により地方行政の質も変化し、市町村の盛衰・利害と無関係な無知無産の小民（庶民）を放任できないとして、制限選挙法や資産家・地主議員を設けて地方経済の歩みに沿いながら、小民多数の患い・社会問題の芽をつんでいく手を打っていった。それを具体化したのが、明治21年、明治地方制度の確立となる市制・町村制であった。

これらを制定した政府の表向きの理由は、国の経済・民度状態から国の監督・指導権が必然的に強大なものになり、今までの「自主の権」(市町村自治体がその事務整理をするために法規をつくる権利)や「自治の権」(国の法律に遵《したが》い、名誉職が事務を処理すること)では到底真の「地方自治」とはいえないのであるから、「国家の利害」を優先するということであった。市町村は、委任の国政事務が課され、事務経費を予算化しなければならなかった。もしもこれに応じなければ、監督庁が強制的に予算を執行することができた。

前述したように、政府は、政府の中央統制のために、市町村を自由(地方自治)にしておくことは将来の患いになると考え、国の財政を図るための国税優先を進めていくことになる。

この市制・町村制により、今村(現宮城県黒川郡大和町吉岡)戸長吉田順吉は、新制の準備に関して、黒川・加美郡郡長但木良次から指令(畑谷辰之助『吉岡町誌』未完・『吉岡町史草稿』)を受けた。

主な内容は、町村合併に関する「町村制施行町村分合標準」、町村合併の際の「町村の財産処分・財産処分方法」、「従来公用財産(役場消防具等)所有権の新町村に移譲」などの規定と方法である。この具体的指示は、大方、全国的な課題として存在するものを整理するものであったが、黒川郡としての吉岡と高田両村の合併が背景となっていたようだ。両村の反対で合併は不成立になったが、郡長但木としては、新制を機に、合併し財政的な安定を図る意味があったのだろう。このことは、但木の先見の明を示し、後年、合併は実現する。

明治22年（1889）4月1日、今村を吉岡町と改称する。「今村」は「今の原」から転じたとおもわれ、「今」は「新」の意味合いが強かった。吉岡の地名は、伊達政宗から子息宗清に安堵された鶴巣《つるす》（現大和町）から水害を避けるために移転した今村「吉岡城宗清黒印（安堵状）」に初見される。交通の要害であるが、水害が度々起こる鶴巣城から北西の高台が吉土（岡）に見えたのだろうか。地名の由縁は明確ではないが、「今村」の外部向けと「吉岡」の内部向けと当時の人々は呼び方を使い分けしていたようだ。市制・町村制を機に「吉岡」と改称したことは当を得たものであった。

黒川郡内では、吉岡町（今村改称）、大衡村（従来の大衡・大瓜・奥田・大森・駒場の5カ村合併）、吉田村（従来の吉田·高田の2カ村合併）、宮床村（従来の宮床·小野2カ村合併）、落合村（従来の舞野・蒜袋・相川・檜和田・報恩寺・三カ内・松坂7カ村合併）、鶴巣村（従来の山田・小鶴沢・大田・鳥屋・北目大崎・大平・下草7カ村合併）、富谷村、大谷村、粕川村、大松沢村1町9カ村が誕生した。郡人口は2万6361人、戸数3448戸であった。

明治22年4月18・19日、郡長の告示により、吉岡町会議員選挙が行われ、同20日、歴史的な初回町会が開かれた。また、選挙の結果、町長には吉田潤吉、助役には小嶋省三が当選し、知事の認可を得た。

明治23年5月17日、府県制·郡制が公布された。施行の時期は、郡制が町村制施行後、府県制は郡制・市制施行後に内務大臣が決定することになった。同年、国会開設に伴って、衆議院選挙区六つの区が決められ、黒川・加美・志田・玉造・遠田の5郡は第3区に属した。同年11月、黒川・加美郡長但木良次が辞任し、牡鹿郡長竹内寿貞《たけうちじゅてい》（仙台藩士・正教からカトリック信者）が任命されている。

明治24年4月1日、府県制・郡制が実施された。宮城県知事に船越衛、5月に黒川・加美郡長竹内寿貞が岡山県警察本部長に転出し、宮城県属大童信太夫《おおわらわしんだゆう》（幕末外交を担い、高橋是清、富田鐵之助等を育成）が後任となった。

明治27年1月4日、第1回町会が開かれ、『國恩記』にあった町民救済資金として、旧藩庁に預けていた金千両の元金返済を請求する。これは千坂仲内等による千両を藩に貸し出し、毎年利息100両を受け取ることが明和9年（1772）から行われていたが文化11年（1814）で途絶え、但木良次の祖父で吉岡邑主《ゆうしゅ》（領主）弘行の250両、藩主慶邦《よしくに》の250両を基金にして、藩が5年をかけて千両に倍金し、幕末の弘化2年（1845）、明和9年の旧（毎年利息100両受取り）に復した。その元金の返済を求めるものであった。しかし、藩の廃絶によって、この制度も消滅したことになり元金千両を受け取ることは実現できなかった。

明治27年3月、黒川・加美郡長大童信太夫が宮城郡長に転出し、後任に宮城郡長大立目謙吾《おおだつめけんご》（ハリストス正教信者）が赴任したが、急遽退任し、但木良次が郡長に再登板した。

同年8月1日、日清戦争が始まり、郷土部隊仙台第2師団は9月29日に出征した。明治28年1月28日付けで、黒川郡長但木良次より吉岡町役場に「出征した軍人家族の内、家計貧窮して苦しむ者に対して、旧仙台藩主伯爵伊達宗基家令より救恤金《きゅうじゅつきん》（救い恵む寄付金）の申し出があったので、県より送金したものを郡の財務課より受領するように取り計らうこと」と要請がありそれぞれ分与された。

明治29年4月16日、吉岡町志田町に大火があり、85名が被災した。それの「恵与金」（救済支援金）が10円以上27人、1円未満418人に及び町内以外の郡内・県内からの寄付があった。それだけ、近年にはない大火であったことを示す。なお10円以上の寄付者に一個人として但木良次の名前がある。

明治36年9月27日、黒川郡長但木良次より、今では当たり前になっている公務員の選挙運動禁止に関する、各種議員選挙における町村長の体面保持について次のような通達が出された。「各種議員選挙に於いて、官公職にある者の地位を利用し、選挙運動に関与し、選挙人の意志を枉《おう》（曲げる）ことは自由選挙の趣旨に反するのみならず、選挙の公平を保てない。官公職にある者は厳正の態度であるべきなのに、町村長助役等が今回の県会議員選挙に関与し、候補者の為に奔走している者多数と聞いている。官公職の者がこのような挙動をした場合、厳重訓戒を加える」と目に余る選挙運動に訓戒が出された。

明治38年、但木良次は、郡長を退いたが、郡長の勧誘により農事督励を目的とした黒川郡地主会が設立され、その設立に尽力した。この地主会の初めての総会で、この年は折しも未曾有の大凶作であったのでその善後策を協議した。しかし、小作米の収納も皆無もしくは3分の1に過ぎなかった。このため地主側においても自衛策に汲々し、小作人の生活・立場を考慮することができなかった。県はさらに各町村に地主会の設立を要望し、明治41年に「奨励規程準則」を示した。

明治43年5月、吉岡地主会が設立された。会員は33名で、会長には但木良次を推挙、小作人奨励を趣旨とし、毎年小作米品評会を開催し、優良者に商品を与えることにした。しかし、地主会の区域が広すぎて実を上げることが困難であった。

このような地主会設立に関与した但木良次は、明治13年、自由民権運動が宮城県に入る中、郡長となり、郡長の官選におよぶ政府の中央統制に対して、明治18年（１８８５）に今村戸長吉田潤吉に管轄村の「小作に関する慣行調査」を命じている。この調査は14項目からなり、政府の地租改正を経て富国強兵の財政基礎となる農業の現状、特に小作の実態を把握することが主眼であった。さらに、その小作の実態が藩政時代と維新後との間の連続と変化を解き明かしている。

旧吉岡町他村における小作の種類は、名田《みょうでん》小作が最も多く、次に永小作がわずかであった。名田小作は、江戸時代、地主が同一の小作人に20年以上田畑を貸与すれば、小作米を滞納しても田畑を返還しなくてもよい小作であり、永小作は、20年以上50年以下の期限で小作料を払い、開墾地など他人の土地を耕作する小作である。ここでの小作地は、事実上私有地に近い形で長期にわたり保証・安定していたことがわかる。小作人が4分、地主6分の小作料となっており、小作米納期限が、収穫期間を含めて60日以内となっている。また、近代になって、藩政時代にあった夫食・種籾の貸与がなくなり、小作の契約が口約束であったものが証書に変わり、小作地が質入れされた場合、口約束で耕作を継続できたが、金主が耕作者を交代させるのが通例となった。

小作関係は、維新後合理化されることによって、藩政時代の恩恵的なゆとりまでが法的な権利関係に改まり、封建関係がむしろ厳しくなった面もあった。

当地の地主は、大正に入ると、地主の他町村を含めた土地収奪を推し進めていくが、米・生糸・大豆等の農産物・醸造業の商業資本家であった。大正2年10月、10町歩以上の地主は60町歩を上限に9人、その5年後の大正7年には上限が101町歩、下限が27町歩の6人となる。このような地主形成において重要な時期であったことがわかる。さらに、昭和3年における田畑30町歩以上の地主は、146町歩を上限とし、下限が35町歩の7人となっている。

この時期の土地収奪のすさまじさが明らかになるが、桃生郡前谷地村大地主斎藤家の田畑1448町歩に比すれば、問題にならない。黒川郡は地理的に山村が多く、土地所有高にも限界があったものと思われる。

また、この大正時期は、第一次世界大戦以来、民衆的な思想の高潮とともに労働問題発生の機運を高め、工場労働問題が一転して農村労働問題を引き起こした。工場労働者は都市に居住する国民の２割を占める約２００万人で、その安定を図ることは大事であるが、農村労働者である小作農家は１５０万戸、その家族１０００万人の生活・思想を安定させることは大変広範囲にわたり大きな問題であった。農村における小農を保護し、地主対小作の関係を調和させ、農村における労働者を慰撫するなどの民心の安定を図り、国家の基礎を強固にする農村救済の社会的な施設の設置などが必要になってくる。

この後の農村・農業問題については、本書の趣旨からはずれていくので、ここでは深く触れることはしない。また、戦後の農地解放に比することはできないが、但木良次は、いち早く小作による農地私有化と生活安定を重要な課題として、限界があったが、生涯をかけて取り組んでいることは確かなことである。

但木良次の最後の事蹟紹介として、仙台軌道株式会社の関わりについて見ていきたい。明治20年前後、東京～青森間に鉄道を敷設する計画がたち、仙台～一関間は国道沿いに路線が予定されていた。ところが、自町村通過を郡長・地方有力者まで反対していた。その郡長が但木であるかは判明しないが、路線は現在の様に塩釜経由に変更された。後になって不便を感じ、鉄道敷設を要望する声が大きくなった。明治44年（１９１１）11月、仙台商業会議所会頭八木久兵衛は、仙台～古川間及び古川～小牛田間の軽便鉄道を県費で敷設するよう宮城県知事に建白した。これに伴い、旅客・貨物の流通量調査・路線候補地の測量が行われた。

大正元年（１９１２）、仙台～七北田～富谷～色麻～中新田～古川～築館に達する軽便鉄道を敷設する期成会を組織した。大正３年（１９１４）、発起人に但木良次ら黒川郡・仙台市・宮城郡・加美郡・

志田郡・栗原郡の有志は、政府にその許可を申請したが、却下された。

大正6年（1917）、仙台~吉岡~古川間に軌道を敷設し、貨客輸送とする申請をしたのが仙台軌道株式会社の始まりであり、但木良次はじめ、仙台市・吉岡・富谷・三本木・古川の有志が発起人となった。国道に沿った仙台~古川間の交通機関がないため、地元では大いに歓迎された。郡費の補助を受けたが、物価高騰期にあたり、仙台~吉岡間が開業したのは、大正12年（1923）12月で、開業まで5年を要した。

その後、古川~吉岡間の路線を地方物産の輸送の関係から、吉岡~中新田間に路線変更した。そして、陸羽東線中新田駅（西古川）まで全通したのが、昭和3年（1928）で10余年を要した。しかし、自動車の進出におされ、経営困難となり、敗戦後、資材難、アイオン台風（昭和23）による大被害のため復旧に悩まされ、ついに加美郡中新田の中新田駅を残しバスに切り替え、仙台鉄道と改称した。

但木良次とハリストス正教

但木良次の黒川郡長（加美郡長も兼務した時期もあり）19年間の事績を概観してきたが、但木良次にとって、ハリストス正教とは何か、郡長へのこだわりの背景とは何か、正教と郡長の関係とはいかなるものだったのかという最初のテーマにたどりついた。

但木良次にとってのハリストス正教とは何かについて考える場合、ハリストス正教と出会い、ハリストス正教を伝教し、他の仙台藩士たちが洗礼を受けるにもかかわらず、洗礼を受けなかったことを突き詰めることである。

明治3年（1870）9月2日、但木良次は、函館の新井奥邃と澤邊琢磨からの書状「日本宗教の改革と国民教化は仙台の有志と協力して奥羽地方より着手すべし」を受けて、この年の5月に先発した小野荘五郎（後イアオン）、大立目謙吾（後ペトル）、笹川定吉（後ペトル）の後発として、津田徳之進（後パウエル）、柳川一郎（永沼・後アンドレイ）、大條季治（後パウエル）、影田孫一郎（後マトフェイ）と5人で函館に来た。来函したこの年月が、『日本正教傳道誌』における但木良次の初見である。その後、ニコライがロシアに帰国し不在であったこと、函館での窮状をしのぐため、新井と小野が同志支援・勧誘のために仙台に戻り、同年11月に津田と柳川が函館に残り、但木を含めてその他の者は仙台での布教活動に入った。この時が但木の2回目で最後の『日本正教傳道誌』の掲載である。

箱館戦争前の明治2年、金成善左衛門と新井奥邃は、仙台に募兵のために潜伏した際に、高屋仲、小野、笹川、津田、大立目等にハリストス正教の教えを聞かせ、これらを感化していた。その中に但木がいたことは間違いないと思われるが、なぜか記録に残っていない。

但木は、吉岡（現宮城県黒川郡大和町）に住んでおり、新井の正教の教えを定期的に聞いていない可能性がある。但し、正教の教えについては、不定期に聞いていたか、常に連絡し合っていたことから、一緒に渡函している。また、但木自身が、その後正教の洗礼を受けていないことから、正教の傍流で正教関係資料には記録されていないのかもしれない。

その後の正教は、函館、仙台における正教の布教・伝道活動が、前述したとおりの思想啓蒙の発信先となり、教勢を拡大していった。

その後、但木に関する資料が散見するのは、前述した仙台ハリストス正教の主宰する『講習餘誌』創刊時に『仙台新聞』編集長としての祝辞であり、正教講習会開催案内の『仙台新聞』における広告である。さらに明治13年以降においては、進取社設立の発起人として名前が出て来る。その但木を紹介する欄では、共済病院の医師であったり、『仙台新聞』の社長であったりと風評まがいのものまであるが、進取社設立時の紹介には、正教の伝教者として講演を行っている。

彼の正体は一体何であったのであろうか。彼の経歴・紹介の真偽はさておき、風評まがいがまかり通る状況は、但木の当時の生活および信条が、転々、鬱々した状態を表してはいないだろうか。

但木良次が函館に渡る約1年半前の明治2年5月19日、良次の叔父である旧仙台藩宿老但木土佐成行が奥羽越列藩同盟を主宰し、奥羽越戊辰戦争を引き起こした張本人として国事犯の汚名の下、処刑された。その処刑の直前に、良次は、但木家家老山野川廣人《やまのかわひろと》(殉死を禁じられたが、明治5年、土佐の命日に切腹)とともにその場で永の別れをした。

これらの詳細は拙著『賊雪耕雲』(金港堂)を参照していただきたいが、山野川が江戸に滞在する記録は残っているが、良次がなぜ江戸にいて、土佐の処刑に立ち会うことができたのか判然としない。良次は、幼い時から土佐から将来を嘱望され、大変かわいがられていた逸話が残されている。土佐には、奥羽越戊辰戦争で父に代わり秋田口の戦いに出兵し、土佐とともに捕縛された左近(芳皐《ほうこう》)という誠実な継嗣がいるが、良次の利発で機転の利く才に土佐は但木家、藩を支える者と期待していたと思われる。戦時下、江戸に赴くことは至難の業であるが、但木家、仙台藩の行く末を断じる情報を集めていたのではなかろうか。そして、但木家の身内として処刑に立ち会ったと見た方が自然に思われる。

土佐の処刑日時は、箱館戦争の終結した翌日であることは、政府の安堵感であり、区切りであったのだろうか。処刑された者たちにとっては、汚名を晴らす弁明の機会も与えられなかった。このような国事犯としての一連の処分のことが、良次には納得できず、それを解き明かすことを一生涯の課題としたのではないか。その課題に向けた生き方を生涯追及していたのだろうと思われる。

　したがって、土佐処刑の後に函館に渡ったことも、ハリストス正教への信仰、自由民権運動への参加、郡長としての奮闘は、全てが叔父土佐の処刑が心情のベースになっている。函館に一緒に渡った他の人たちとは一線を画するものがあった。良次は、函館へ同行した人たち同様に正教への関心はあるが、それを利用することに対して臆病になっていた。『日本正教傳道誌』にあるように、他の者たちの「国家のために身命を賭することや亡国の再興を期す、西洋の宗教をもって人心を統一する、露国に渡り、儒教思想を教え、強化する」の思いは、良次にはなかった。なぜなら、藩（国）のために図ったことが犯罪となり、仁義を重んじた叔父土佐に対して不正義がまかりとおる薩長政府に対して、仁義を重んじることが封建制の価値観であったとしても、その価値観がくつがえされたことに、良次は大きな敗北感を超えた虚無感が強く、権威に対する懐疑がいつも滓《おり》のように堆積していた。

　良次の生活・心情が、転々、鬱々したものに見えるのは、この臆病と権威に対する懐疑の滓であった。良次は、当時の仏教・神道等の日本宗教への懐疑から正教の平等・博愛の精神に感化され正教を受容しようとしたが、最終的には洗礼を受けない心のブレーキがかかった。

　仙台藩士のハリストス正教受容の背景を、奥羽越戊辰戦争の敗北があったことは前述したが、良次の場合、叔父の土佐が藩の全責任を背負って国事犯として処刑されたことが、戦争での敗北感をも超えた藩への不信感につながり、新政府への不正義に対する反発を強めていったのではなかったのか。そこで、彼は、虚無感の中、何とか正教への信仰をもって、それらの反発を乗り越えようとして、あがき、伝教に励んでいた。しかし、どうしてもそこからは抜けきれず、洗礼を受けることはできなかった。そのような中で、叔父土佐がめざした安寧の国づくり実現のために、反発を乗り越えて、郷土の黒川郡で、それを実現する道として郡長を選んだのではないだろうか。

郡長になってからの良次の活動は、現状理解を誤解した点もあったようだが、大方、安定している。明治13年、自由民権運動が盛んになる頃、『仙台新聞』の編集局長を辞めたことは、正教の教えの平等と自由民権運動の思想の具現化を下地にしている節がみられる。

郡長になり立ての時には、今でいう地方自治を守々する議会制の維持を主張し、明治21年、市制・町村制合併時、当初は反対されたが、最終的には吉岡・高田の合併を成し遂げた先見の明を示し、今村から「吉岡町」を誕生させた。藩政時代にあった永小作という小作人の私有地をなし崩しにする新政府に対する小作人問題の解決に、生涯にわたって取り組んでいた。

さらに、貧窮者の生活救済、特産物殖産の経済振興、交通整備等の政策にも正教の平等の教え・博愛思想が反映していると考えられる。もちろん、これらは、正教の信仰、自由民権運動が糧となっているが、良次自身は、叔父土佐の思いを地元の人たちに伝え、真の国造りを実現しようとしていたのではないだろうか。

良次と同じような思想・官活動をした者で、県会議員、衆議院議員を目指す者が多くいた。良次はそれらに見向きもしないで、愚直に郡長の使命を全うした。なんとか、土佐の無念の滓を雪《そそ》ぐ一生ではなかったか。そして、正教の隠れ信者として、正教の信仰を心の奥にしまい込み、その精神と思想を貫いた一生であったように思える。

但木良次は、大正10年（１９２１）３月10日没、享年78で、「知保子」夫人（大正７年６月４日、享年61）と同じ墓にある。その墓の南側には、戒名の無い「但木土佐成行」の墓がある。この土佐の墓石は、平成９年10月25～27日にかけて品川東禅寺から但木家菩提寺保福寺（現宮城県黒川郡大和町吉田）に移したものである。

良次夫妻の墓の南隣には、良次の父「文左衛門」（土佐の兄）・明治22年３月29日没、享年75とその妻「きお」の墓がある。良次の墓と文左衛門の墓は荒削りの七ツ森産の堂々とした自然石の墓石である。前々から気になっていたことだが、大きさはこの墓石より２倍でそっくりな表情をしている「但木成行招魂碑」は、この墓石二つと同じ意図でこしらえられている。この招魂碑は、明治28年（１８９５）５月19日、富田鐵之助（但木土佐と従兄弟）が撰文し、勝海舟が揮毫している。撰文には、富田と但木土佐の孫・乙橘《おときつ》と家臣たちによってこの碑をつくったことになっている。

しかし、この明治28年は、良次が２度目の郡長に返り咲いた２年目で、土佐の27回忌法要を迎えていた。撰文には、良次の名前は一つも出てこない。しかし、明治22年に亡くなった良次の父の墓石を模して「但木成行招魂碑」はできている。良次は、土佐の招魂碑を墓石に見立てて、陰になり、建立したものではなかったか。そして、良次の墓も父の墓と同じである。良次は、父と土佐と今もつながっている。

良次という人は、こういう人だ。

3　千葉卓三郎の遍歴

平成25年（2013）、当時の美智子皇后が、あきる野市の文書館で五日市憲法草案をご覧になり、憲法も議会もない明治10年（1877）代に、国民の基本的人権を規定した憲法草案が民衆の手によってつくられたことを知り感嘆され、その感想を新聞に寄せられた。五日市憲法草案及び千葉卓三郎の名前も知らないか、または名前だけは知っている人たちにとっては大変な驚きをもってブームになった。このブームは、五日市憲法草案と千葉卓三郎を46年ぶりに蘇らせたのである。

五日市憲法草案は、昭和43年（1968）に色川大吉氏の東京経済大学等のグループにより、旧五日市町（現あきるの市）・深沢家文書の3度の調査から発見された。草案の原題は「日本帝国憲法草案」であるが、色川大吉氏等は「五日市憲法草案」と命名・通称とした。前述したブームはこの発見から46年ぶりだったということにある。

深沢家は、江戸時代から続く山林地主で代々名主を襲名し、旧姓を清水、明治期になって深沢に改姓した。深沢名生《なおまる》-権八《ごんぱち》（文久元年・1861生まれ）父子は、後の自由民権運動の根城となる勧能学校の世話人、学務委員であり、深沢家文庫の開放をし、政治・法律・経済などの研究・学習運動を展開し、「五日市学芸講談会」に発展させた。この場に千葉卓三郎が定住し、憲法草案を深沢父子・地域の人たちとともにつくりあげていくことになる。

千葉卓三郎が明治16年（1883）10月12日に病死し、その数年後、相次いで深沢父子も死去した。卓三郎文書は1883年から1968年の85年間、蔵の中に眠っていた。五日市憲法草案は、星亭などの当時の自由民権運動家において評価されていたが、卓三郎と深沢父子の早い死によって、余儀なく蔵の中で眠らざるを得なかった。

したがって、２０１３年のブームは、五日市憲法草案と千葉卓三郎の第２の発見ということになるのではないだろうか。

このブームと相まって色川大吉氏は、五日市憲法草案、千葉卓三郎について、それらの研究・新発見の成果を、『五日市憲法草案とその起草者たち』（２０１５年・色川大吉編集・日本経済評論社）にまとめあげた。これからは、この著作と『五日市町史』、『仙台郷土研究－「千葉卓三郎の生涯（１～４）」』（相沢源七）を参考にしながら、色川大吉氏が捉える「精神的放浪者千葉卓三郎」、「特殊な〝場〟五日市」について整理しながら、これらと本書のテーマであるハリストス正教及び宗教との関係を探っていきたいと考えている。

千葉卓三郎の人物と精神的放浪

千葉卓三郎は、現仙台市から北方約78㎞の当時陸前国白幡村《しらはた》（現宮城県栗原市志波姫町）伊豆野《いずの》に生まれた。この地は、旧仙台藩の北に位置し、岩手県の旧仙台藩奥と隣接する穀倉地であり、羽後（現秋田県）とも隣接する軍事的にも重要な土地であった。この地は奥羽山脈の栗駒山（岩手県では須川岳、秋田県では大日岳と呼称）を国境（県境）とした。そのふもとにある栗原平野を、北西から北東にかけて一迫川《いちはさま》、二迫川《にのはさま》、三迫川《さんのはさま》が分断し、迫川と一本化され、北上川に合流する。卓三郎の生地は迫川に一本化される手前の三迫川に属し、栗駒山の秀麗な山脈が眺望できる。卓三郎は、この栗駒山の四季折々の風景を眺めて成長したのだろうか。彼の数奇な運命とは裏腹な美しさであった。大いになぐさめとしたことだろう。

色川大吉氏のグループの調査により、卓三郎の生地と末裔を発見した苦労については、氏の著作等で確認してほしいと思うが、ここではその調査に基づいて記述していきたい。

『五日市憲法草案とその起草者たち』にあるように、卓三郎の子孫千葉敏雄氏蔵の「千葉家近代ノ史稿」及び白幡村「壬申戸籍《じんしんこせき》」〈明治5年・1872〉によると、卓三郎は「嘉永5年(1852)6月17日生まれ、幼名宅三郎、平民・農・千葉宅三郎・壬申の年21」とある。父・宅之丞(仙台藩下級武士・郷不断組(防備))と妾・ちかの間に生まれた。先妻・後妻とも子がなく、夫婦協議の上、妾をとった。父は宅三郎が生まれる間際に危篤に陥り、まもなく死んだ。死ぬ間際、お家断絶を免れるために先妻の縁者を跡継ぎにした。これが宅三郎の兄の利八と思われる。宅三郎が3歳の時、実母が千葉家から出されたため、後妻のさだ(定)によって、養育された。明治2年、版籍奉還により、栗原郡は宇都宮藩の直轄になり、兄利八は仙台に移り、宅三郎は平民として帰農し、この地に残った。父と実母との別れなど宅三郎は不幸の下で育った。養母となるさだは、医者の娘で学識を重んじる人で、宅三郎を藩校養賢堂に入れるなど学問の途を醸成したと思われる。さだは壬申の年・明治5年63歳でなくなる。その年の6月に宅三郎は故郷の地を一時去り、東京のハリストス正教のニコライの下に酒井篤禮とともに出向き、洗礼を受けている。したがって、養母とは死に目にはあっていない。

文久3年(1863)、12歳で養賢堂に入り、イギリス・フランスの侵略から日本を守るためにロシアと親和し、開国を主張する当代随一の開明者、大槻磐渓の門下となる。慶応4年(1868)、宅三郎17歳、戊辰戦争・白河の戦いに2度従軍した。

白河の戦いは合計7度の戦いがあり、最初は会津藩と征討軍（仙台藩が主力）の戦いであったが、奥羽越列藩同盟後は、会津藩との同盟軍が政府軍と攻防戦を繰り返す。卓三郎の2度の従軍は会津藩が明治元年（1868）9月22日に降伏する前の、仙台藩の細谷十太夫の率いる鴉組《からす》も引き上げる最後の戦いと、その前の戦いと思われる。この時、永沼織之丞《ながぬまおりのすけ》（宮城県桃生郡名張浜・33歳）も農兵隊長として参戦していた。永沼は、敗戦後、投獄されていたが、その8年後、五日市で宅三郎と再会することになる。

仙台藩はこの引き上げに対して、卑怯者、弱兵と揶揄されているが、この時、太平洋側の磐城方面と日本海側の秋田方面の戦いがあり、白河・会津に兵を出すことが出来なかった。そのため福島藩と仙台藩の境で政府軍を押しとどめ、最終的には藩の穀倉地である栗原郡・一関に最終防衛線を張ることにし、食糧を確保していたようだ。残念ながら、その最終防衛線は、太平洋側での度重なる敗戦で機能することはなかった。

仙台藩の引き上げは、作戦とはいえ敗残兵であり、弱兵呼ばわりされながらの無惨な撤退には変わりない。17歳の宅三郎にとって、惨めで屈辱であったに違いない。宅三郎はさらに仙台藩の降伏により、より惨めな「賊軍」、「敗残兵」の汚名を着て、精神的に救いを求めて放浪する者、「放浪の求道者」となっていくことになる。

天皇を利用し一時しのぎの錦の御旗を掲げたニセ官軍の政府軍に対して、勤王を中世から主張し、その奥羽の中核で真の勤王を任ずる仙台藩が「賊軍」、「敗残兵」呼ばわりされることは、現代の私たちにも理解できないことであるが、仙台藩士たちは、胸が張り裂ける程、相当な屈辱であったに違いない。

宅三郎のように命を懸けて志願・従軍した者にとっては、ましてや若者にとっては八つ当たりすることもできず、何が真のことなのかを求めざるを得なかったのではないだろうか。

前述したように、函館に渡って、ハリストス正教に触れ、真の生き方を見出した仙台藩の若者たちは、このような屈辱を雪《そそ》ぐために真の生きかたを探究していった。函館に渡った仙台藩士たちも宅三郎同様に精神的放浪者・「放浪の求道者」であったのだ。

卓三郎の名を使用したのはいつごろからか判明しないが、明治5年に酒井篤禮とともに上京し、ニコライ師から洗礼を受けたことが『日本正教傳道誌』（明治33年・1900）に幼名の宅三郎ではなく「卓三郎」と記載されている。卓三郎が自由民権運動のさなか、五日市憲法草案つくりを終えた後に『日本正教傳道誌』が発行されていることから、幼名の「宅三郎」については考慮せずに卓三郎の名前を使用していると思われる。幼名の「宅三郎」を卓三郎に変えたのは、放浪を終わらせ、五日市に定住した明治13年前後と考えた方が良いのではないだろうか。卓三郎が放浪・遍歴の凄まじさを乗り越え、「卓」越したことから、精神的な安住地を得て、覚悟を持って改名に至ったと思える。

明治6年開設の勧能学舎（勧能学校・明治8年改称、五日市尋常小学校・明治24年改称）の初代校長で旧仙台藩士である永沼織之丞（父は町奉行出入司伊藤祐道・藤野海南門下・ギリシア正教信者）の勧めにより、卓三郎が、勧能学校助教として就職する時に提出した「履歴書」は明治14年に清書したものといわれている。この「履歴書」は、卓三郎の子孫が保管していたものであり、放浪・遍歴を概観する最適なものである。しかし、前述した白河の戦い、大槻磐渓の門下については概略し、それ以降は学時歴のみが記載されている。ここにこの「履歴書」を記載し、その他の史料『酒井篤禮小伝』および『日本正教傳道誌』と組み合わせて事実に近づけ整理したい。「履歴書」は、時系列に概要を現代表記し、（　）は筆者及び他史料からの補足である。

「履歴書」

本籍　同県下栗原郡白幡村二百二十番地平民（現栗原市志波姫町）

出処　宮城県仙台区新坂通十一番地士族　千葉利八弟（養子の利八が千葉家跡継ぎ）

千葉宅三郎

明治十四年四月　二十八歳十ヶ月

一従来官途ニ奉職致候事無之候

一文久三年（1863）～明治元年（慶応四・1868）2月

大槻磐渓の門下（12歳で養賢堂に入る。）

明治元年（慶応4）3月～9月

軍伍（軍隊）に入る（戊辰戦争・白河の戦い2度参戦）

明治元年（1868）11月～明治2年8月

石川桜所《おうしょ》（松島於）の門下となり、医学を学ぶが、桜所が将軍補佐の罪で投獄される

明治2年10月～明治3年11月

鍋島一郎（気仙沼於）で皇学（国学）を学ぶ

明治3年12月～明治4年4月

桜井恭伯《きょうはく》の門下となり、浄土真宗を学ぶ

明治4年6月～明治8年4月＊1（傍線・＊1は筆者記載）
ニコライ（東京駿河台於）ギリシャ教を学び、ロシア学を修める（この章では「ギリシャ」を使用する。）
明治8年5月～明治9年2月
安井息軒《やすいそっけん》（市ヶ谷於・耶蘇教排撃論者）の門下
明治9年4月～明治10年1月
フランス人・ウイグローに就き、カトリック教を学ぶ（ウイグロー・明治8・9年に多摩地方を布教。北多摩郡砂川村に仙台藩士でハリストス正教の小野荘五郎らと義勇隊に所属していた竹内寿貞らが砂川教会を設立し、布教の足場となっていた。布教の関連から、卓三郎は西多摩郡五日市と接点を持っていたか。）
明治10年2月～同年6月
福田理軒のもとで洋算を修める
明治10年8月～明治12年11月
アメリカ人・マグレーニ（ロバート・S・マクレイ横浜山手於）から、プロテスタント・メソジスト派を学び、同校の原書生及びジョン・バラ（明治5年6月来日）の原書生に漢学を教授する（アメリカ長老教会宣教師メソジスト派は奉仕の社会運動に力を入れていた実践的な宗派であった。卓三郎もその実践活動・布教に従事していたか。）
明治12年12月～明治13年4月

東京麹町に於いて、商業に従事する（資料がなく、どのような商売をしていたのかは不明であるが、洋算を活かした商売をしていた可能性があり、その傍らに宗教的活動をしていたか。）

明治12年4月下旬～

武州西多摩郡五日市に滞在し今日に至る（五日市以外にも近隣の小学校に出入りしていた記録が発見された。この数年前からこの多摩地方へ出入りし、その地方の人々との交流をもっていたことが窺がえる。）

岩手県との県境の現宮城県栗原市志波姫町に仙台藩の下級武士の長男として生まれたが、養子の兄が跡継ぎし、卓三郎が神奈川県西多摩郡五日市（現東京都あきる野市）にたどり着くまでの道程である。

一覧して驚くことは、彼が志向した学問の系譜と宗教的遍歴である。学問の系譜と宗教的遍歴をまとめると、大槻磐渓の儒学（蘭学も含む）→石川桜所の医学→鍋島一郎の国学（蘭学も含む）→桜井恭伯の浄土真宗→ニコライのギリシャ教（ハリストス正教）・ロシア学→安井息軒の儒学（朱子学・排耶蘇教）→ウイグローのカトリック教→福田理軒の洋算学→マグレーニのプロテスタント・メゾジスト派、ジョン・バラとなる。儒学、蘭学、医学、国学、神学、数学、ハリストス正教からカトリック、プロテスタント、浄土真宗まで学んでいる。

卓三郎がなぜこのような学問的・宗教的な遍歴をしたのか。また、このような遍歴を彼はどのように顧《かえ》りみていたのか。

卓三郎のこのような学問・宗教的な遍歴は、無節操で脈絡がないように見える。そして、卓三郎はその遍歴の事を具体的に語っていないので、想像でその遍歴の背景を見るしかない。

医学の道は生きるための生業として選択したのであろう。しかし石川桜所が捕縛されて、また、なぜ捕縛されなければならないのか、卓三郎は「賊軍」として捕縛された背景を突き詰めるために、国学の大家で開明的な鍋島一郎に師事した。それでも解明できないので、宗教的なアプローチから日本的で大勢の信徒の信仰の対象となっていた浄土真宗の桜井恭伯に師事した。それでも解明できないため、当時日本にはない新鮮で、救いの手を差し伸べるハリストス正教に導かれた。これは、医師でもある酒井篤禮という自らが求道者となって伝道する姿に、医師になることをあきらめた卓三郎は、医師の酒井に自分と重ね、酒井の人品に魅かれていったことによる。その後正教に心酔し、洗礼を受ける。この時期のことは、酒井篤禮の所で前述しているが、さらに卓三郎がどのような精神的な影響を受けたかについては「履歴書」の疑問点として後述する。

正教に心酔した卓三郎は、この教えが本当に正しいのかを確かめるかのように耶蘇教排撃論者の安井息軒に師事する。しかし、師事したすぐ後に息軒は亡くなり、直接教えを受けることはなかった。正教の教えを確かめるためにさらに同じキリスト教の別の宗派にアプローチする。それが、フランス人ウイグローのカトリック、アメリカ人マグレーニとジョン・バラのプロテスタントであった。その間の数学者福田理軒への師事は、宗教的探求の傍ら、生業を求め商業に進むようだが、それは失敗に終わる。

卓三郎がなぜこのような遍歴をしたのかは、外部の者から見れば脈絡のない総花的で根無草《ねなしぐさ》に映る。彼本人は「賊軍」の汚名をどう雪いだらよいのかという自分が抱えていた課題であり、当時の青年たちは明治維新の革命期の中をどう生き抜こうかという煩悶《はんもん》（もだえ苦しむこと）していたように、まじめに取り組んでいた。この遍歴は、多くの人間との出会いによって、単なる机上の学問ではなく、実践的で生き方の方向を示してくれるものであった。この遍歴は、表面的に脈絡のないような結果にみえるが、彼の生きた学問・宗教の探求の表れであり、それが自由民権運動につながった。そして、この遍歴は、五日市憲法草案への前段階であり、憲法草案へと結実していくことになる。

この遍歴を卓三郎は、死ぬ数カ月前に著した論文『読書無益論』の中で回顧している。この著作も卓三郎が早逝したため埋もれていたものである。概要を記すと、「人生や社会の真実を知るのに、本だけに頼ってでは学ぶことはできない。そういう本の虫になるような読書は無益である。」という意味であるから、このタイトルのようになる。

読書に頼るだけでは真実を知ることはできないから無益であると言っているのであって、読書自体が無益ということを言っているのではない。ひるがえって、読書とともに他事多彩のことに興味を示し、学ぶことよりも「一事専修」であって欲しいという彼の体験をもとにした見解であった。

くり返しになるが、卓三郎の東北戊辰戦争の挫折と、今後の生き方と真理を見出そうとする懊悩が、前記の精神的遍歴に現れていた。そして、この論文『読書無益論』において、彼はこのように非常に多彩な興味・関心・探求であったが、自分は何一つ大成できなかったことを間接的に述べ、むしろ人生の経験、社会の体験というものを大事にして一事専修せよ、一つのことを専ら修めた方がよいということを「百事（多芸）漫修」であった自分の反省をもとにして結論にいたっている。

しかし、多彩な精神的遍歴は、好奇心がエネルギーとなっており、進むべき道を方向づけていったことはまちがいないのである。遺言のようなこの論文は、自分の生き方を顧《かえ》りみて、遠まわりであったことが、後世の人たちには同じような轍を踏んでほしくないという教示であったのではないかと思われる。

千葉卓三郎の精神的遍歴の奥底が、前述の「履歴書」の傍線「明治4年6月〜明治8年4月＊1　ニコライ（東京駿河台於）ギリシア教を学び、ロシア学を修める」に隠されているのではないかと思われる。明治4年から明治8年までの約4年間は、卓三郎の遍歴の中では滞在・所属期間が一番長い。そのことは、「ギリシア教（ハリストス正教）」への傾倒からニコライによる受洗に至り、布教に携っていた形跡が見られる充実した期間・場・出会いであったことを示す。しかし、ニコライは、明治5年に函館から東京に移っていることから、明治4年以降の表記は間違いである。但し、明治5年の東京での受洗は、酒井篤禮にともわれニコライより受けている。（別の説あり後述する。）酒井篤禮と千葉卓三郎の出会いについては、酒井篤禮に関する前述の際に一部触れているが、この4年間を『酒井篤禮小伝』、『金成正教会沿革』、『日本正教傳道誌』から見直したい。

明治5年（1872）10月7日、酒井篤禮が函館で捕縛され、釈放後、開拓使より本籍地の宮城県栗原郡金成に帰県命令が出され、本籍の川股家が引き取ることになった。篤禮はハリストス正教の宣伝・他行を禁じられていたが、留意せず伝教する中で、千葉卓（宅）三郎と出会った。

『日本正教傳道誌』によると、卓三郎は「福音の真理を認め信仰、酒井に協力して布教に務め、まもなく上京し、受洗してペートルという」と記載されている。第5章の酒井篤禮で触れたが、卓三郎の受洗年は、明治5年か6年か判然としないが、酒井は東京から函館に戻り、卓三郎は帰郷し、ハリストス教を宣伝・布教していた。函館に戻った酒井は、二度目の帰県命令を受け、付添人卓三郎とともに登米県庁に出頭し、入獄したことは前述した。

くり返しになるが、この2度目の開拓使庁からの帰県命令は明治7年で、酒井は函館からまた川股家同伴で帰県させられた。1月23日、酒井が登米県庁に出頭する際、ペートル（ペトル）千葉卓三郎が付添人として酒井の白洲での訊問に立ち会った。酒井は、川股姓を酒井姓と名乗った「姓名詐称」の軽犯罪で入獄を免れた。これの背景には、仙台福音会（ハリストス正教会）の働きがあったからこそであり、酒井は2月中旬に放免になった。

この同じ時期に千葉卓三郎は、神官、僧侶から神・仏に対する不敬の罪で訴えられ捕縛された。卓三郎は、拘禁中、獄中の囚人へ啓蒙をし、死刑囚に対して洗礼の儀式を行い、十字架を飯粒と布で作り、処刑後の囚人の救いを行った。明治7年5月に3カ月間の刑で出獄を命じられるが、密かに書面を出し、外部と連絡をとった罪で100日の追加の懲役（但し、1日1貫400文の金で苦役を免除）を受ける。卓三郎にはその金を工面できる程の蓄財はないので、苦役に服従した。その際、片鬢《びん》、片眉を剃り落され、鉄鎖につなげられての労役であった。酒井、仙台福音教会、高清水教会の信徒より金を集め、苦役を100日未満、おそらく8月下旬ごろに脱することができた。卓三郎の身体は衰弱し、精神も定かではなかったはずであるが、その後の記録は残っていない。

明治8年4月まで、東京のニコライのところに居て正教・ロシア語を学んだことになっているが、当時正教会においては誰しもが最低3カ月間滞在可能で、その後、神学校に入学するか、もしくは伝教する場合には滞在が延長できるといわれている。卓三郎の上京日は明確ではないが、おそらく明治7年の8月の解放後から年末・年始にかけての上京、ニコライのもとに居たのは、期限の3カ月間もしくは延長して4カ月間ではなかったのではないだろうか。実際のところ、ニコライのもとには、4カ月間足らずの滞在であったと考えられる。

これまで見て来た「履歴書」は、卓三郎が、勧能学校の初代校長で旧仙台藩士である永沼織之丞の勧めにより、勧能学校助教として就職する時に提出した履歴書を明治14年に清書したものといわれている。そうであるならば、後に発見された五日市の隣村大久野東学校で明治11年に助教をしていた履歴がないこと、さらに、明治12年から明治13年の履歴が加筆記載されていることにも疑問が残る。同じ加筆であれば、大久野東学校も加筆されてもおかしくない。また、明治14年に清書する意味は一体何であったのだろうか。確かに、今でも教員の世界では、就職・退職を含めた異動の際に履歴を加筆するが、それは当時も変わらないと考えられる。

卓三郎が助教になったのは、「履歴書」にあるようにカトリックとプロテスタント布教に関わり、五日市に出入りする明治9年前後と思われるが、判然としない。もしも、勧能学校就職時の「履歴書」を明治14年に清書したのであるならば、勧能学校での助教就任年は、加筆された明治12年から13年ごろの商業従事とプロテスタント布教と重なっているように思える。そして、「履歴書」の清書は、卓三郎が永沼の後に勧能学校2代目校長に就任の際、必要書類とされたものではないかと思われる。

履歴書は公文書であるが、当時の助教等の教育以外の履歴記載が要求されていて、助教履歴の記載までは要求されなかったかもしれない。また、奥羽越戊辰戦争の敗残兵、賊軍の汚名を晴らすためにギリシア教に「福音の真理」を認め、信仰、捕縛された体験を記載するまでは要求しないであろう。明治4年から8年までを一括りにしたことは都合の悪いことは記載しなくても当たり前なことなのかもしれない。

しかし、そこの部分には、逆に本人にとっては大変重要なことが隠さているのではないだろうか。

彼が亡くなる時には、神に救いを求める記録が一切ないことから、神への信仰心がないと思われがちであるが、覚悟してその信仰心を出さなかったとしたならば、この時期の信仰体験が生涯の大きな意味をもっている。しかし、それを確かめる材料はないが、客観的な事象から彼の心象を探ることはできるのではないだろうか。

明治7年末か明治8年初めに上京したことは、彼が故郷を去り、もしくは捨てざるを得なかったのかはわからないが、新天地を求め、ギリシア教の教えを深めようとする覚悟の姿勢が見える。明治7年の入獄中、死刑囚との出会いと神の救いという教えに戸惑い、片眉・片鬢の異様な姿で苦役する自分に対して神の救いはあるのだろうかという思いがあったからこそ、大きな期待を胸に上京したのだろうか。その大きな期待は、無惨にもかなえることはならず、正教の教えを確かめるために逆の排耶蘇教の安井息軒の門下に入っていく、大きな反動である。それは、正教の見直しであり、自分の信仰を確かめることであった。その後のカトリック、プロテスタントへの遍歴はそれらの延長線上にある。

自由民権運動に参画し、五日市憲法草案の基底となったのは、仙台福音教会（ハリストス正教）の関係者が編集していた前述の『講習餘誌』（ハリストス正教会発行）、『進取雑誌』（仙台進取社発行）からの天賦人権論だと思われる。彼が、正教から離れていたように思われていたが、正教の真理を追究することが、自由民権運動につながっていた。

神の救いと信仰心を、人権の保障等の膨大な条文でしめられた五日市憲法草案の中に見出すことができる。例えば、明治7年に迫害を受け、人権を蹂躙された体験から、人権保障に関する条文が他の憲法草案に比して、全体に占める割合が高く緻密な内容になる要因になっていると考えられる。彼は、五日市憲法草案に神の信仰心を全身全霊でうち向けた。亡くなる直前に神の名を発しなくても、神の加護を十分味わっていたのではなかったか。

さらに、故郷を捨てた彼は、五日市で真の理想地を見つけた。この五日市で、憲法草案作成の過程における地域の人々との理解・信頼が形成されたのであった。故郷への懐かしい思いはあるだろうが、もう帰れないという感傷はあったとしても、父母の死、跡継ぎ問題、正教信仰への弾圧など暗くて惨めな地に帰る気は全くなかったのだろう。卓三郎は、永沼織之丞などの正教信徒の導きでこの五日市を訪れ、この五日市で救われたのである。これも神の加護と彼は思っていたはずである。

五日市憲法草案に込めた「自由県下不羈郡浩然ノ気付」の住民、「ジャパン国法学博士」をユーモアたっぷりに誇称した「タクロン・チーバ」は、ハリストス正教からカトリック、プロテスタントと転宗し、救いを求めながらも自分で見出した五日市憲法草案と五日市の地に心から感謝していたのだと思われる。

五日市という特殊性

色川大吉氏によると、千葉卓三郎等寄留者（戸籍上で地元以外の人たちの居住者）を集め、私擬憲法草案をつくりあげる五日市を〝特殊な場〟として紹介し、その中核を「学芸講談会」の活動としている。それらを担う地域の人たちと寄留者の接点及び「学芸講談会」の交流について見ていきたい。言いかえれば、五日市が自由民権等の思想家たちが集う土壌となっているのは一体何なのかを知り、五日市憲法草案をつくりあげる熱情の源泉を見つけたい。

その手始めに、幕末・明治初めから明治10年代までの五日市の行政組織の変遷と経済・政治の社会等の状況から、〝特殊な場〟が醸成される過程を整理していくことにする。

幕末の五日市村は、旗本・中山氏の知行地と江川太郎左衛門代官支配所が混在する地であった。明治2年６月の版籍奉還、明治４年の廃藩置県までは実質的な変化がなかったが、東京圏にある旗本領は品川県に編入されたことで、旗本領の五日市は品川県に編入された。

しかし、小石高の江川太郎左衛門の代官支配所を主とする五日市だけは何の沙汰もなかった。その後、明治４年11月、多摩地方は一括して、新設の神奈川県に編入された。生糸を介して八王子方面と神奈川とは関係が深く、主要物産の材木・炭等が五日市を流れる秋川・多摩川に沿って川崎方面へ筏流しする最盛期を迎えていた。経済的・地勢的なつながりからの神奈川県編入であった。明治26年、三多摩が神奈川県から切り離され、東京府に編入される時には、反対運動が起こったぐらい、神奈川県との関係はよかった。

右端・そろばんの前の千葉卓三郎

今から記述する制度改正は、但木良次の郡長時代のことで、前述したように全国的に実施され、目まぐるしく展開していくのである。明治４年には戸籍法が発布され、戸長・副戸長が設置された。明治５年、名主制が廃止され、村全体を戸長が見るように統一された。明治６年４月、「大区小区制」になり、大区には区長・副区長、小区には戸長・副戸長を設置し、明治４年時の「戸長・副戸長制」は廃止され、小区に格下げされた名前だけが残った。この「大区・小区制」は、全国的に不評であった。五日市のある西多摩地方には98の村が存在していたが、行政を効率的に運用するために機械的に数字を使っての制度設置であったため、経済圏・風土・伝統・人情を無視され、地域がズタズタにされた。

しかし、明治11年の「郡区町村編成法」によってこの矛盾を整理し、「大区小区制」が廃止された。「郡」が生まれ、五日市は「西多摩郡」となり、町村が改めて発足し、各町村にまたもや戸長が復活する。この「大区小区制」は不人気であったが、戸長・副戸長を代議員が選定し、戸長・副戸長が区長・副区長を選出する画期的な「代議員制」を採用していた。これは、この郡区町村編成法での「町村会」の萌芽となり、今でいう地方自治の始まりともなった。この「代議員制」は各村の村役人層に刺激を与え、地方行政に新風を巻き込み、深沢村の旧名主家の長男深沢権八《ごんぱち》が深沢村の村用掛（戸長・副戸長・書記に次ぐ、村に直結した代表職）となっていた。権八16歳であった。

明治13年、五日市村は、五日市町に改称する。明治17年、「連合戸長役場」（大区小区制に近い）が設置され、郡からの伝達・指示、町村からの意見・献策の効率性から郡役所と町村をつなぐ役割を担った。明治22年、「市制・町村制」の施行によって、西多摩郡の町村は98から32に減じた。

このような目まぐるしい制度改革は、政府の統制を強化するためであり、町村に住む人々を優先しないことは支配者の歴史が示す。それらに対して、この制度の戸長などの有力者たちは、統制をはねのけ、地域の人々を優先するように動いていた。

これまで行政組織の政治制度を見て来たが、それらを構成する戸長などの地域政治有力者層、後の学芸講談会の主力ともなる人たちは、どのようにして発生してきたのか。

明治4年、耕作の自由、明治5年、田畑売買の自由が認められ、明治6年、地租改正が布告された。この地租改正の内容を概略すると、地価を政府が決めその地価を基準にして土地所有者から金納の租税

（地租）をとること、この地租は豊凶にかかわらず地価の３％として、村や五人組の連帯責任を問わない個人の責任で納入することで、旧来の年貢収入を下回らない方針であったので、旧幕府時代と農民の負担は変わらなかった。土地を持たない小作人は小作料を納入し、地主はその小作料（変動する農産物価格）と一定の地租の差額から多大な収益を得た。小作人、小規模農民にとっては、旧幕時代より劣悪な生活となり、全国各地で一揆が発生した。

それでは五日市での地租改正の影響について見てみると、五日市地方は生糸生産等によって、金納などの貨幣経済が浸透しており、貨幣での納入には大きな変化はなく、田畑が少ないため生活に地租が占める割合は低く、影響は少ないといえる。さらに、田畑が少ないことから全国一般的に発生した大地主は出てこないが、土地の移動と集中はあった。

旧幕時代、五日市では炭運上制で市場を独占していたが、明治になってからその商い特権を失い、市場には自由取引の新風が吹き込んできた。明治５年（１８７２）、「五日市村数目取調書」によれば、全戸数２６１、農業77、工業33、商業90、医業４、神官１、その他雑業56となっている。このうち一番多い商業の中味をみると、炭屋15、青物16、穀物８と多くを占めている。幕末に引き続き、五日市は、山方と里方が仲介する市を営んでいる。五日市は、炭市場の特権を失っていったが、なお秋川流域を代表する町場であり、商業取引の中核であった。その役割は、昭和初期にいたるまで保っていた。

地租改正では、大地主は発生しなかったと前述したが、旧幕時代に五日市最大の有産者、内山安兵衛の内山家が幕末までに相当な財力を蓄財していた。内山家は質屋を営み、市を通じて資本を集積し、さらに、五日市特産の「黒八丈織」を商い莫大な利益をあげ、幕末にはその資本をもとに巨大な山林地主となった。山林・田畑の土地所有面積は110町歩（約110ha）で、その山林から出て来る木材・薪炭を江戸に供給する商品生産者として発達していった。この内山家に次ぐのが深沢家で、68町歩（約68ha）を所有している。これら五日市の富裕層は、地租改正以前からの富裕層であったことが他地域との大きな違いといえる。

山林を主体とした生業は、植林から間伐等の養生、伐採、搬送と数十年の期間を要するため、相当な資本をもっていないと成り立たない。さらに多くの人手を必要とし、その技術力量とコミュニティを維持していないと経営できない。そのためには、木材の相場、薪炭の供給と需要を見当づけする情報が必要になってくるので、常に江戸にアンテナを張って情報を得ることをしなければならない。

さらに、幕末開国の生糸の輸出拡大により、海外の情報にも目を配り、多摩地方産の生糸を高い相場で売る駆け引きと知識が必要になってきた。これらのことは、開国前の天保の時から五日市の富裕層は、激動と緊張の変化の時代に対応していくため経済的・政治的意識を高めていった。

五日市の場の特殊性の一つ目は、前述したような山場と里場の物と者（人）が行きかう市場、市場から江戸・海外を結ぶ情報の場を旧幕時代に主体的に築いていたことだと考える。それは、武士の特権であった学問・文化的教養の独占を自分たちのものにしていったことである。具体的には、農民教育・寺子屋教育、明治になってからの郷学校設置が勧能学校に発展し、コミュニティの育成を図ることにつなげた。富裕層の啓蒙運動、学習運動を通じて、寄留者民権家の育成、自由民権運動の基礎を固めていくことになる。

五日市の場の特殊性の二つ目は、五日市における自由民権運動を主導した、自由で平等な「五日市学芸講談会」にある。その自由で平等な講談会が、どう成立し、どういう役割を担ったのかをみていくことにする。

明治7年「法律講習会」(東日本を中心とした民権派ジャーナリストの演説団体である「嚶鳴社《おうめいしゃ》」の前身)の設立。明治8年、「愛国社」(大阪・西日本中心)結成。士族中心で、豪農・一般民衆が参加するまで発展しなかったが、「愛国社」結成をアピールした民権論は多くの民衆の心をつかんだ。「愛国社」の運動は全国的な展開までには至らず衰退するが、明治11年9月、「愛国社」の再興。明治12年3月、「愛国社」第2回大会、同年11月「愛国社」第3回大会、明治13年3月17日、「愛国社」第4会大会開催、大会一部を「第1回国会期成同盟」に改称し、「国会開設請願」を採択。同年11月10日、第2回国会期成同盟大会で憲法起草案を各組織が次会（第3回国会期成同盟大会）に持参・研究することを決議した。

この間の明治12年から13年初めにかけて、三多摩地方、特に五日市は「嚶鳴社」の啓蒙活動に触発され、民権思想が発展した。明治13年1月7日、第15「嚶鳴社」が八王子に設立された。五日市では明治14年初めごろに、千葉卓三郎が五日市に居住し、学習結社「五日市学芸講談会」が結成された。前述の第3回国会期成同盟大会の憲法起草案提出の決議に反応した「五日市学芸講談会」は、嚶鳴社の憲法草案を手に入れ、千葉卓三郎を中心にした会員による討議が行われ、公然と嚶鳴社との関係を築いていった。

「五日市学芸講談会」は、土佐の「立志社」のような政治結社ではなく、学習結社である。自由民権運動では、政社が当然という先入観のため「講談」に違和感を持つ人が多いのではないだろうか。前述した宮城県の「進取社」等で学術講演会を開催していたことに触れたが、また、「嚶鳴社」、「交詢社」の結社も演説団体の形態をとっていたように、当時の政府の「集会条例」による活動弾圧・阻止から結社を守るための学習結社という苦肉策を五日市でもとっていた。当時の講談は、今では想像がつかない程、歴史を講談することが全国的に隆盛であった。その講談を隠れ蓑にして、民権運動の学習・討議を展開し、この名称を付けたのではないだろうか。

この「五日市学芸講談会」は、宮城県の「進取社」と同じ様に、それまでの「士族」中心の民権から、豪農、一般農民、商人たちが参加した民権運動に転化されていった。

そのことを、「五日市学芸講談会」（以下「学芸講談会」と略す）の組織と活動から探ってみたい。そのことから、五日市が特殊な場であることが浮彫りされてくると考える。

学芸講談会は会規則に「会員互いに家族親族の如く」とあるように、前述した山場と里場の交流市場、江戸等の中央からの情報を得るという自由な五日市の特殊な場の特色である村落共同体の伝統を活かした組織であった。地域の特殊な場の特色を活したその組織は、徹底した平等主義の思想・考え方が反映し、身分・職業の制約なしのあらゆる階層の人々が会員となった。

その会員には、五日市町長、地域の村長・戸長を兼務する、内山家（英招・末太郎親子）、深沢家（名生《なおまる》・権八親子）、佐藤家（蔵之助）、土屋家（勘兵衛・常七兄弟）等の富裕層と勧能学校関係の寄留者である旧仙台藩士出身者たちの校長永沼織之丞、千葉卓三郎、千葉吾一（海軍軍医・ギリシャ正教信者）、伊東道友（祐雅《ゆうが》・警部補）らが混在し、彼ら会員は組織内で指導的立場を担っていた。

学芸講談会の活動は、皆が集まり易い5の付く日（毎月3回）の市開催日にした。多くの者は数里先から早朝に家を出て、討議が終了して帰宅するのが朝の明け方ということが常であったようだ。討論会の議題の記録に、法律に関する内容が多いようであるが、書籍購入についての議題が日を引く。会で共同購入し、会員が廻し読みする。深沢村の深沢家では、東京で発行された書籍は全てあったといわれるぐらい所蔵され、図書館の機能を果たしていた。ここではその蔵書を紹介しないので、色川大吉氏がまとめた『五日市町史』を是非見ていただきたい。

討論会は、参加者は必ず1回発言する、「虚心予意を旨として決して暴慢の行為あるべからず（虚心の意識で臨み、決して粗暴で人をはばからない行為は許さない）」などの参加者の心がけを示し、その戒めを聞かない場合には退場させることにしていた。

前述したように物と人と情報が交流する市場の五日市の特殊な場の基礎の上に、第2の特殊な場の特色となる、自然に育まれた自由で平等意識の高い五日市が、自発的に組織した結社を育てようとする真摯な姿を見ることができる。結社は会員の地道な学習と不断の努力で確実に実力を養成していった。

市場は全国どこにでも存在するが、五日市という山場と里場をつなぐ生業とコミュニティがあればこそ、特殊な場の基礎を築いた。そして、市場であれば、物と人が行きかうところに自由な部分と閉鎖的独占等部外者を排除する動きが出て来るものだが、五日市は、特殊な場の基礎である情報を得るための開放性がないとなり立たない。そこに自由と平等の気風が生まれた稀有な場である。

明治14年10月13日、政府は明治14年の政変（大隈重信一派を閣外に追放）を断行し、明治23年を期に国会を開設するという勅諭を発した。この不意打ちにも近い政府の国会開設確約は、明治13年の第2回国会期成同盟総会決議であった、各結社からの憲法草案を集約するための第3回大会が、自由党結成大会に変わり、民権家たちに大きな衝撃を与えた。

このことは、各地域から集約した憲法草案が審議されないことを意味するわけで、五日市の学芸講談会の会員たちも衝撃を受け、特に明治14年春ごろに憲法草案が完成し、陽の目をみるところまできていた卓三郎の心中はいかばかりであったことか。

学芸講談会は、この不幸を乗り越え、憲法草案を主軸としてきた今までの活動を、10年後の国会開設と政党の組織化へと一大転換せざるを得なかった。こうした中、明治13年以来政党結成を準備してきた嚶鳴社は明治14年10月、自由党結成の段階で大隈重信の改進党に参加したが、五日市では、嚶鳴社と決別し、板垣退助の自由党に接近し、卓三郎を含めた学芸講談会の会員8名が入党した。（卓三郎は正式には入党していない。）こうした政党運動に転換していく過程で、政府の憲法に対する私擬憲法草案がようやく陽の目を見ることができ、民権家内で大いに審議されたが、政府の憲法発布にあたり、このような草案は一顧だにされなかった。

それでは、五日市憲法草案等の私擬憲法は全く意味がなかったのだろうか。私擬憲法は、全国各地の民間の関係者（知識人・ジャーナリスト・団体等）がつくりだした私的な憲法草案のことで、「民間」、「私的」がキーワードで、当時の政府が主導する「官」、「公的」に対し、数段低いという評価が一般的風潮であった。この五日市憲法草案は、民権家内での評価は高かったが、歴史に埋もれることになった。

この私擬憲法が生まれる背景は、自由民権運動の政治目標である「立憲政体」（憲法を制定し、三権分立のもとで一般国民が政治に参加する政体）とその政体を具体化した「代議政体」（議会制度）を実現することにあった。これらの実現には、憲法の制定が前提になるわけだから、政府の「官」、「公的」が憲法を制定する気がないならば、「民間」、「私的」が私擬憲法をつくろうとなったのである。

五日市でこの私擬憲法・「日本帝国憲法草案（五日市憲法草案）」が生まれた。それは、「学芸講談会」

を中心とした討論を経た政治学習・運動と、共同購入した深沢家の蔵書から豊富な知識を得、その知識を実際に運用するように進めていったからだと思われる。このような条件がなければ私擬憲法・五日市憲法草案は生まれなかった。このような条件の中で、千葉卓三郎は、討論の進め方、知識の運用の仕方、草案条文の最終仕上げをした。

五日市憲法草案

五日市憲法草案は、他の私擬憲法のほとんどが１００条前後の中、立志社・植木枝盛の「日本国国憲案（「東洋大日本国国憲按」）」の２２０条につぐ２０４条と膨大で、異例であった。条文の法文化とともに憲法にまとめあげる至難さを考えると、傑出したものであった。

この五日市憲法草案は、ほかの民権派と同じようにイギリス流の立憲君主制、君民同治制を骨格にして、国会（民撰〈選〉議院・元老院・国帝の構成）の立法、直接選挙による議院内閣制の内閣と司法の三権分立主義をとっていた。それは、国民的な意見の一致を得ることができる憲法構想であった。

五日市憲法草案は、モデルとしたのが嚶鳴社草案（１０９条）であったが、その草案の条文が11条しか含まれていなく、一部・大幅修正を加えて52条となっている。他の条文には嚶鳴社草案に該当するものがなく、国民の権利、国会の権任、司法権に独自の条文を加えて１０１条をつくっている。嚶鳴社草案を土台にしているが、ほとんどが卓三郎や学芸講談会の会員たちが創造したものであった。

ここから五日市憲法草案の各篇（第1編・国帝、第2篇・公法・第1章・国民の権理（利）、第3篇・立法権、第4篇・行政権、第5篇・司法権）で特色のある内容を具体的に概観していくことにする。但し、現代表記とし、（　）は筆者の記述とする。

第1篇・第3章「国帝の権利」の冒頭「国帝の身体は神璽《しんじ》にして侵《おか》すべからず又責任とする所なし万機の政事に関し国帝もし国民に対して過失あれば執政大臣独りその責任に任ず」（天皇の身体は神様のしるしのようなものでおかしてはいけない。また、責任をとることはない。もしも、天皇が国民に対して過失があれば、責任大臣が国民に対して責任をとる）

この条文は、大日本帝国憲法第3条の「天皇は神聖にして侵すべからず」という絶対的唯一神を想起させるが、君主といえども、過失があることを前提とした天皇を人間的に見ている法文である。天皇を「神聖不可侵者」とするか「人間的過失者」とするかでは、天と地の違いがある。そして、その過失を最小限にくいとどめるために、「軍隊を号令し、国憲にそむくことはできない」など国会において、国憲や法律を遵守することを宣誓しなければならないとしている。

第2篇・公法・第1章国民の権利において、日本国民の定義と権利を示した後の実質的な内容の始まりに「日本国民は各自の権利自由を達すべし、他より妨害すべからず。かつ国法之を保護すべし」と基本的人権の原理とその不可侵性を述べ、国法による保護を明文化した。これは、日本国憲法第11条「国民は、すべての基本的権利の享有を妨げられない」に符号するものであり、近代民主主義憲法の原点になっている。人権保障にかかわる司法権と密接な関係にある国民の権利の中で、「国事犯のために死刑を宣告することなかるべし」と「国事犯のために」という条件がついているが、死刑を廃止するという先見性がみられる。

また、私有財産の不可侵の権利においても「如何なる場合といえども財産を没収せらるることはなし」

の条文を後述する司法権で、さらに一層私有権を補強し、最大限の保証を図るという、国民の権利と司法権の二重性を持って人権保障する独創性が見られる。

これは、現憲法第29条「財産権は、これを侵してはならない。私有財産は、正当な補償の下に、これを公共のために用いることができる」に通じる。

この第2篇の国民の権利における最後に「府県令は特別の国法をもってその綱領を制定する。府県の自治は各地の風俗・習慣によるものであるので、これに干渉・妨害してはならない。その権域は国会といえどもこれを侵してはならない」（府県令は国法にもとづいて地方の綱領を制定する。地方の自治は、各地の風俗・習慣によって独自に行われなければならない。たとえ国会といえどもこれに干渉・妨害することはできない）がある。

この地方自治が生み出された背景は、五日市という特殊な場、それらを基礎にした自由な気風・風土の学芸講談会を千葉卓三郎が体験したことにある。この五日市を理想の場として、国民権利の延長線上に位置付け、一般化することであったように思える。また、放浪遍歴した根無し草の卓三郎が五日市に定住し、地域の人たちと一緒に責任をもって自治を維持し、全国に広まっていくことを熱望した思いがこの条文に反映されているのだと思う。

第3篇・立法権・第1章民撰（選）議院に関する数カ条の条文を要約すると、民撰議会は、「人口二十万につき一人選出」する代民議員で構成する。その代民議員の被選挙権は、「満三十歳以上の男子にして定額の財産を所有し私有地より歳入ある事」、「一定の直税納入」者とした。選挙人の資格は、「婦女未成年者禁治産者白痴瘋癲《ふうてん》（精神異常）犯罪者」などには資格がないが、それ以外の条件がつけられていない。他の私擬憲法では、一定額の財産・直接納税一定の条件をつけた制限があるが、この五日市憲法草案ではそのような制限がない先進的なものであった。

民撰議院は、「財政（租税・国債）に関する方（方法）案を起草する特権を有す」。そして、民撰議院は「行政官より提出した起議を討論し、また国帝の起議を改竄《かいざん》（あらためなおす）する権を有す」というように国帝権を制御している。しかし、国帝は「国会より上奏したる起議を允否《いんぴ》す（承認しない）」権限を持っているのだから、民撰議院（国会）と国帝が相互にチェック・牽制できることを意図している。

民撰議院・元老院・国帝で形成される国会の権限は、「国会はすべて日本国民を代理するものである」であり、「国帝の制可（天皇が政務を裁可すること）をすべからく法律を起草し、これを制定する立法権を有する」機関であるとしている。

さらに、この国会（立法）と政府（行政）の関係について、「国家は、政府に於いて、もし憲法あるいは宗教、道徳、信教の自由、各人の自由、法律上における諸民平等の遵奉（法律を守る）、財産所有権、我が国の防御を傷害することがあれば、それらの根元となる公布を拒絶する権を有す」と政府が、憲法に定めた原則に違背し、国民の基本的人権をおかすようなことがあれば、国会は違憲立法公布を拒絶できるというものである。人民の代表である「国会」という立法権者は、「政府」という行政権者を、憲法を通して、基本的人権を擁護するように意図している。

第5篇第1章司法権の冒頭「司法権は、不羈独立《ふきどくりつ》（何事も自分の力で行い、他に束縛されないこと）にして、法典・規程にしたがって民事・刑事を審理する裁判官判事、陪審官（一般国民から選定）がこれを執行する機関と定規《ていき》（さだまっている規則・規約）している。この章は、35条の条文となり、他の私擬憲法では10条前後になっていることから、卓三郎の強い思い入れを感じる。これは、卓三郎が正教の信者として迫害された体験から来たものではないかと思われる。国民の権利の所で触れたように、司法権において、国民の権利を決して法律以外で侵害してはならないという国民の権利と司法権で二重規定している。

このような立法・国会と行政・政府及び司法・裁判所の三権がお互いに分立し、相互に牽制するシステムは、千葉卓三郎の核心である基本的人権を守るための「法の精神」に心血を注ぎ、強い覚悟でなされたものと思われる。

千葉卓三郎の終焉とハリストス正教

千葉卓三郎は、明治16年11月12日、享年32で、東京帝国大学附属病院で亡くなった。明治13年頃、結核に罹患し、五日市憲法草案が起草されてわずか2年半ばかり経っての死であった。この数年間、自由民権の求める政治的な闘いと肉体を蝕む病魔との二重の苦闘が続いた。五日市の仲間は、有志で義援金を集めて、万病に効くという草津温泉に湯治にやったり、独身の生活を見かねて看護人を世話したりした。さらに、大学病院に入院させるなど、厚情あふれる援助を惜しまなかった。

憲法草案起草の集中する作業は寿命を縮めた。同志の深沢権八には断腸の思いであった。この草案こそが、卓三郎が残した遺産であった。ましてや、学芸講談会のメンバーと一緒に討議を重ねてきたものであるからこそ、なおさらであった。

深沢権八は、卓三郎の死を悼んで、次のような漢詩をささげている。その漢詩を『民衆憲法の創造』（色川大吉他）より掲載し、現代訳する。

悼　千葉卓三郎

懐君意気捲風涛　郷友会中尤俊豪
雄弁人推米辺理　卓論自許仏蘆騒
一編會艸済時表　百戦長留報国刀
悼殺英魂呼不起　香烟空鎖白楊皐

悼《いたむ》　千葉卓三郎
懐《おも》えば君の意気は風涛《ふうとう》（風と波）を捲《ま》き
郷友《きょうゆう》の中で　もっとも俊豪《しゅんごう》（常人より器量・才能の優れた人物）
雄弁は人推す（推測）米のヘンリー
（雄弁は、パトリック・ヘンリー　アメリカ憲法権利の章典提案者を推測する）
卓論は自ら許す仏のルソー
（卓三郎は、『社会契約論』などの民主主義理論唱える仏革命の先駆者ルソーを自称する）
一編會艸《かって》（草）済時《さいじ》（仕上げた）の表
百戦長く留まる報国の刀
悼殺《とうさつ》（強く悼む）英魂呼べども起《た》たず
香烟《こうえん》（香の煙）空《むな》しく鎖《と》ざす白楊《しろやなぎ》の皐《こう》（水際）

「一編會艸済時表（一編會艸《かつて》〈草〉済時《さいじ》〈仕上げた〉の表）」こそが、五日市憲法草案を指し、「百戦長留報国刀（百戦長く留まる報国の刀）」すなわち百戦を戦い抜いた「報国の刀」に匹敵するのだ。この「報国の刀」は、永遠に語られる「五日市憲法草案」と「千葉卓三郎」の二重の意味を指し示しているようでならない。しかし、千葉卓三郎という「報国の刀」は、刃こぼれてしまい、刹那の生涯を送った卓三郎への鎮魂の思いが重なっている。

卓三郎の遺骨は、谷中天王寺のキリスト教共同墓地に葬られた。また、卓三郎の最期の面倒を見た、門人の鎌田喜十郎（北多摩郡奈良橋村・現東大和市）は、後年自分の墓石に「千葉先生　宮城県人」と彫り込むように遺言した。千葉卓三郎への敬慕を終生抱き続けていた。五日市、多摩の若い人たちにとって、卓三郎の死は、大きな衝撃であった。それは、彼への尊敬の深さの現われでもあった。

卓三郎の死の10日前・明治16年11月２日に書かれた深沢名生宛の遺言がある。『民衆憲法の創造』より概要を現代語表記する。

「自分が預けた著書等は顧慮することはない。ただ関心があるのは、万一のことがあれば、妻子もなく、かつ郷里の親戚は狡猾の徒のみ多く、我が家を継がせる者はいない。ただ、仙台に広田という者あり、我が家の重縁にして、英之進（広田隆友）という者は私の叔父にして正直の人物なり。願わくは大父（深沢名生）及び委員諸氏を謀り、広田を呼び寄せ、同人の子（はるぢ）が千葉家を嗣ぐことを委託する」

卓三郎の死後、広田隆友を呼び寄せ、広田の二女・はるぢを養女とした。この養女・はるぢの子孫が卓三郎の遺品を大切に残してくれたおかげで、五日市憲法草案の存在、千葉卓三郎の思想遍歴・事績を知ることができる。

しかし、「郷里の親戚は狡猾の徒のみ多く」と気になる箇所がある。谷中の天王寺のキリスト教共同墓地が道路拡張工事で墓の移転にせまられ、仙台の広田家菩提寺・資福寺（仙台市北山）に墓を移した。郷里は、旧栗原郡白幡村（現栗原市志波姫町）であるが、その郷里を拡大すれば、旧仙台領も含まれるのではないか。卓三郎が養母に育てられ、養賢堂に学び、白河の戦いで敗れたのは、すべて旧仙台領の裡である。継嗣が仙台であるから墓石の仙台移転は仕方ないのだろうが、何かしらうまい手立てはなかったのだろうかと腑に落ちないでいる。

この章の最後のまとめとして、千葉卓三郎・五日市憲法草案とハリストス正教の関係について、今後の課題を含んだ、今、考えうることについて記述したい。

五日市憲法草案の核心を、仙台ハリストス正教の多くの信徒及び協力者が主宰する『講習雑誌』及び進取社の『進取雑誌』から得たと前述した。卓三郎の遺品から、学芸講談会が定期購読していた『進取雑誌』の備忘録があったことからだ。『進取雑誌』は、現在、個人所有の物だけとなり、公的な図書館等では目に触れることが難しい。したがって、色川大吉氏がまとめた『五日市町史』からの転載内容からそのことを考えていきたい。（現代語表記し、（　）は筆者が記載）

明治14年2月、発行された『進取雑誌』に掲載されていた国分豁《こくぶんひろし》の「制法論」から、法律をたてる場合の方針を学んだ。その「制法論」の要旨が備忘録の中に詳細に写し取られている。「法律をたてる場合の『製法の本源』（一）道理に遵う（二）時世に適する（三）風土を察することが基本原理とされなければならず、法文化するときにはたえず時勢を察し、時俗を揣《はか》り、民情を視《み》ることが必須条件であるという理念である」さらに、「国分は『法律なるものは人民ありて而して后《あと》に生ずるもの』であるから

『法律の制定改良は一つに人民の意向如何《いかん》に従はざるべからざるや』と述べている」。その後、この原理の実証を国分は、西洋・東洋の思想家の言葉を引用し、「このように法律は、それぞれの国でその風土に従い、その時世にかなっていれば、必ず『人民の権利を保護し、社会の安寧を維持する』という道理に従うものだと結んでいる」。「千葉が五日市憲法草案を起草する時の基本原理〝法の精神〟は、まさにこの理論から築かれた」。

卓三郎は、国分のいう人民主権が深くこころに残ったのだろう。そしてこの思いを抱きながら、学芸講談会の同志たちと議論し、具体的な起草を行ったといえるだろう。五日市憲法草案には、条文の多さからもその人民主権が通底しているといえる。

卓三郎は、明治８年ごろにはハリストス正教から転じて、反キリスト教への門下に入り、さらに、カトリック・プロテスタントに転宗している。そういう中、明治14年ごろにもハリストス正教に関係する『進取雑誌』を購読していることから、ハリストス正教との関係を断ち切っていないのではないかと思われる。『進取雑誌』の講読は、自由民権運動の中で、一般的なことであるかもしれないが、他にも機関雑誌はあったにもかかわらず、なぜ仙台ハリストス正教が関連するこの雑誌なのかと疑問が湧くのである。

さらに、明治14年９月（日付不明）、千葉卓三郎より深沢権八宛の書簡（『民衆憲法の創造』）は、卓三郎が、五日市憲法草案を起草し、明治14年の政変を受けて自由党結成により、党の運動に邁進するために、勧能学校を退職し、狭山村、村山村、奈良橋村等々を転々としていた時の書簡である。五日市に居た時の世話に感謝し、金や書籍の返却等をこまごまと指示している。板垣君（板垣退助）のところに行く時には是非知らせてくれるようにと各地を奔走していることが窺がえる。この金、書籍の返却の部分に「私が陸奥（南多摩郡野津田村・石坂昌孝の甥「石坂むつ」）君から借りたお金、小野荘五郎より返却されたかどうか、もし返却されていなければ連絡してほしい」とある。ここにある「小野荘五郎」は、当時仙台ハリストス正教会司祭になっており、前述した『講習餘誌』を主宰、『進取雑誌』を機関誌とする仙台の自由民権運動の結社・進取社に所属していた。

五日市憲法草案の核心を『進取雑誌』から受け、小野荘五郎から金銭の立て替えをさせている。卓三郎は、ハリストス正教から転宗したと思われているが、実際には、宗教を超えた人間的なつながりが続いていたと思われる。

次に、卓三郎が明治10年から12年にかけて、ジョン・バラのもとでプロテスタントを学びながら漢学を教授し、五日市の隣村大久野東学校で助教に就任している。このころ、永沼織之丞が勧能学校初代校長であり、千葉吾一が戸倉学校に勤めている。彼らと旧仙台藩の同郷であるハリストス正教からカトリック信者に改宗した竹内寿貞《たけのうちじゅてい》（但木良次の編参照、後に黒川郡郡長に就く）が、明治7年ごろ、北多摩郡砂川村（現立川市）に聖堂を建てる下地をつくるなど多摩地方に布教していた。

当時の多摩地方における旧仙台藩士たちの接点は、ハリストス正教が基にあった。それは、ハリストス正教を信仰し続ける永沼、千葉吾一、ハリストス正教からカトリックへ改宗の竹内、さらにカトリック・プロテスタントへ転宗した千葉卓三郎との交流であった。明治維新の折、士族は帰農・商売などの職業に転換せざるをえなかった。そのように転換できる私財を持ち得なかった当時の多くの青年たちは、青雲の志のもと、ニコライのハリストス正教の神学校、マリン神父のカトリック、ジョン・バラのプロテスタントの諸学校で衣食住の提供のもと語学・キリスト教の研鑽を積んだ。

竹内、永沼らは、推測であるが仙台に居る間にハリストス正教の信者になっていた。明治５年、卓三郎のニコライ師による受洗以外判明しないが、竹内は、明治５年にマリン神父の語学塾に入り、カトリックの洗礼を受けている。永沼は、明治５年、ジョン・バラに語学を学んでいるが正教を継続している。その後を追うように明治10年、卓三郎がジョン・バラの学校で語学・キリスト教を学び、漢学を教えている。

ニコライは、明治５年２月に上京、９月に神田駿河台に移住し、伝道学校を設立し本格的な伝道活動を行う。八王子地方にも明治９年ころから布教活動がはじまり、八王子、五日市を中心に信徒が急増した。機関誌『正教新報』（明治13年12月～明治19年３月、月２回）より明治14年の五日市教会の状況を抜粋すると、４月、五日市教会、八王子近在の４、５の講義所開設（西多摩郡瀬戸岡村などに各30～40名聴者）司祭佐藤パウエル出張、五日市領洗者８名、啓蒙者８名、八王子領洗者１名。同年５月５日、五日市教会、近傍４、５の講義所合わせて１３０～１４０名の新聴者あり。同年６月、五日市教会司祭佐藤氏出張。男女18名が洗礼をうける。その後、伝教師近藤氏はこれまでの出張所の他に甲州境までの間に５カ所の出張講義所を開く。聴者はどこも20名前後。

このように急激な広まりと、異常なぐらい熱心な洗礼者・聴者ができている。八王子よりも五日市の方が活発な展開を示している。前記のようにニコライは明治９年（１８７６）頃、八王子、五日市方面に布教活動を始め、明治13年（１８８０）７月には、五日市にハリストス正教会新聖堂が落成している。

三多摩地方で「洋教」（ニコライ宗）拒絶の問題が起きるのは明治６年頃であったから、ニコライが上京後まもなくして、この地方に布教したと思われる。『三多摩自由民権史料集』上巻、資料31「洋教拒絶盟書」（明治６年12月）、資料32「キリスト教布教取締に関する県への伺」（明治６年12月９日）、資料33「洋教拒絶の会盟書」(明治6年11月)などを参照。

　精神的遍歴の卓三郎が五日市に来る前に永沼がなぜ五日市にいたのか不思議であった。また、永沼が卓三郎を勧能学校に呼び寄せただろうと思われているが、どのような経緯でそうなったのか判然としなかった。五日市は地勢的・歴史的に特殊な地域であることを前述したが、物・人の交流があまたあり、活気にあふれて、宗教を含め多くの文化的な交流も盛んになっていた。前述の『正教新報』、洋教排斥の文書に見られるように明治6年ごろにハリストス正教が入り、明治9年ごろに本格的な布教が始まり明治13年、ハリストス正教会新聖堂完成を機に布教が活発化していく。

　卓三郎が五日市に呼びこまれる道筋は、自身のプロテスタント布教活動であり、永沼が多摩地方で塾が開かれていく中で塾長を努め、地域の信頼を得て、明治6年、勧能学舎（後の勧能学校）の初代校長となったことから勧誘したのであろう。永沼自身、多摩地方に来るきっかけは、北多摩郡川村塾の塾長竹内寿貞の勧誘からであった。元は同じハリストス正教の信者で同郷のよしみでの勧誘と受託であったろう。

　永沼が同郷のよしみでの勧誘と受託であったように、卓三郎に対しても同じような気持ちであったように思われる。さらに正教の洗礼を受けている卓三郎に正教の布教を期待していたのかもしれない。永沼は、ハリストス正教の布教を面に出さないで、五日市に入ったのではないだろうか。ニコライの多摩地方への布教と同時に永沼は五日市の塾長になり、正教活動拠点の教会が五日市にできた時には、永沼は勧能学校長であった。

　自由民権運動が盛んになる明治14年10月14日、永沼は突然校長をやめ、卓三郎が第2代校長になった。卓三郎は、自由党結成にむけて、各地を奔走する中での校長就任であり、卓三郎にとっては迷惑で、永沼への不信が募る。お互いの関係はどのようなものだったのか。これも卓三郎の書簡からみていくことにしたい。

明治14年6月7日、卓三郎より深沢権八宛の書簡（『民衆憲法の創造』）は、本来破棄すべきものであったが幸いにも残っていた。卓三郎が、五日市憲法草案を完成させ、明治14年の政変によって自由党結成の中、自由党の運動に入り五日市を離れ、北多摩郡奈良橋村（現大和市）に移住していくことになった時、自分が去ったあとの学芸講談会のことを心配しての6カ条が書かれている。会の現状を鋭く分析、批判したものであるが、学芸講談会の指導者たちへの評価が手厳しい。学芸講談会が「詩文、下手書画巣窟となるべし」というサロン化することを危惧し、何とか防ぎたいという思いを託していた。

その書簡の内容で、演説会での演説は「佐藤（佐藤新平か）、伊東（伊東道友）、永沼（永沼織之丞）、吾一（千葉吾一）‥吾一他は持論なく、精神なく、村だち気配の者」と断定している。別条でその「村立ち気配」を「論者の顔色に目を注ぎ、正理を棄て不理を取り、理に党せずして人に党し、理に賛せずして人に賛し、理非その地位を転倒し、理は非に決し、非は理に決しざるに至る」と散々たる定義づけである。卓三郎の人を見る眼力がここに表現されている。この批判されている人物たちは、学芸講談会で五日市出身者につぐ、宮城県出身者たちである。

伊東は永沼の甥であるし、千葉吾一は勧能学校の教員の後、軍医として活躍する。それぞれが、ハリストス正教に関係する人たちであった。特に伊東は、前述した仙台進取社を五日市に結び付けていた張本人であった。その甲斐あってその機関誌『進取雑誌』講読が可能であった。

卓三郎は、そういういきさつであっても、非合理的な情実を忌避したい生き方、そして情実のような生き方を拒否して精神的遍歴をしてきた。裏を返せば、学芸講談会の会員にもこのような俗物たちがいたことを示すものであるが、この会は今まで憲法草案の起草にむけた純粋で理想的な活動をしてきたからこそ、このような指弾するような強い表現を使ったのだと思われる。だからこそ、破棄すべき手紙と指示された権八には、卓三郎が指弾する内容に合点がいくから、戒めとして保持していたのであろうか。卓三郎はじめ深沢父子の悩みと不安がこの書簡にあるのだろう。

永沼は、勧能学校長を突然退め、東京で共賛義塾を経営し、傍ら神田錦町の耶蘇教公議所で修身演説会を行っていた。永沼なりに民権運動が活発化する中で正教の教えを確固としたものにしようとしていたのかもしれない。修身演説会について、『正教新報』明治16年6月15日号に、東京教会（東京ハリストス正教会）の有志の発起で、毎月第3日曜に開催されていた中で、6月は第4日曜日の25日に開催されたとし、演説の内容、演説者の紹介と盛会であったことが掲載されている。

卓三郎は、東京横浜毎日新聞の明治15年6月25日の広告でこのことを知り、5日後に深沢名生、馬場勘左衛門宛（『民衆憲法の創造』）に、「大井憲太郎・耶蘇教信者をたてものにし、松井（正威）、大越（弘毅）、新妻（不明）等耶蘇教伝教小僧を相手に、・・・耶蘇教演説の一人として愈々永沼君の志□腐敗益々甚だしき至りしを感心（ひどさにあきれる）せり、両人はいかがでしょうか」と送っている。卓三郎は、演説を聴講したわけではなく、広告の演説者を見てこのような憤慨した葉書を書いて、2人に了解を求めている。「耶蘇教伝教者の小僧」、「腐敗益々甚だしき至り」と永沼に対する不信と憎しみすら感じられ、「耶蘇教」（ハリストス正教）への反感が強く滲んでいる。

永沼織之丞、千葉吾一、伊東道友への卓三郎の評価は手厳しい。明治13・14年の民権運動の革新運動と重なっていることから、卓三郎はハリストス正教の保守性から出て来る優柔不断な言説をとる永沼、千葉吾一、伊東らを拒絶していたのではないだろうか。その背景には、五日市憲法草案起草にあたり、学芸講談会の中で指導的立場にありながら、彼らがとった言動に対して腹がたっていたと思われる。同郷という甘えが彼等にあったがゆえに、五日市の人たちのひたむきさに応えるための卓三郎の精一杯の抵抗であったのだろう。それは、憲法草案を起草したタクロン・チーバとして、五日市の深沢父子はじめ学芸講談会の同志に対する感謝と御礼の証であったと推測する。

正教への憎悪は、永沼はじめとする同郷の者の講談会における優柔不断の言動ばかりではなく、彼らの背景にあるキリスト教他宗派・他宗教に対する排斥態度が赦せなかったのではないだろうか。正教からのカトリック・プロテスタント・仏教・神道等への批判、正教へのカトリック・プロテスタント・仏教・神道等からの批判の応酬に対して、卓三郎は、遍歴した中から、これらの応酬の愚かさを知っていた。宗派、宗教を超えた一体感で、卓三郎は、講談会の人々と自由民権の理想を、理想地の五日市で実現しようとした。それが激烈な批判と神の救いを求めないような態度に出現した。

しかし、卓三郎にとってハリストス正教との出会いは、酒井篤禮との出会いが始まりで、小野荘五郎、ニコライ師との出会いと教えが、人・物の見方を研ぎ澄ましていく精神的遍歴を生み出していった。それは、正教を含めた宗教を受け入れ、信仰とは何かを問うものではなかったか。そして、そのことを五日市憲法草案の創造に昇華させた。

その間に、卓三郎は、ハリストス正教・カトリック・プロテスタントという特定の組織・宗教が説く神の存在は信じないが、自身が遍歴した生涯の中で見つけ出し、拠りどころとする「自分ひとりの神」

をもっていたのではないだろうか。最終的には、神の救いを述べる言葉を発していなくても、ハリストス正教の洗礼を受けた者として、このような生き方でよかったのかを問う最期を迎えたような気がしてならない。

第7章　宗教を考える

1　ハリストス正教の伝道

幕末に再伝来したキリスト教の分流であるハリストス正教がどのようにして受け入れられたのかの受容、その伝教について、仙台藩士の新井奥邃、但木良次、千葉卓三郎及び医師酒井篤禮から見てきた。ザビエル以来のキリシタンとは断絶する日本におけるハリストス正教は、他宗とは混合していない原始キリスト教の教え、短期間（１５０年以上は経ているが）の伝道、頑なに守ってきた儀式等を伝えてきた。ハリストス正教が神の福音の伝教を広め、信仰へと導く伝道は、明治元年の酒井篤禮たち日本人初の受洗後、明治４年小野荘五郎ら旧仙台藩士たちの伝教、明治5年ニコライの東京への進出を経て、明治10年前後に隆盛の兆しを迎える。その後、明治末以降に全盛を迎えるが、明治10年代初めから生まれた自由民権運動の盛衰とともにハリストス正教は大きな影響を受け、大きな伸びを見せることはできなかった。

このような盛衰の中で、正教会はどのようにして活動すなわち伝道してきたのかを日本ハリストス正教会のホームページを基にして見ていきたい。

（表A）「日本正教会一覧」（巻末）は、整理し易くするために教会の番号を筆者が付け、３つの教区である東京大主教々区正教会数19、東日本主教々区正教会数30、西日本主教々区正教会数15について、「教区」、「名称」、「伝道開始年月」、「伝教者」、「沿革（初期、会堂建立年、会堂建立・改修・新築等、現在）」の項目に分けて一覧にまとめたものである。この一覧を基にして、伝道年・伝道地域等の経緯を知ることにし、それらから判明することについて述べたい。

ホームページは教会ごとに作成時期が異なり、更新されていない可能性も高く、様式も統一されていないため教区ごとに温度差がある。したがって、空欄が多く目立つ教区とそうでない教区に大きな差があり、（表A）「日本正教会一覧」においての空欄は、そのためである。

次に、（表A）「日本正教会一覧」から、正教の伝道年と地域を、（表1）「ハリストス正教の伝道と地域」に特化してまとめた。東日本主教々区を「東」、東京大主教々区を「東京」、西日本主教々区を「西」と略記している。伝道年は、教会での洗礼等の記録をもとにしているが、実際のところは記録以前からの伝教の出入りがあったと思われるのが自然であろう。（表1）「ハリストス正教の伝道と地域」の大枠を列記する。

文久元年（1861）	函館（東）
明治2年（1869）	金成（東）
明治4年（1871）	仙台（東）
明治5年（1872）	東京（東京）に伝道、関東・関西への伝道、東京が伝道拠点
	旧仙台藩領内（宮城県北、岩手県南部）に伝道、仙台が伝道拠点
明治6年（1873）	盛岡（東・旧南部藩領）に伝道、盛岡が北東北への伝道拠点
	神戸（西）に伝道、神戸が関西への伝道拠点

明治7年（1874）	名古屋（西）・大阪（西）に伝道、名古屋・大阪が東海・四国・九州への伝道拠点
明治10年前後～20年代	旧仙台藩領内（宮城県北、岩手県南部）に伝道 旧南部藩領・三陸部に伝道 北関東・東海に伝道 北海道・四国・九州に伝道

明治10年までに、伝道拠点（東北伝道：仙台・盛岡、関東・関西伝道：東京・神戸、東海伝道：名古屋、四国・九州伝道：大阪）をつくり、地理的平面の拡大が図れ、教勢が著しく展開したと思われる。これらの伝道拠点は、単なる人口が多いだけではなく、以前にキリスト教が伝来し、弾圧された歴史をもつ、歴史的土壌を兼ね備えていた。日本の古典・歴史・宗教に知悉し、日本を知り尽くしていたニコライの戦略であったのだろう。

（表一）「ハリストス正教の伝道と地域」（ホームページで判明している分のみ記載）２０２０年３月６日現在

地域 伝道年		東日本主教々区	東京大主教々区	西日本主教々区
1861	文久 2	函館（東 -9）		
1869	明治 2	金成（東 -24）		
1871	明治 4	仙台（東 -1）		
1872	明治 5	石巻（東 -4）	東京（東京 1）	
		一関（東 -22）		
1873	明治 6	高清水（東 -5）		神戸（西 -7）
		涌谷（東 -8）		
		盛岡（東 -17）		
		気仙沼（東 -23）		
		十文字（東 -25）		
1874	明治 7	佐沼（東 -6）		名古屋（西 -2）
				大阪（西 -5）
1875	明治 8		前橋（東京 5）	
1876	明治 9	白河（東 -3）		
		上磯（東 -10）		
		日形（東 -30）		
1877	明治 10	上下堤（東 -7）	宇都宮（東京 12）	徳島（西 -8）
		大原（東 -27）	小田原（東京 14）	
		會慶（東 -29）	静岡（東京 15）	
1878	明治 11		横浜（東京 8）	鹿児島（西 -14）
			足利（東京 9）	
			馬頭（東京 11）	
1879	明治 12			熊本（西 -13）
1880	明治 13	奥玉（東 -28）		京都（西 -1）
1881	明治 14		山手（東京 4）	
1882	明治 15	中新田（東 -2）		
1883	明治 16			半田（西 -4）
1884	明治 17	札幌（東 -11）		人吉（西 -12）
1885	明治 18	盛（東 -26）	須川（東京 6）	
1887	明治 20	小樽（東 -12）		
1889	明治 22			柳井原（西 -9）
1890	明治 23		手賀（東京 3）	
1891	明治 24	釧路（東 -14）		
1892	明治 25	北鹿（東 -18）		
1897	明治 30	上武佐（東 -15）		
1912	大正元	斜里（東 -16）		
1918	大正 7	苫小牧（東 -13）		

隠れキリシタンと正教伝道

ハリストス正教の伝道について見て来たが、ここでは第1章でのテーマでもあった旧仙台藩領における隠れキリシタンの地域と正教伝道の関係を詳しくみておきたい。

函館から最初の伝道先は、明治2年・金成で、酒井篤禮の出身地である。次に仙台、石巻、一関と続き、盛岡、気仙沼に展開していく。箱館から本州に行くルートは大きく二つある。酒井篤禮等がニコライより洗礼を受け、酒井の家族ともども箱館から金成に行った、現青森県の大間に渡り、旧南部藩領の支藩である八戸経由、南部藩領の奥羽街道を南下していく内陸ルートである。もう一つは、新井奥邃らが、仙台藩に募兵のために使用した東廻りの航路で、太平洋三陸沿岸を経由していく海洋ルートである。

この二つのルートが、伝道ルートの基幹となっていくのである。内陸ルート金成・一関の北上川及びその支流と海洋ルートの気仙沼が結ばれる。内陸ルートの涌谷・古川と海洋ルートの石巻、内陸ルートの盛岡と海洋ルート宮古の各地区が結ばれ、その間に教会が建てられていくことになる。

この中で、教会が現在も多くあるのは、金成・一関と気仙沼の間であり、現在の一関教会の管轄地である。そして、第1章で触れた隠れキリシタン殉教・処刑地域である。金成のある現栗原市の一迫川、三迫川は処刑地であり、一関教会が立地していたところも処刑地である。佐沼も迫川沿いで殉教地と隣接している。

酒井篤禮はそれらのことを知っていたのかは不明であるが、偶然にも隠れキリシタン殉教・処刑地と伝道が重なっている。隠れキリシタンと新しく入ってきた正教の関係を示す史料は見つかっていない。

また、隠れキリシタンを示すような墓碑もマリア観音信仰も伝えられていない。これは、余りにも徹底したキリシタン根こそぎの弾圧であったためであろう。しかし、その殉教・処刑地が新しいキリシタンである正教とは全く関係ないとは断言できない。隠れであったことを忘れていても、先祖に殉教者がいたことは無意識に家族内で通ずる習慣に残っているものであり、信仰への純粋性が蘇ることもありうるのではないだろうか。

殉教地・処刑地と新しく伝来したキリスト教・ハリストス正教の伝道地が同じであるだけでは、関係が薄いということはわかっているが、キリシタンを受容し、信仰したという精神的な基層と地勢的な特性によって正教が受容・信仰されていったことを、単なる偶然だと否定するにしては根拠が薄いように思えるのだが、どうであろうか。今後の研究が必要であると考える。この点は後述する「ハリストス正教受容まとめ」で触れることにする。

明治期キリスト教信者の推移

ここでは、ハリストス正教の伝道とハリストス正教の信者数の関係について見ていきたい。正教の信者数は、(表2)「ハリストス正教と地域」における明治初年から20年代にかけての明確な資料は見つからないが、一部『聖ニコライ事蹟伝』と昭和14年版『宗教年鑑』の統計編の中の「基督教傳道発達統計」を参考にする。この統計は、1926年英文基督教年鑑をもとにしたもので、ハリストス正教の信者数等の教勢を明確に把えることはできないもののキリスト教全体の教勢を理解するのには役立つと思われる。

明治15年は、ハリストス正教を含む旧教及びプロテスタントの新教が共に明治に入ってからの伝道

（表2）「ハリストス正教と地域」

年度	教会数	教師数	会員数	＊『聖ニコライ事蹟伝』より抜粋
明治5年(1872)	1	28	10	
明治15年(1882)	95	15	5,092	＊明治13年正教信徒6,099人
明治21年(1888)	206	395	23,026	＊明治19年正教徒数12,546人
明治27年(1894)	351	869	35,534	＊明治24年正教徒数20,046人
明治33年(1900)	416	1,113	37,068	＊明治32年24,924人
明治38年(1905)	529	1,379	60,862	
明治43年(1910)	586	1,632	78,875	＊明治41年30,432人

活動の成果を示している。さらに、明治21年以降には、会員数が明治15年の約4倍（明治21年）、7倍（明治27年）、12倍（明治38年）、15倍（明治43年）と増えている。ここには記載しなかったが、会員数が10万人を超えるのは大正5年（１９１６）10万７４９４人で、20万人を越えるのは昭和10年（１９３５）20万４５２３人である。

明治初年から約50年で信者（徒）が10万人を越え、その20年後には20万人を超えるハイスピードの増え方である。その後、太平洋戦争時になり数は横ばいで昭和14年（１９３９）には27万７１６２人である。

詳細な戦前・戦後の統計については、後述するが、旧教のハリストス正教会の信徒数は、これら増大するキリスト教信者全体の中で、前述したようにニコライの東京進出と全国的な布教拡大がなされていたことから、明治10年代の正教の教勢が一気に全体を引き上げていることがわかる。それは、『聖ニコライ事蹟伝』の明治13年に全体統計数より大幅に多い６０９９人である。正教内の資料に基づいているので信憑性は高いと思われる。その後については、自由民権運動の盛衰とともに教勢を爆発的に伸ばすことはできなくなっていったが、明治19年には明治13年の2倍になっている。さらに、明治24年復活大聖堂（ニコライ大聖堂）が竣工した時には、2万人を超えている。そして、明治32年2万４９２４人、明治41年3万４３２人の3万人越え、大正2年3万４１１１人のピークを迎える地道な全国的な活動が功を奏し、教勢の拡大を図った。そのことは、キリスト教全体の数字にも表れている。明治期のキリスト教は、ハリストス正教が先鞭をつけていたことになる。しかし、前述したように、正教の教えと連携した自由民権運動が国家によって弾圧を被り、さらに士族よりで保守的であるというレッテルが張られ、正教の教勢拡大は、伸びを欠いていった。

このような正教の低迷の原因については後述するが、教勢拡大の一例として、教義はもちろんであるが、酒井篤禮のように誠実でひたむきな資質をもって、その教義に触れさせながら、庶民を導くことができた例を第5章で見た。それと同時に、正教の教えの自由と人権の思想的啓蒙と政社による実践啓蒙は、結果的に、プロテスタントにお株を奪われ、皮肉にも正教の衰退を招いた。

これらの盛衰が教えることは、国の在り方・情勢によって、宗教の盛衰があるということだ。このことは、正教のことだけはなく、すべての宗教にあてはまることだと、しっかりとおさえていなければならない。

ハリストス正教の衰退の背景

衰退の背景の一つとして、プロテスタントが、自由民権運動、文明開化の風潮の中で普及したことが考えられる。例えば、仙台におけるプロテスタントの普及は、千葉卓三郎も師事したジョン・バラ（第6章「千葉卓三郎の遍歴」参照）より、明治5年洗礼を受けた押川方義《おしかわまさよし》が、新潟での医療宣教師の手助けをして、明治13年、仙台に伝道を開始したことから始まる。明治14年仙台教会（後の東一番丁教会）を設立し、その5年後、日本基督教公会仙台神学校（後の東北学院）を創立する。

衰退のもう一つの背景は、信者層の中核を担う実務者層の崩壊があげられる。実務者層は、商人、地方官吏、医師、農村地主たちであった。その実務者層が崩壊する例として、前述した佐沼顕栄会の衰退があげられる。会を構成する実務者層は、明治13年広通社（明治12年、顕栄会を中心とした商社）が倒産し、信者が損失をこうむり、借金のために移住を余儀なくされた。明治14年を境にして、明治28年、日清戦争前後に完全に不振に陥ってしまった。同じような歩みが石巻などの他の信者の会でも起きていた。

さらに、実務者層の崩壊とともに、今までの正教の宗教的倫理が職業的な倫理として現実性を失った。酒井篤禮の戸籍上の実家である川股薬局では、主人が信仰すれば、従業員も信仰する徒弟的な関係では、宗教的な倫理が職業的な倫理に活かされていた。他の中新田の正教会における鍛冶職人の関係でもそれらは、お互いが活かされていた。しかし、実務者層の商人の主人たちの没落と崩壊によってお互いの関係を維持することはできなくなっていった。このような時期、自由民権運動の中核も担っていた宮城県の正教信者たちは、進取社を支持し、国会開設を主とする全国的な政社に組みせずに、多くの人々を啓蒙し民権思想を広めることを主とする県独自の自由民権運動を展開することになった。旧武士層が中心で構成する進取社は、理論的には正教からの人権思想を展開しながらも、実際には武士の帰農を支援し、地主化を進める運動が主体になっており、政府と同じ保守と揶揄された。プロテスタントの理論と実践が一致した運動に較べ、進取社・正教は人々から見放されていった。くり返しになるが、結果的には、正教の衰退は、自由民権運動の衰退と同じ歩調を踏むことになった。

さらにもう一つの背景は、日露戦争（明治37〜38・1904〜1905）でロシアが敵対国になり、正教信者は、「露探《ろたん》」と呼ばれたスパイ扱いを受け、活動を制約せざるを得なかったことである。さらに追い打ちを掛けるように日本を支援していたロシア内の正教会本部自体が、ロシア革命により成立したソ連邦政府の無宗教政策により、国教であった正教が経済的に無力化にされ、存続自体が危ぶまれた。これらの出来事が日本ハリストス正教会に決定的な打撃を与えた。第二次世界大戦後、日本側の正教会がソ連邦の傘下に入ることを要望したが、GHQは、冷戦のさなかであったので、アメリカの正教会の傘下に入るよう指示した。正教会がソ連邦のロシア正教会の傘下に入り、独立するのは1970年代に入ってからである。

正教以外の宗教も正教と同じように、国家の形によって翻弄されることは宗教の歴史が示している。

ハリストス正教受容まとめ

幕末に再伝来したキリスト教・ハリストス正教を通して、どのように正教を受容し、伝道していったのかをみてきた。その際、ニコライと仙台藩志士たちの出合いから、両者の思惑が合致したことが大きい。もちろん正教の教義に納得し、新しい国家づくりに光を見出したことが受容と信仰・伝教に駆り立てたことはまちがいない。そして、正教の思想を伝教・啓蒙することと、自由民権運動が表裏一体に展開していくことになった。

仏教の受容については、歴史的に鎮護国家、神仏習合を経て、現在の生活の中に根ざし、風俗・習慣として定着している。しかし、仏教が渡来した際、仏教は日本の八百万《やおよろず》の神々と神仏習合などの日本の習俗・信仰を取り入れ、土着していった。ザビエル時代からのキリスト教、再伝来したキリスト教は、唯一絶対神故に、当時大勢力であった仏教とは相入れない対応を取った。

しかし、ザビエル時代から弾圧時代におけるキリスト教の受容は、既存の仏教・神道等の宗教にはない、絶対神による天地創造、救いの隣人愛が日本において仏教的要素を含んだ慈愛として昇華され、教えを唱える永続性の日常として信仰の形として結実した。

外来からの宗教がその国に定着するのには、相当な軋轢と時間を要することは、宗教の蓄積された歴史である弾圧、殉教、処刑にみられる。その宗教の蓄積の歴史は、幕末の再伝来したキリスト教や現在の宗教に全く関係ないのだろうかという疑問が湧いてくる。

長崎での潜伏キリシタンの発見からは、潜伏キリシタンが何を信仰していたかは別にして、再伝来したカトリックと潜伏キリシタンとの連続性、継続性を見る事ができるのではないだろうか。

ニコライは、日本語を習得し、日本の歴史、古典、仏教を含む宗教等を徹底的に研究し、日本に定着する方策を練って布教を行っていた。それらが効を奏して、全国への布教と他のキリスト教宗派の先陣をきっていた。そういう中で、正教に対して、他のキリスト教宗派からは保守的で、政府に迎合していると批判と攻撃を受けている。また、仏教側からも埋葬に対するいやがらせなどもあった。

宗教の受容は、宗教へ傾倒する機会と何を感じたかにあると思われる。初めからそれらに関心が無く、心の底にそれら宗教を受け入れない壁をつくっている人たちがいる中で、逆にそれらを受け入れる受容の精神を持っている人たちがいる。そして、日常生活の中に祈り等の儀式を継続する信仰に転化していっている。

ニコライの布教は、初めから宗教を受け入れない壁をそっと崩し、受け入れるための伝教・葬儀を含めた儀式等に、尊厳さと守り通すという厳格さを併せ持たせたのではないだろうか。単なる、土着信仰への迎合ではなく、その土地の事情・悩みに合わせた救済の福音をひろめたように思える。

前述した「隠れキリシタンと正教伝道」では、正教の伝道地が陸のルートと海のルートを結ぶところに伝道し、そこに隠れキリシタンの弾圧・殉教・処刑地があったことを説明した。このことは、この地が正教受容の精神的基層になっていただろうという仮定のもとで積極的な解釈ではなかった。

もう少し踏み込んで、正教の受容とこの隠れキリシタン殉教地の関係を見ていきたい。

ニコライは、新しく渡来したキリスト教・正教が、隠れ・潜伏キリシタンとは断絶していることは知っていたが、キリスト教が風土・習慣として根づいているだろうとの微かな希望をもって、キリシタンの弾圧・殉教地・処刑地と知りながら布教していたのではないだろうか。酒井篤禮はそのことを十分承知していたかは不明であるが、ニコライからの教示があったと考えられる。そして、酒井は、郷土をキリシタン殉教地として認識し始めて、旧友であろうが既知の者であろうが、酒井は教えを広めた。酒井は、この殉教の地が受容の壁をすんなりとはずし、福音を受け入れてくれると伝教していた。

ハリストス正教の布教・伝道された地域は、旧仙台藩領初代藩主の伊達政宗の親族がキリシタンを信仰し、幕府が禁教弾圧していた時でもキリシタンを受け入れ、支倉常長等をローマに派遣するなどしていた。また、大身の家臣、その家臣はじめ庶子に至るまでキリシタンの信者と思われることが、伊達家菩提宗派の臨済宗系寺院に隠れキリシタンの墓が散見されることからも窺われる。さらに、酒井篤禮の布教した地は、伊達家家臣のキリシタンである後藤寿庵の領地で、隠れキリシタンが多数いた殉教・処刑地のところである。

ハリストス正教の伝道と受容は、潜伏・隠れキリシタンの時代の継続性を示していると思われのだが、どうであろうか。そうすれば、仙台藩士たちは、旧仙台藩における見えない信仰心が風土・習慣として意識に潜行していたことが、ハリストス正教の受容につながったことになる。さらに、幕末におけるイギリス・フランスに対する仙台藩の大槻磐渓による親ロシア観は、藩校養賢堂教育で藩士の脳裡に焼き付いている。そのロシアがハリストス正教を国教としていたことは、当時の仙台藩士たちのロシアを理想国家として、正教を受容する契機になったと想像することも可能である。

これらの受容の背景は、教理よりも身体感覚からの渇望と教理と儒教とのつながりが大きかったのではないだろうか。ハリストス正教の教えは、当時の仏教・神道界が宗旨人別の身分統制などの幕藩体制の支配末端を担っていた中で、万人平等で宗教本来の救済を唱える宗教として新鮮で、瞠目された。ましてや、奥羽越戊辰戦争で親戚縁者、同志を失い、故郷も廃れ、将来に対する思いよりも今生きることに必死であった仙台藩士たちには、乾いた砂地に雨水が浸みいるように生きる活力を見いだすことができた。また、前述したように儒教を素養とする知識層の藩士たちには忠義対象の君主と天地創造の唯一神を同じ価値として理解できた。さらに、仙台藩におけるキリシタンを邪教視する禁制下で迫害を被る中、隠れキリシタンの基層が潜在意識に脈々と通底しただろう仙台藩士たちは、迷うことなく正教を受容し、信仰・伝教していった。

それらの下地があって、キリスト教、儒教の知識を持つ一級の知識人である新井奥邃の正教への心酔と布教、酒井篤禮の慈愛をこめた布教と求道、及び箱館に渡った仙台藩士たちの純粋な探求心と行動が布教・伝道へと導いたことになる。また、正教の受容と信仰は、但木良次に見られるように郡長として、正教の教えを実現しようとした。さらに、千葉卓三郎に見られるように、正教の洗礼を受けながらも、受容と信仰への懊悩が精神的遍歴にあらわれていた。

これら正教の受容と信仰は、精神的・地勢的背景からの視点であり、また、正教の伝道からの推測で、確証がない。そして、正教の受容には、奥羽越戊辰戦争の「賊軍」の汚名を雪《そそ》ぐという心の奥底も関与していることも忘れてはいけない。

ハリストス正教は、福音を広める活動として、自由民権運動にキリスト教の平等と博愛の精神を浸透させ教勢の拡大を図った。ところが、政府の弾圧と懐柔策によって自由民権運動の衰退とともに正教の広がりに伸びを欠いていった。

これらは、政府の弾圧だけではない別の背景も考えられるのではないだろうか。それは、高みに立ったさまで理念を訴え、語って、共感を得られていなかったハリストス正教の布教にあったと思われる。

士農工商の身分制で上位にあった儒教と正教教理を結び付けた武士層の上からの語りで、多くの一般庶民に共感を得られなかった。ところが、武士層ではない、知識層である医師の酒井篤禮による医師仲間、農民、職人、犯罪者たちへの下からの教え・訴えが一般庶民への受容に功を奏した。武士層による初期の伝教は、武士層への浸透を図った。一般庶民には理解できないだろうという内向な姿勢であった。その後、武士層だけではなく、豪農、地方官吏など知識層と自由民権と布教により、一般庶民まで布教が拡大していった。その勢力が自由民権運動の中核を担っていくが、その中核が衰退すれば、自ずから教勢も衰退するのである。

しかし、プロテスタントにおける布教は、どの階層、男女の性別を超え、目に見える形の社会福祉事業などを媒介にして訴え、信者拡大につなげた。その点からハリストス正教は保守的と見なされ、支持層の拡大がなされなく、衰退せざるを得なかった。それらに追い打ちをかけるように、日露戦争、ロシア革命、ソ連邦成立と、日本のハリストス正教会にとって、禁教下の初期伝道の弾圧における矜持と信仰保持の固い意志とは異なる状況下に、信仰を永続する困難さに晒《さら》された。

正教会は教勢は失い、教団を維持することに専念せざるを得なかった。第二次世界大戦後になり、教勢の拡大を図り、キリスト教の正統性を継続・顕示し、地道にキリスト教の福音を広めている。

キリスト教の一宗派であるハリストス正教の受容推移である教勢を歴史的に見ていくことが、宗教全般の今後を見通せるとは思ってはいないが、国の在り方によって、例えば、自由民権運動の国策によって、神道、仏教、キリスト教、諸教問わずに教勢の栄枯盛衰の影響が与えられ事だけはわかるのではないだろうか。

さらに、ハリストス正教を含めて、全ての宗教は、幾度かの戦争に賛同し、国に協力した。特に、ハリストス正教は、日露戦争時、支援を受けていたロシアを敵対国として、日本に協力した。そこで救われることは、ニコライが「帰国するか、日本に留まるか」で煩悶したが、日本国を愛し、天皇に忠義を尽くすことで日本に留まったことである。しかし、ロシア人たるニコライはロシア皇帝に不忠になり、天皇に対して偽りとなることから、自らの公祈祷を遠慮した。さらに、ハリストス正教にしかできない、捕虜になったロシア兵慰問に深く関わったことだ。当事者であった正教団の思惑は、必要されたことに対して、自分たちの福音の使命を果たしたことへの喜びであった。

国の在り方によって、宗教の存在が左右されるという現在までの歴史であるが、困っている者を救うという真の宗教の営みだけは忘れてはいけない。

2　現在の宗教と今後の宗教

宗教の推移と現在の宗教

戦前・戦後の宗教の推移について、（表3）「宗教の推移」（『宗教年鑑』等より）は、昭和14年（1939）の『宗教年鑑』で昭和10年の統計、昭和28年（1953）の『宗教便覧』で昭和26・27年の統計、平成元年、令和元年ともに『宗教年鑑』で各前年の統計である。各時代の変わり目としての年代をデータとして選んだ。昭和28年だけが、『年鑑』ではなく『便覧』となっているのは、実際の統計が26・27年にまたがっていること、さらに、昭和26年4月3日、新宗教法人法の公布施行により、旧宗教法人法が廃止され、昭和29年4月2日までに新法人となるか否かを決定することになっていた。したがって、新宗派教団及び旧法人の教宗派教団が新法人に申請しているものの年度、旧・新法人が混じっている関係から、性質上『年鑑』として当てはまらないので『便覧』名称となったのではないだろうか。

意外なのが、神道が戦前の「国家神道」と呼ばれていたのに、法人数・寺社教会数・信者（徒）数等が少なすぎるということだ。「国家神道」は、政府方針と神道国教化過程において、宗教に非《あら》ずとし、一般世間における儀式・習慣・道徳・規範等として位置づけしていたことから統計には表れてこない仕組みになっている。治安維持法等の法律で主に身体的拘束・統制を行うと同時に、宗教に非ずということにして宗教という面倒なフイルターを掛けずに一気に精神的に統制する意図が見受けられる。

この資料を見るにあたって、事前に頭の中に入れておくことがある。信者（徒）数が当時の総人口を超えていることで、特に、平成元年には総人口の２倍の２億人を超えるなど戦後の数字が異常である。これらの背景には、「信教の自由」の観点から、法人が自らの意のままに、資料を出す、出さないという法人の自己申告であること、また、神仏習合の関係から、仏教、神社双方に関わってくる、神社の氏子として数えられる人たちが同時に寺院の檀家として数えられてダブルカウントされていることがあげられる。また、日蓮正宗系で、１９７０年代、７００万人の信者がいたとする創価学会のデータがないことから、宗教全体の実態がつかめないといわれている。

この数字の異常さとデータ不足から、『宗教年鑑』はしっかりとした宗教動静がつかめないなどという理由で、学問・研究には使えないとされているが、私は、「信教の自由」の立場を尊重し、それらの意見等を踏まえて宗教のその時代における教勢の大枠を把握することには使えるのではないかと思っている。

前述したように平成元年の数字だけが、日本の総人口が2億人を超えた異常さを示すものであり、この背景がよくわからないでいる。その年度の解説もこのことには触れていない。昭和から平成に元号が変わったことに対する宗教界における高揚感があったのだろうか、それ以外の要因があったのかどうか判然としない。総人口数超えは、令和に元号が変わった時も、元号が変わる前の数字の跳ね上がりを示している。令和の場合は、平成元年の数字が大きいために、その変化はさほどではない。

その他（諸教）は、神道系、仏教系、キリスト教のいずれとも特定しえない教団を指す。神道と仏教、神道と仏教とキリスト教など、複数の宗教が混合してできた宗教、それらのいずれにも関係ない独自に創唱された宗教である。諸教の主な教団として、天理教（天保9年）、円応教（大正8年）、生長の家（昭和5年）、世界救世教（昭和10年）、パーフェクトリバティ教団（昭和21年）などがある。

『宗教年鑑』が実体を表す数字から遠いとしても、その時代の教勢の大枠を知る手がかりになると思われるので、現在の宗教の現状はどうなっているのかを（表3）「宗教の推移」（『宗教年鑑』等より）の「令和元年（2019）」の年代でみていきたい。

宗教法人数について、神道8万4648（46・9％）、仏教7万7042（42・6％）、キリスト教4704（2・6％）、その他（諸教）1万4271（7・9％）である。宗教団体数（宗教法人数含む）については、神社等を組み入れた神道8万7497（40・6％）、寺院等を組み入れた仏教8万4321（39・1％）、教会等を組み入れたキリスト教8585（3・9％）、その他（諸教）3万5167（16・3％）で、全体的に、宗教団体は、休眠状態の団体もあるだろうが、ある程度の実態を示していると思われる。

信者（徒）数については、前述のとおり、総信者数が2億人近くになる数字で実体を反映していない。繰り返しになるが、教勢の大枠を知る観点からこの数字を見ていきたい。

神道8721万9808（48・1％）、仏教8433万6539（46・5％）、キリスト教192万1484（1・1％）、その他（諸教）785万1545（4・3％）で、前記した宗教団体数と比例した趨勢を示している。キリスト教は、人口の1パーセントの壁をかろうじて越えているが、キリスト教が日本では、広まらない、定着しないという世界でも珍しい国である。アジアにおけるキリスト教の広がりに較べて、日本は、他のアジア諸国と逆行する教勢になっている。しかし、表からわかるように、戦後から現在までに神道、仏教、諸教のすべてが減少している中、1パーセントの壁があろうとも唯一増加している。このことについては、世界人口の3分の1を占めるキリスト教が、日本の宗教全般において、今後を考えるにあたって重要な要素になると思われる。

（表3）「宗教の推移」（『宗教年鑑』等より）

項目		発行年	昭和14(1939)	昭和28年(1953)	平成元(1989)	令和元(2019)
宗教法人数		神道	14	258	85,773	84,648
		仏教	28	260	77,630	77,042
		キリスト教	2	46	3,829	4,704
	内訳	旧教			223	(不明)
		(ハリストス正教)		37	51	50
		新教			2,577	2,751
		その他(諸教)	0	156	16,213	14,271
		合計	44	720	183,445	180,665
寺社教会数		神道	(神社含まず)16,467	121,592	90,860	87,497
		仏教	70,829	83,443	88,105	84,321
		キリスト教	1,783	3,819	8,970	8,585
	内訳	旧教			2,200	1,023
		(ハリストス正教)	91	160(法人37非法人123)	82	57
		新教			3,409	5,528
		その他(諸教)	0	5,073	42,193	35,167
		合計	89,079	213,927	230,128	215,570
信徒(者)数		神道	10,407,207	70,044,623	111,791,562	87,219,808
		仏教	45,397,053	43,637,008	93,109,006	84,336,539
		キリスト教	277,162	415,081	1,422,858	1,921,484
	内訳	旧教			406,421	450,378
		(ハリストス正教)	12,927	32,889	9,378	9,485
		新教			489,861	503,083
		その他(諸教)	0	29,459,009	11,377,217	7,851,545
		合計	56,081,422	143,588,610	217,700,643	181,329,376
教師数		神道	(神社含まず)126,017	170,583	102,937	71,697
		仏教	169,588	182,546	279,747	355,494
		キリスト教	4,293	8,334	15,982	31,619
	内訳	旧教			1,898	1,401
		(ハリストス正教)	119	54	44	35
		新教			8,718	8,750
		その他(諸教)	0	13,990	256,184	200,848
		合計	299,898	375,453	654,850	659,658

今後の宗教を考える

ハリストス正教が教勢を失っていく背景は、前にも触れたが、千葉卓三郎が社会慈善事業に力を入れるプロテスタントに傾倒していく契機になったように、社会に目を向けない正教が社会的な事業から手を引いていったことにもあるようだ。このことは、仏教、神道にも当てはまるのではないだろうか。この両者は、あえて社会に目を向けることなくても、葬式、儀式において存在感を示すことができる。さらに、信者（徒）の教にも変化が少なく、あえて社会に向けた積極的なメッセージや事業の必然性を感じていないのかもしれない。

ご存知のように日本にはたくさんの宗教が共存していて、神道、仏教、キリスト教とその宗教の宗派をあげればきりがないくらいである。今の世界では、新型コロナ感染症、天変地異、資源・エネルギー問題、温暖化現象、情報の氾濫などによるヘイト、人種差別など潜在的な不安感が溢れている。その不安をいち早く感じとった宗教家、特に新興宗教・スピュチュアル（霊性）は、様々な形で多くの人々に参加する喜びと現世利益を呼びかけている。

しかし、現在のハリストス正教会では現世的な迎合もなく、宣伝もせず、何かしら対外的に門戸を閉ざしているように思えてならない。また、正教会が発展しているようにも思えない。実際、教会でお会いすると、丁寧に対応していただき、多くの方に正教を知ってもらいたいという人たちもいる。ハリストス正教の信者の方々は謙虚で信仰心が強いように思えた。

かつて、ニコライが幕末にハリストス正教をもたらした時には、多くの武士たちの間に栄え、信者数も多かったが、今は少ない。日露戦争の不幸な状態、第二次世界大戦後には、カトリック、プロテスタントが日本の教会の発展につくしたが、正教会には、外国からの支援がなかった。しかし、正教会は今後発展していく可能性を秘めていると思われる。

その理由として、正教会の名称どおりオーソドック・正統のように原始キリスト教の伝統を純粋に受け継いでいるからである。日本人の罪意識というのは、お祓いすれば罪は吹き飛んでしまい、キリスト教の原罪とか罪と闘うとかの気質を持っている人は少ないように思える。ところが、日本人は、今に迎合し、新しいものを創りたいという気持ちはいつの時代にもありながら、神に畏怖を込めて、素朴に、謙虚に、純粋に原点に立ち返りたいという気持ちを求める傾向が強いのではないかと思う。

さらにもう一つの理由として、正教会は人間の欲望を消滅させるための仏教的な指向を持っていることである。本来唯一神のキリスト教は意に反する多宗教・宗派を排撃する歴史を持ち、ハリストス正教伝道時期にも仏教（本来は排撃する宗教ではないのだが、葬送に関する弾圧があった）及びカトリック、プロテスタントからの批判攻撃に対して、当時のニコライは、『聖人ニコライの事蹟伝』にあるように「争ってはいけない。自分の職分を全うすべき。神の天祐による伝道がこの国を救い、正教の教えがいきわたる」と仏教的指向で他の宗教・宗派・イデオロギーに関わるなという方針を示している。

そういう意味で、ハリストス正教は、伝統的な純粋さと神の恵み、神との合体の喜びを強調し、信者が家族的なつながりをもっていて、その地域にあった活動をなしていることから、発展する要素を持っていると考える。そうであっても外へ発信することをしなければ、正教の良さを伝えることはできないと思われる。

正教会ばかりではなく、多くの宗教・宗派が発展の可能性を秘めているのだ。ところが、現在の日本において、電通総研の２００６年の調査によると、日本人の半数が無宗教という人たちと言われている。

無宗教とは、特定の宗教を信仰しない、信仰そのものを持たないという能動的なものから、厳密的には無宗教の範疇から外れるだろうと思われるが、仏教、神道、キリスト教、諸派を問わず、所属している宗教・宗派が分からないとか、また、それぞれの宗教が何を言っているのか分からないから信仰する宗教がないという消極的なものも含まれるようだ。

確かに、消極的な無宗教者にとって、宗教環境は、劣悪な事ばかりなのかもしれない。仏教では葬式だけではなく、講話会を開催したり、禅宗では座禅会を催したりはしているが、布教のような、教えを広める活動については余り聞かない。神道が神道式葬式・結婚式、初詣、七五三を催しているのは知っているが、地鎮祭を神道がなぜ行うのかについては知らない。キリスト教での結婚式、クリスマスは知っているが、それらの教義は知らない。

しかし、このような冠婚葬祭や慣習などは、例えば、お辞儀、食事前後のいただきます、ごちそうさまは神道と仏教、結婚式での指輪交換はキリスト教とが生活の中に浸透していて、信仰していないと思いながら、無意識に信仰していることをわかっていないこともある。

各宗教が主催している行事・儀式等は知っているが、なぜ、それが行われるのか分からない。ましてや各宗教の教えについては分からない。そこまで知る必要がない、関心を持つ必要がないのが無宗教の時代といっても過言ではないようだ。無宗教にさせられているのが現代の宗教環境なのかもしれない。無宗教なのだから宗教のことは考えないのが無宗教だという人もいるだろうし、無宗教も宗教だということをいう人も出て来る。

無宗教は、今の世の中に宗教は必要ないといっているのだろうか。

無宗教な時代だからこそ、今後の宗教を考えるにあたり、宗教環境を整えていくための大枠の課題を示したい。

【大枠の課題Ⅰ】国の在り方・情勢に対する宗教からのメッセージ

国の在り方・形によって、宗教は盛衰・翻弄されることをハリストス正教の例を引き合いに述べてきたが、宗教への偏見・弾圧等に対して宗教がとる対応についての具体的課題を掲げたい。

①政教分離によって宗教からの意見を抑制していいのか。

１９７０年の創価学会と公明党の政教分離問題から、宗教からの意見が出てこないし、マスメディアも宗教をとりあげない。宗教からの国・社会へのメッセージをタブー視していいのか。

②戦争協力した宗教からの戦争責任に対するメッセージ

戦争協力した宗教は、本来は人を救うべき宗教が人を殺戮することに協力したことであり、宗教の存在を否定するものである。宗教は戦争協力したことを反省し、国家の戦争への責任を表明する先鞭をつけるのはどうか。

③新型コロナ禍等における差別・偏見・ヘイトに各宗教を越えた互助共存のメッセージ

国家による救いの限界の中で、地域に根差した宗教が連携して、ハリストス正教の職人集団に引き継がれたような互助組織をつくり、救いに手を差し伸べることはできないか。

④オカルト的宗教との差異を示す布教メッセージ

１９９５年オウム真理教による武装・暴力的無差別テロに対して、オウム真理教のような超越的な宗教と既存宗教との違いを示すメッセージと布教活動はできないものか。

【大枠課題２】 バーチャルな宗教とその受容と信仰は可能なのか。

コロナ禍で、三密を避けるため、宗教活動が中止もしくは制限されている。宗教自体の存続が危ぶまれている。既存の宗教活動に替わる方策はないのだろうか。

①バーチャルな場所での布教

神社・寺院・教会などの既存の施設ではなく、心の中を拠り所とする場所として、インターネットでの受容及び信仰そして布教は可能かどうか。

②バーチャル化した宗教の受容と信仰、布教が可能であれば、宗教自体がバーチャル化していくのか。人との接触から生まれた聖書、死後の世界、現世利益、後世利益、輪廻転生などはバーチャル化しても宗教の教え、救いとなるのだろうか。今、私たちはそのことを確かめる実験の途上に立たされ、宗教と認めたうえでの受容と信仰、宗教と認めないとしたならば、別の宗教を創り、受容と信仰を行うのであろうか。

大枠の課題を簡潔にみてきたが、今後これらを深く探求したい。もともと宗教の教えはバーチャルであり、それを前提に、教えと救いが受容と信仰になるように組み込まれていたのだから、これからも変わらないという人たちもいるだろう。どちらにしろ、国家へのメッセージと宗教のバーチャル化の大きな課題の中で、宗教自体と宗教の受容と信仰について、今、見なおす時が近づいているように思えてならない。

あとがき

はしがきでのテーマを全てクリアーしたようでそうでないような鬱々した思いでいる。『受容と信仰』のタイトルは、宗教をどうして受け入れ、それをどう永続させるかの信仰のこころに近づきたいという思いでつけた。そのために、幕末に再伝来したキリスト教の新しい宗派ハリストス正教への仙台藩士の受容と信仰を通して、タイトルのテーマにアプローチした。

その際、ハリストス正教を受容し、信仰・布教した仙台藩士で正教の主流である小野荘五郎、高屋仲たち他の活躍ではなく、正教を彼らに布教したが洗礼を受けなかった新井奥邃、伝教しながらも洗礼を受けないで郡長で活躍した但木良次、洗礼を受けながらも精神的な遍歴をし、五日市憲法草案を成しとげた千葉卓三郎などの正教の傍流にあたる人物たちを紹介した。また、藩士ではないが、医師で日本初の正教の初穂《はつほ》（初めての洗礼者）であった酒井篤禮は、正教の主流ではあるが、藩士でないことから傍流にもなる。

正教の主流ではなく、傍流からのアプローチに違和感と期待外れを覚える人が多いかもしれないが、これら傍流の人物は、受容と信仰に迷いながらも、正教の教えを具現化した。新井は、ハリストス正教からプロテスタントのキリスト教の奥義を究め、但木は正教の自由と人類愛を地方自治に実現、千葉は、正教の人権と平等を五日市憲法草案に創造した。酒井は、正教を清貧と禁食をもって理解し、誠実な対応で一般庶民へ伝教した。

これらの人物たちの正教への対峙は、かえって正教への受容と信仰についての迷い、苦しみをあぶりだしている。それが、逆に受容のこころ、信仰のこころを投影していると思われた。

それらは、新井の洗礼を受けないながらも、渡米しキリスト教の神秘主義・ミスティックの真理究明、但木の隠れ正教信徒の郡長、千葉の精神的遍歴という異形で表れるのである。彼らの異形を追求していくことによって、受容のこころに行き着けるという思いで、主流ではなく傍流からの視点でのアプローチを試みた。

しかし、単なる史実の表面をなぞるだけで、奥底のこころまで探ることができないでいる。それが、冒頭に書いた鬱々している原因かもしれない。

それは、自分に欠けていたもの、つまり、隠れキリシタンと再伝来したキリスト教・ハリストス正教の関係がわからないということだった。以前より、仙台藩領内での弾圧・殉教・処刑が起きた経緯となぜ殉教までして棄教しなかったのかがこころの中にくすぶっていた。

そのような中、長崎の教会群の世界文化遺産登録が話題になり、その時「潜伏」キリシタンの存在を知った。私の知識では、隠れキリシタンしか頭になかったので、その存在に驚き、自分の力量では理解できないだろうと思っていた。

しかし、幕末に再伝来したキリスト教・ハリストス正教を知るためには、どうしても伝道された地域について触れなければならないことがわかった。切羽詰まって、隠れキリシタンのことについては、全く素人で、門外漢であるが、第1章を追加した。

宗教を受け入れる受容と信じ続ける信仰について、隠れキリシタンとの何らかの共通点がないのかを問いただす作業で、自分の力量不足を痛感する作業でもあった。

はしがきで、キリスト教受容の日本を、遠藤周作の『沈黙』ではキリスト教を根から腐らせる「沼地」と表現し、帚木蓬生の『守教』で、代々キリスト教の教えを継いでいくその「沼地」が干からびた「荒地」と表現している。ハリストス正教の受容・信仰による日本は、「沼地」と「荒地」が重なった「スポンジ」ではないだろうか。遠藤の「沼地」はキリシタン大名による過剰なまでの水のシャワーとその反動による迫害によって根こそぎ奪われ、帚木の「荒地」はすっかりと水気がなくなり、根も葉もなくなった。どちらにしても、虐げられた貧しい民がいて、キリシタンの根は、定着しなかった。貧しいながらも地域のリーダーである豪農・帰農した武士・商工業・知識階層が中心となって受容したハリストス正教は、沼地にならず、干からびる程の荒地にならない適度な水を含むスポンジがイメージされる。そのスポンジも国によって、弾圧・迫害があれば、過剰な水のシャワーの反動をあび、極端な法的統制によって干からびてしまう。

日本のキリスト教の人口は総人口の1%を超えることができない壁があるといわれている。この壁は、国の管理統制の右か左かの匙加減で、その加減を庶民が敏感に感じて、安全弁として働いてできあがっているというのだ。それは、具体的には、圧力同調として働く極端に走る日本人気質であると思う。ある宗教を信仰していたならばなぜ信仰するのかとか、その宗教はカルトなのかとか、信教の自由とはいえ、集団の中で詮索しあい、お互いを相互監視か無関心に陥らせる。東アジアにおける日本のキリスト教信者数が増えない特異性はここにあると思われる。

国の水加減は、右か左かの匙加減である。一気に極端に沼地、荒地に陥る。ハリストス正教のみならず、他の宗教も、迫害と弾圧の歴史を繰り返してきた。今は、適度な水を含むスポンジであるがいつかまた、沼地、荒地になるのは簡単なことだ。宗教が国の在り方に対する提言・要望をいつも準備していないと宗教の存続が危ぶまれる時代にあることを私たちは痛感しなければならない。

葬式仏教だけにしかつながっていない私は、不信仰者であり、無宗教者であることを実感した。そのような思いから、今後の宗教について考えていたことを第7章の最後に課題として書いた。ハリストス正教へのテーマを通して、現在の自分の宗教観・死生観についても考える機会となった。今の新型コロナ禍の分断の社会だからこそ、今ほど宗教の救いと導きが必要なのではないかという思いでいっぱいである。

さらに、令和3年（2021）2月1日にミャンマー国軍によるクーデターが起こり、過去3度の逮捕監禁に怯むこともなく、民主主義を守るためにデモの先頭に立っている僧侶たちがいる。デモの若者の代わりに私を殺せという尼僧が国軍に対峙する。上座（小乗）仏教のミャンマーは社会に公然と意見することが教えになっている特異な国だと言われているが、そうであっても、同国で尊敬と畏敬の僧侶たちの行動、メッセージは、ミャンマー国民に救いと希望の光を灯してくれる。

本書が、中国を含めた世界の分断を引き起こしている圧政、新型コロナのパンデミック状況下、自分の宗教観・死生観・社会観を問い直す機会に役立っていただけることを期待したい。

本書執筆でお世話になった方々を紹介し、感謝の意を表わしたい。川股貞、酒井智子両氏と金成正教会関係の皆さま、工藤昭裕氏と中新田正教会関係の皆さま、笠原弘邦氏と仙台正教会関係の皆さま、函館正教会の皆さまには、正教会儀式参加案内、正教会用語のアドバイス、正教会所蔵の写真提供、酒井篤禮に関する資料提供等をしていただきました。

大籠キリシタン殉教公園内の藤沢町文化振興協会をはじめとする巻末の「写真・図版一覧」の諸機関の皆さまには、写真掲載の許諾及び提供をいただきました。

平川新氏（宮城学院女子大学前学長）には、正教関係の論文等の資料を提供いただきました。

詩人・歌人である多田祐子氏（宮城県生まれ、神奈川県在住）には表紙カバーの絵『カルカソンヌの青い月』〈1999年11月日仏芸術2000年大賞とオーディトリューム賞の2受賞作品〉を提供していただきました。

前回の拙著『賊雪耕雲』に引き続き、金港堂出版部の菅原真一、田高佳枝両氏には、緻密でねばり強く対応していただき、頭が下がる感謝の思いで一杯である。

沿　　革		
会堂建立年	会堂建立・改修・新築他	現在まで
1892年(明治25)11月	大正・昭和：金須嘉之進氏より聖歌隊充実 1945年(昭和 20) 7月 9日仙台空襲により一切焼失、12月岩間神父、祈祷所兼教役者住宅建設 1959年(昭和 34) 4月 19日聖堂竣工	1970年(昭和45)主教区となり、翌年セラフイム・シギリスト主教が東日本主教々区を統括する仙台の主教となった 1972年(昭和47)信徒会館完成、仙台正教会開教100年行事開催 1998年(平成10)12月13日聖堂の成聖 2000年(平成12)セラフイム辻永昇主教、仙台の主教に選立、東北・北海道にわたる東日本主教々区を統括
1884年(明治17) 10月16日	1953年(昭和 28) 5月 30日宗教法人会の規定による登記と新聖堂建立提起 1967年(昭和 42) 11月 12日成聖	2003年(平成15)9月21日改修成聖 2019年(令和元)9月15日成聖
1882年(明治15) 現在も司祭宿泊所、集会所として使用 1884年(明治17)～1891年(明治24)パウエル澤辺神父居住	1891年(明治 24) 白河総鎮守鹿島神社例祭に際し、祭費寄付に応じなかった信徒に対し、暴力事件起こる 1912年(明治 45) ティト小松司祭永眠、後に墓碑建設	1915年(大正4)現聖堂建設
1879年(明治12)11月 建立を機に「石巻光明会」から「石巻聖使徒イオアン教会」に改名	1881年(明治 14) 4月 14日マトフェイ影田神父より 13名受洗(桃生郡中島「中島洗礼教会」) 1885年(明治 18)釜村(現石巻釜)「釜教会」誕生 1891年(明治 31) 3月 6日イオフ水山神父より 14名が受洗(鹿又村)	10数キロ四方に10カ所の教会が20年余りの間に誕生した ロシア革命以後、周辺教会は「石巻聖使徒イオアン教会」に併合 1978年(昭和53)宮城県沖大地震で初代会堂倒壊、復元移転され現聖堂も改築 2011年(平成23)東日本大震災で初代会堂再建を決め、現聖堂を修理
1876年(明治9)9月会堂新築	1883年(明治 16) 中古家屋を司祭館 1894年(明治 27) 現在地に会堂、司祭館を移築 1874年(明治 7) 針生親子上京～1882年の間に 20数名が上京し、神学校、伝学校詠隊学校に入学し、司祭 4名、神学校教授 1名が輩出した。	1974年(昭和49)現会堂に建て替え
1896年(明治29)以前	1896年(明治 29) 地震により倒壊 1898年(明治 31) 教会復興 1910年(明治 43) 大火で類焼、その後仮会堂	2011年(平成23)東日本大震災で危険建造物のため解体 2012年(平成24)7月11日新築・成聖

（表A）「日本正教会一覧」（『日本正教会・各教会HP』参照、「教区」：番号は筆者記載、「東京」・東京大主教々区、「東」・東日本主教々区、「西」・西日本主教々区）2020年3月9日現在

教区	名　称	伝道開始年月	伝教者	初　期
東-1	仙台ハリストス正教会 生神女福音聖堂 （宮城県仙台市青葉区）	1869年（明治2）頃 1871年（明治4）	小野荘五郎 高屋仲 笹川定吉	1872年（明治 5）迫害前記伝教者、伝道応援者澤辺琢磨等 14名投獄、信徒約120名禁足・親戚預の刑 1873年（明治6）東一番町南町通り仮会堂 1877年（明治 10）「宗教科学講演会」開催、「講習余話」出版
東-2	中新田ハリストス正教会 前駆授洗イオアン聖堂 （宮城県加美郡加美町）	1882年（明治15）	ワシリイ針生	伝道会は、伝教者の宿泊所で聴教者を集め、一回の滞在期間20日ぐらいであった。
東-3	白河ハリストス正教会 生神女進堂聖堂 （福島県白河市愛宕町）	1876年（明治9）	イオアン武石定	1877年（明治 10）教理研究会「発酵会」発足 1878年（明治 11）パウエル澤辺司祭により7名受洗 1881年（明治 14）信徒最初の永眠者埋葬、正教略式で行い、仏教側より告訴裁判、雑犯律違反で有罪判決、大審院に上告し勝訴
東-4	石巻ハリストス正教会 聖使徒イオアン聖堂 （宮城県石巻市千石町）	1872年（明治5）	ポリス山村	1877年（明治 10）1月 8日パウエル澤邊神父より 29名受洗（「湊聖枝教会」）、12月 11日澤辺神父より 23名受洗（「石巻光明会」）
東-5	高清水ハリストス正教会 主の顕栄聖堂 （宮城県栗原市高清水）	1873年（明治6） 8月	パウエル津田徳之進 （応援者） イオアン酒井 ティト小松 パウエル田子 イオアン小野 マトフェイ影田	石母田備後（高清水旧領主）の紹介で針生大八郎（当時41歳、小学校長、後ティモフェイ、司祭となる）に正教を伝える。石母田家の廃屋を伝道所・宿泊所とし、石母田家旧家臣 10～ 20代の青少年が教理を研究（「啓蒙書「教の鑑」） 1875年（明治 8）11月 13日パウエル澤辺神父より46名受洗、7名啓蒙式を受けた。
東-6	佐沼ハリストス正教会 主の顕栄聖堂 （宮城県登米市迫町佐沼）	1874年（明治7）	針生大八 イオアン酒井	

沿　　革		
会堂建立年	会堂建立・改修・新築他	現在まで
1881年（明治14）会堂建立、一条家から土地献納、多数の伝教者が来て、151名の信徒数	1881年（明治14）ころ、伝教者2名が常駐し、鹿島台、大松澤、福田方面にも布教	1974年（昭和49）現在地に会堂を再建 2011年（平成23）東日本大震災により大規模被災 2013年（平成25）6月2日修復、成聖された
1883年（明治16） 聖ニコライ巡廻時（明治5）、促されて建立		1958年（昭和33）11月現在地に移築再建
1860年（万延元）建立	1872年（明治5）アナトリイ師 伝教師に選立 パウエル津田 マトフェイ影田 イオアン酒井 1874年（明治7）境内地に小学校、女学校設立 1882年（明治15）日本司祭ティト小松師	1907年（明治40）会堂焼失 1916年（大正5）現復活聖堂建立・成聖 1988年（昭和63）復活聖堂、当初の姿に復元（3年余の大修復工事）
1884年（明治17）建立	アナトリイ修道司祭から贈られた主の昇天聖像にちなんで「有川昇天会堂」	1962年（昭和37）2代目会堂建立 1987年（昭和62）現聖堂建立
1894年（明治27）建立	南2条西7丁目建立 1936年（昭和11）正式な聖堂建立 「顕栄」：完全な人として、この世に臨まれた主イイススが実在の神としての光栄と威厳とを門徒に顕された事跡を讃える。	
1891年（明治24）	ニコライ師、アルセイユ師巡廻時、会堂建立提案 1917（大正6）～1927（昭和2）イグナテイ岩間与一師、小樽教会専任司祭	1975年（昭和50）現会堂建立・成聖
1975（昭和50）10月19日 現会堂建立	1918年（大正7）二代目イリネイ佐羽内良介は、厚真村当麻内より苫小牧に移住、自宅を祈祷所とする。これを以て苫小牧教会の開基とする。	
1902年（明治35）10月春 採番外地最初の会堂建立	1898年（明治31）ニコライ師巡廻 1932年（昭和7）聖堂成聖	1992年（平成4）現新聖堂建立

教区	名　称	伝道開始年月	伝教者	
				初　期
東-7	上下堤ハリストス正教会　生神女庇護聖堂 (宮城県東松島市上下堤)	1877年(明治10)	イオアン高橋	1877年(明治 10) 1月、仙台でニコライ一条貫助(上下堤士族・13歳) の受洗が端緒で、士族イオアン伝教者が派遣された。 1877年(明治 10) 11月 13日ロシア人司祭アナトリイ神父巡廻、10人受洗
東-8	涌谷ハリストス正教会 聖預言者イサイヤ聖堂 (宮城県遠田郡涌谷町)	1873年(明治6) 8月	セルギイ沼辺愛之助	1875年(明治 8) 5月、最初の信徒(木村行蔵、山村雄五郎、百々徹) 同年 11月パウエル沢邊神父より 11名受洗 1876年(明治 9) 24名受洗
東-9	箱館ハリストス正教会 (北海道函館市元町)	1861年(文久元)	聖ニコライ	1858年(安政 5) ロシア領事ゴシュケビッチ、領事館付司祭・イオアン師 1861年(文久元) 聖ニコライ来日 1868年(慶長 4＝明治元) ニコライ師より授洗(日本人最初の洗礼) パウエル澤辺琢磨 イオアン酒井篤礼 イヤコフ浦野大蔵
東-10	上磯ハリストス正教会 主の昇天聖堂 (北海道北斗市中野)	1876年(明治9)	キリール大村徳松(箱館教会青年信徒) ダミアン五十嵐東三師	1876年(明治 6) 3名の受洗者
東-11	札幌ハリストス正教会 主の顕栄聖堂 (北海道札幌市豊平区)	1884年(明治17) 以前ごろ？	阿部多美治 (箱館で受洗) が定住	伝教者が訪れていたが、箱館での受洗者阿部多美治の定住により布教が盛んになる。 1888年(明治 21) 箱館小松司祭管轄のもと、松本伝教者の教会(講義所) 開設
東-12	小樽ハリストス正教会 主の復活聖堂 (北海道小樽市緑)	1887年(明治20)		講義所が開設され布教
東-13	苫小牧ハリストス正教会 主の降誕聖堂 (北海道苫小牧市山手町)	1918年(大正7)		1895年(明治 28) エウゲニイ佐羽内黄吉(1879年・明治 12に沼辺愛之助より受洗) は宮城県涌谷より来道し、幌向に入植
東-14	釧路ハリストス正教会 聖神゜降聖堂 (北海道釧路市富士見)	1891年(明治24)		明治初頭　根室を拠点に北海道東部、北方四島に正教が伝えられる。 1891年(明治 24) 1月 1日釧路教会信徒第一号

沿　　革		
会堂建立年	会堂建立・改修・新築他	現在まで
1919年(大正8)12月 標津原野武佐教会建立	1916年(大正 5) 上武佐フイリップ伊藤布教し教会誕生 1951年(昭和 26) 2代目建立	1978年(昭和53)9月現会堂建立 根室教会衰退後、現上武佐教会は根室及び北方領土に深い関係を持った教会
1915年(大正4)建立 斜里町西1線20番地	1948年(昭和 23) 現在地(斜里町字美崎 60-9) に移転	1979年(昭和54)2代目として現会堂を建立
1876年(明治9)加賀屋町旧武家屋敷を会堂として使用、「十字会」と称し現聖堂名に由来	1879年(明治 12) イオアン川股篤礼神父着任、その後、針生神父、影田神父、山村神父、山縣神父赴任 旧南部(岩手県中北部)、津軽、佐竹(秋田県) 各藩の地域の中心教会となった。	ロシア革命を契機に教役者が激減し、1945年(昭和20)8月終戦まで、戦時中の迫害等の苦難の道を辿った。戦後管轄の信徒と協力して信徒の離反を防ぎ守った。 1961年(昭和36)現在地(盛岡市高松1-2-14)に聖堂が建立された。
1892年(明治25)	ティト小松神父が当時箱館管轄であったが、当地に居住し、大館・鹿角地方を中心に秋田県北と津軽地方を管轄した。 昭和 30年代より盛岡正教会管轄となる。	
1905年(明治38)以前ごろ	イコノスタスはロシアが作った中国旅順要塞地下聖堂のものといわれている。	1983年(昭和58)人首正教会と合併
1879年(明治12)飯岡第13番割に「山田福音教会」会堂建立	1896年(明治 29) 1月山田町字鏡田会堂建立　6月 15日大津波で会堂流失 1972年(昭和 47)山田町八幡町に「生神女福音会堂」建立	2011年(平成23)東日本大震災で焼失 2018年(平成30)12月2日「主の復活会堂」建立・成聖
2013年(平成25)5月19日会堂建立	最初の洗礼者聖太祖アウラアムとサッサの名が会堂名となった。	
1877年(明治10)会堂建立	1899年(明治 32) 1月山目、一関各教会合併し、磐井教会発足 5月中里、棚瀬両教会合併 1902年(明治 35) 8月 30日新聖堂(顕栄聖堂) 山目村に建立 1952年(昭和 27) 磐井正教会は一関ハリストス正教会と改称	1985年(昭和60)都市計画事業のため取り壊された。 1990年(平成2年)現在地(一関市萩荘箱清水56-1)に昇天聖堂として完成
1889年(明治22)会堂建立	1915年(大正 4) 会堂焼失 1933年(昭和 8) 現会堂再建	

教区	名　称	伝道開始年月	伝教者	初　期
東-15	上武佐ハリストス正教会 女神女就寝聖堂 （北海道標津郡中標津町）	1897年（明治30）		伊藤繁喜（屯田兵として入植）根室教会パウエル小川文治の勤務するふ化場でイグナティ加藤神父より受洗、標津教会を組織
東-16	斜里ハリストス正教会 生神女福音聖堂 （北海道斜里郡斜里町）	1912年（大正元）		パウエル佐藤以下信徒（宮城県原町教会）は、十勝国新得より斜里に再移住し網走教会に所属
東-17	盛岡ハリストス正教会 聖十字架挙栄聖堂 （岩手県盛岡市高松）	1873年（明治6） 12月	ペトル大立目謙吾 マトフェイ影田	1874年（明治7）4月4人、7月17人受洗 1875年（明治8）パウエル澤邊神父巡回時73人受洗
東-18	北鹿ハリストス正教会 生神女福音会堂 （秋田県大曲市曲田）	1892年（明治25） 以前ごろ？		
東-19	岩谷堂ハリストス正教会　主の降誕聖堂 （岩手県奥州市江刺区）	1905年（明治38） 以前ごろ？		
東-20	山田ハリストス正教会 主の復活会堂 （岩手県下閉伊郡山田町）	1868年（明治元）？	イオアン片倉 イオアン酒井師 イヤコフ浦野師	箱館で受洗した片倉が帰仙の途中、時化で山田に寄港し伝道したと伝えられる。 1878年（明治11）初の受洗者 1881年（明治14）6月、1893年（明治26）5月亜使徒聖ニコライ巡回
東-21	遠野正教会聖太祖アウラアム・サッサ会堂 （岩手県遠野市土淵町）	明治（不明）		明治の信徒誕生以来信徒家庭で諸祈祷が行われた。
東-22	一関ハリストス正教会 昇天聖堂 （岩手県一関市萩荘箱清水）	1872年（明治5）	マトフェイ影田孫一郎	影田孫一郎、山目村（現在の中央町）の親戚影田四郎右衛門で講義以後山目教会となる。 1874年（明治7）一関村、パウエル津田講義し、1878年（明治11）民家を仮会堂とする。
東-23	気仙沼ハリストス正教会 復活会堂 （宮城県気仙沼市沢田）	1873年（明治6）	鍋島（東京・小学校に奉職）	1874年（明治7）2月、鍋島の同職15名が正教を聴講

沿　　革		
会堂建立年	会堂建立・改修・新築他	現在まで
1875年(明治8)仮会堂の建設	1879年(明治 12) 仮会堂の破壊(消防の人々の乱入)、後、杉山伊惣治宅を仮会堂とするが 2ヶ月後焼失、沢辺町佐々木寿助宅を仮会堂とする。 1891年(明治 24) 川股松太郎(篤礼の甥) 宅を仮祈祷所とする。 1905年(明治 38) 教会の建立	1934年(昭和9)川股松太郎、自宅の敷地を提供し、現聖堂を献堂 1980年(昭和55)集会所として境内にイアコフ会館建設 2000年(平成12)聖堂の全面的修復
1882年(明治15)会堂建立	1893年(明治 24) エフレム山崎着任(信徒戸数 33戸、信者数 100余名)	1976年(昭和51)現会堂建立
1972年(昭和47)建立		
	会堂は無く、家庭集会を開催 1886年(明治 19) ボリス山村神父管轄時、會慶正教会の洗礼代父母に大原正教会の名前が入るようになった。	
	会堂は無く、祈祷所を 3度信者宅を移転 現在、マトフイ小野寺千之宅(奥玉で最初の信者となった小野寺初吉の孫) 現在、信者戸数 5戸	
	会堂は無く、山内家(會慶ハリストス正教会初の信者、アクテアム山内久蔵の子孫) が祈祷所 現在、信徒戸数 4戸	
1914年(大正3)会堂建立	長らく信者宅を祈祷所としていた。会堂は、第二次大戦中損壊し、現在まで会堂は無い。	
1899年(明治32)		1999年(平成11)新聖堂・信徒会館完成

教区	名　称	伝道開始年月	伝教者	初　期
東-24	金成ハリストス正教会 聖使徒イオアン聖堂 (宮城県栗原市金成上町)	1869年(明治2)	イオアン酒井篤禮	1868年(慶応 4＝明治元) 金成町上町の医師酒井篤禮、函館でニコライ師より受洗 1872年(明治 5) 函館で迫害、郷里へ追放、親戚預り禁足処分、この間に千葉卓三郎(「五日市憲法草案」の起草) に伝道
東-25	十文字ハリストス正教会 (宮城県栗原市若柳川北)	1873年(明治6)	イオアン酒井篤禮	酒井篤禮が医師門間玄淳に伝教 1877年(明治 10) パウエル影田伝教者訪れ、啓蒙者が増加
東-26	盛ハリストス正教会 昇天聖堂 (岩手県大船渡市盛町)	1885年(明治18)		仙台→佐沼→気仙沼→陸前高田と三陸沿岸沿いに伝教が行われた。
東-27	大原ハリストス正教会	1877(明治10)前後?		正教伝道は、會慶(明治 10年頃) と奥玉(明治 13年頃) と同時期 1882年(明治 15) 聖ニコライ巡回日記にリーダー佐伯は県会議員と記載
東-28	奥玉ハリストス正教会	1880年(明治13)頃		下奥玉の金喜造宅を会堂と定め、布教
東-29	會慶ハリストス正教会	1877年(明治10)頃		1877年(明治 10) パウエル澤邊琢磨から 32人受洗
東-30	日形ハリストス正教会	1876年(明治9)	葛西多津枝	1872年(明治 5) イオアン酒井篤禮が切支丹禁制を破り、登米県庁に投獄されるが、そこに勤めていた葛西は審問の様子を傍聴しながら正教の真理に感じて入信した。 1876年(明治 9) 葛西は仙台で受洗し、帰郷、伝道を行う。 1887年(明治 20) 最初の洗礼者、日形正教会の設立
東京 1	東京復活大聖堂 (東京都千代田区神田)			
東京 2	須賀ハリストス正教会 聖神女福音聖堂 (千葉県匝瑳市蕪里)	1890年(明治23)	フイリップ鵜沢	

沿　革		
会堂建立年	会堂建立・改修・新築他	現在まで
		1974年(昭和49)10月成聖　信徒戸数約10戸
	麹町→四谷洗礼聖堂、戦災で焼失	1955年(昭和30)に現在地(杉並区宮前)に移り、民家を改装して、「山手ハリストス正教会」を名称にした。 1971年(昭和46)現聖堂に改築
1878年(明治11)	1945年(昭和20) 戦災で焼失 1972年(昭和47) 11月19日 2代目聖堂「日本亜使徒大主教聖ニコライ聖堂」と命名・再建	1985年(昭和60)前橋開教百年祝賀 2015年(平成27)3代目聖堂「日本亜使徒大主教聖ニコライ聖堂(2代目)」完成
1889年(明治22)会堂建立	1892年(明治25) 聖ニコライ巡回 第1代会堂もらい火で焼失 1908年(明治41) 旧久賀村役場庁舎を会堂とする。	
1914年(大正3)会堂建立	現在の聖堂は昭和になってから建立	
1889年(明治22)会堂建立	通称税関山に建立(現野毛山公園花壇) 1893年(明治26) 会堂太田町に移転(交通不便) 1923年(大正12) 関東大震災で会堂全焼	1935年(昭和10)中区山の手地蔵坂上に会堂建設 亡命ロシア人によって守られる。その後、ロシア人移住により日本人によって守られる。 1980年(昭和55)現在の神奈川区松が丘に会堂新築
1879年(明治12)足利昇天聖堂建立		1983年(昭和58)現在(足利市西宮町)に移り、聖堂建立
1891年(明治24)	1910年(明治43) 日光正教会設立、第二次世界大戦後、鹿沼教会と合併	1991年(平成3)百年ぶりに新築
1900年(明治33)	初代会堂の焼失、昭和30年代に聖堂が再建された。	2018年(平成30)～2019年(平成31)外観そのままで、内装一変する大修復
	1936年(昭和11) 教会用地、日本ハリストス正教会維持財団に寄付(1997年・平成9宇都宮ハリストス正教に所有権移転)	1954年(昭和29)3月25日　宗教法人宇都宮ハリストス正教会設立 1985年(昭和60)3月28日　許可更生、現在信徒数16名

教区	名　称	伝道開始年月	伝教者	
				初　期
東京 3	手賀ハリストス正教会 聖使徒神学者・福音記者イオアン聖堂 （千葉県柏市手賀）			
東京 4	山手ハリストス正教会 主の降臨聖堂 （東京都杉並区宮前）	1881年（明治14）		
東京 5	前橋ハリストス正教会 亜使徒大主教聖ニコライ聖堂 （群馬県前橋市千代田町）	1875年（明治8）	マトフイ丹波	1876年（明治 9）旧藩士（深津雄象等）と製糸工場で働く者、ニコライ大主教より受洗 1878年マトフイ丹波中心にした士族によって教会設立
東京 6	須川ハリストス正教会 聖パンテレイモン聖堂 （群馬県利根郡みなかみ町）	1885年（明治18）	ワルワラ本多まさ 明治15年最初の信徒	1885年（明治 18）以降5名の洗礼
東京 7	高崎ハリストス正教会 主の降誕聖堂 （群馬県高崎市下小島町）			
東京 8	横浜ハリストス正教会 生神女庇護聖堂 （神奈川県横浜市神奈川区）	1878年（明治11）	ワシリイ田手	1878年（明治 11）戸部町と花咲町に講義所 1879年（明治 12）保土ヶ谷で講義 1884年（明治 17）太田町に講義所 1889年（明治 22）福富町へ講義所移転
東京 9	足利ハリストス正教会 主の昇天聖堂 （栃木県足利市西宮町）	1878年（明治11）	フェオドル水野	佐野出身・医師平塚氏の自宅を開放し、大久保教会と称する。
東京 10	鹿沼ハリストス正教会 聖使徒ペトル、パウエル会堂 （栃木県鹿沼市上材木町）	明治初期？	ニコライ土屋 ペトル関	1878年（明治 11）初めて洗礼
東京 11	馬頭ハリストス正教会 主の顕栄会堂 （栃木県那須郡那珂川町）	1878年（明治11）		1882年（明治 15）パウエル澤辺神父より7名が洗礼 1884年（明治 17）顕栄教会と名付けられる。
東京 12	宇都宮ハリストス正教会 亜使徒聖大帝コンスタンテイン及び聖大后エレナ会堂 （栃木県宇都宮市西）	1877年（明治10）		1885年（明治 18）信徒数・48名 1886年（明治 19）宇都宮共有埋葬地取得

沿　　革		
会堂建立年	会堂建立・改修・新築他	現在まで
1889年(明治22)会堂建立	二階建ての会堂、後に平屋に改築	2011年(平成23)震災で損壊 2014年(平成26)2月成聖 2019年(平成31)成聖5周年記念事業で木製の王門、南北門、新イコノスタスが設置
1887年(明治20)	最初の聖堂は関東大震災で焼失 1937年(昭和12)塔ノ沢にあった小聖堂を移築	1969年(昭和44)現聖堂が建立 1983年(昭和58)信徒会館と司祭館が新築された。
1883年(明治16)	信徒数40人余り 会堂焼失後、仮会堂を転々とする。 1911年(明治44)本通5丁目に新会堂建築 1936年(昭和11)現在地(葵区春日町)会堂新築・移転(国道拡張のため)	1959年(昭和34)聖堂を建立 1992年(平成4)信徒会館「アークホール」の建設、信徒以外にも多目的に活用されている。 2017年(平成29)2月19日新聖堂成聖式
1912年(明治45)	病床にあるニコライ大主教の快癒を願って建立したといわれている。聖堂内のイコノスタスは旅順にあった聖堂から移設した。	2004年(平成16)台風22号で、聖堂、信徒集会所大被害を受けたが、修復した。
1909年(明治42)会堂建立		
	片岡村(現平塚市片岡)に会堂があったが、焼失。その後信徒宅にて集会祈祷を行っている。	
		東京大主教々区で最も西に位置し、西日本主教々区との橋渡し的存在
1901年(明治34)12月	1897年(明治30)現在の境内地「柳馬場通二条上る」の京都能楽堂跡地を購入 1901年(明治34)12月現在の聖堂完成 1906年(明治39)アンドロニク「京都の主教」に叙聖	1987年(昭和62)大規模修理(屋根) 1999年(平成11)大規模修理(床・内装等)
1881年(明治14)	富士塚町に会堂開設 1899年(明治32)名古屋ハリストス正教会としての認可を受ける。ペトル柴山神父が管轄司祭 日露戦争時、ロシア人捕虜収容所訪問祈祷を柴山神父が続けた。	1913年(大正2)聖堂建設、戦災で焼失、市内山花町に移転 2010年(平成22)1月11日新聖堂「神現聖堂」に活動を移転した。

教区	名　称	伝道開始年月	伝教者	
				初　期
東京13	圷ハリストス正教会 聖使徒パウエル会堂 （茨城県東茨城郡城里町）			
東京14	小田原ハリストス正教会 聖神降臨聖堂 （神奈川県小田原市栄町）	1877年（明治10）	イオナ友田清 イオシフ峰義準	1877年（明治 10）聖ニコライより受洗により伝教始まる。
東京15	静岡ハリストス正教会 生神女庇護聖堂 （静岡県静岡市葵区）	1877年（明治10）	パウエル小山	
東京16	修善寺ハリストス正教会 顕栄聖堂 （静岡県伊豆市修善寺）			
東京17	柏久保ハリストス正教会 主の降誕会堂 （静岡県伊豆市柏久保）			1880年（明治 13）最初の洗礼
東京18	平塚ハリストス正教会			1869年（明治 2）受洗記録あり
東京19	浜松ハリストス正教会 主の降誕会堂 （静岡県浜松市中区）			
西-1	京都ハリストス正教会 生神女福音聖堂 （京都府京都市中京区）	1880年（明治13）	パウエル中小路丹後・間人（たいざ）出身	1889年（明治 22）「押小路通高倉西入る」に講義所設立、キリル笹葉政吉専任伝教者、大阪正教会管轄司祭イオアン小野荘五郎の臨時管轄下で伝道開始 1890年（明治 23）～1893年（明治 26）ロシア人修道司祭セルギイ、京都で牧会 1894年（明治 27）シメオン三井道郎着任
西-2	名古屋ハリストス正教会 神現聖堂 （愛知県名古屋市昭和区）	1874年（明治7）		1877年（明治 10）最初の洗礼近藤瀬兵衛、市内6カ所に講義所開設 最初は岡崎教会司祭が来ていた。

沿　革		
会堂建立年	会堂建立・改修・新築他	現在まで
1913年（大正2）	第二次世界大戦後、乙川の教会と合併、現在の半田教会が生まれた。	
1910年（明治43）	大阪天満橋に聖堂建立、1908年（明治 41）に建立された松山ハリスト復活聖堂（関東大震災後東京に移築）と同様、日露戦争のロシア戦没者を記憶するため、ロシアのハリスティアニンの献品、献金によって建立された。	1945年（昭和20）戦災により焼失 1962年（昭和37）大阪市吹田市の現在地に再建
1913年（大正2）	神戸市平野祇園町に会堂設置 1920年代トアロード及び籠池野崎通りに亡命ロシア人により 2階建教会	1952年（昭和27）現在地（神戸市中央区山本通）聖堂建立
1980年（昭和55）	1903年（明治 36）日露戦争時、丸亀捕虜収容所に徳島の真木神父出張 1916年（大正 5）～ 1945年（昭和 20）まで梯神父奉職、その間に徳島以外の教会戦災によって焼失	1973年（昭和48）小川神父管轄司祭になってから活動が盛んになる。 1980年（昭和55）聖堂完成
1963年（昭和38）	明治～大正にかけて、岡山、津山、姉尾、加須山、連島、児島、柳井原などの地域において宣教活動が展開	1963年（昭和38）大阪教会移転に伴い、旧会堂を譲り受ける。
1933年（昭和8）	現在地（人吉市願成寺町）聖堂建立	1956年（昭和31）より長期間、藤平重信神父が統轄
1881年（明治14）	会堂（講義所）設立 1926年（大正 15）現在の新屋敷町に移転 第二次世界大戦の空襲で全会堂焼失	1961年（昭和36）小聖堂成聖（藤平重信神父、永島新二伝教者） 2003年（平成15）1月（築後42年）大規模修復・改修し成聖した。

教区	名　称	伝道開始年月	伝教者	
				初　期
西-3	豊橋ハリストス正教会 聖使徒福音記者マトフェイ聖堂 （愛知県豊橋市八町通）			
西-4	半田ハリストス正教会 聖イオアン・ダマスキン聖堂 （愛知県半田市乙川）	1883年（明治16）	名古屋からの伝教者	1883年（明治 16）伝教者内海村に来て、半島各地に信徒が生まれた。48人が受洗 1885年（明治 18）半田に正教伝わる。
西-5	大阪ハリストス正教会 生神女庇護聖堂 （大阪府吹田市山手町）	1874年（明治7）		1878年（明治 11）3月 37人受洗、講義所開設、大阪正教会誕生
西-6	広島ハリストス正教会			
西-7	神戸ハリストス正教会 生神女就寝聖堂 （兵庫県神戸市中央区）	1873年（明治6）	ペトル笹川	
西-8	徳島ハリストス正教会 聖神降臨聖堂 （徳島県徳島市西新浜町）	1877年（明治10）	中小路誠一郎	1878年（明治 11）1月 23日小川一郎大阪の高屋仲神父より受洗 1881年（明治 14）小川、副伝教者となり脇町を中心に活動
西-9	柳井原ハリストス正教会 （岡山県倉敷市船穂町）	1889年（明治22）		1889年（明治 22）コルニリイ浅野久吉（柳井原出身）の受洗時から活動始まる。 1902年（明治 35）渡邉伝教者（宮城県石巻出身）を迎えて隆盛
西-10	和歌山ハリストス正教会			
西-11	高松ハリストス正教会			
西-12	人吉ハリストス正教会 生神女庇護聖堂 （熊本県人吉市願成寺町）	1884年（明治17）		1884年（明治 17）クリメント倉本又蔵、大阪正教会高屋仲神父より受洗 1884年（明治 17）小杉雅枝伝教者市内立町に教会を設立
西-13	熊本ハリストス正教会 （熊本県熊本市新屋敷）	1879年（明治12）		

沿　　革		
会堂建立年	会堂建立・改修・新築他	現在まで
1878年(明治11)?	イイススの 12弟子で、初めての致命者(殉教者) 聖大イアコフ(ヤコブ) を記念する聖堂 明治時代2度焼失、第二次世界大戦、昭和20年大空襲で焼失	1957年(昭和32)6月成聖(長司祭イオアン大木竹次郎神父) 2002年(平成14)10月築後45年目に全面的修復､改修し成聖

教区	名　　称	伝道開始年月	伝教者	
				初　期
西-14	鹿児島ハリストス正教会 聖使徒イアコフ聖堂 （鹿児島県鹿児島市平之町）	1878年（明治11）	イアコフ高屋仲	1878年（明治 11）1月創立、初代司祭高屋仲（西南戦争後、キリスト教諸派に先駆けて創立）
西-15	九州北部ハリストス正教会			

月　日	酒井篤禮小伝等	月　日	金成正教会沿革
4月	３人受洗 澤邊・酒井・浦野 ４度目に出船（当別・船繋→３日間大間→恐山（薬研温泉）金成・刈敷）		澤邊・酒井妻の実家「刈敷」（栗原市志波姫）に潜伏
	箱館戦争前後、酒井来箱 酒井に対する「貪欲者」（仙台藩有志の困窮を見ない）批判	3月	**(第１回酒井窘逐)** 澤邊・酒井、築館旧友医者八重柏玄道、岩ケ崎医者山田幽仙らに正教伝える　**酒井登米県獄舎・２ケ年間窘逐** 登米県庁雇い書記・神官を辞めて葛西多津枝信者となる

年表ハリストス正教会（函館正教会と仙台藩・仙台ハリストス正教会・酒井篤禮関係年表
下線・太字：酒井篤禮・但木良次関係）

西暦・和暦	月　日	国事・社会情勢・函館ハリストス正教会等	月　日	仙台藩・仙台ハリストス正教会関係等
1868 慶応4 明治元	1月 閏4月11日 閏4月20日 閏4月22日 5月3日 5月6日 5月15日 6月16日 7月2日 7月4日 7月25日	戊辰戦争勃発 白石列侯会議（奥羽 27 藩） 世良修蔵の誅殺 白石列藩同盟（奥羽 25 藩） 奥羽越列藩同盟 奥羽越列藩同盟(北越 6 藩加盟　合計 31 藩) 上野戦争 輪王寺宮奥羽越列藩同盟の盟主となる 輪王寺宮仙台に入り、列藩同盟に令旨賜る 仙台使節団（11 名）謀殺、秋田藩同盟離脱 仙台藩筆頭奉行（家老）但木土佐罷免	4月 5月	澤邊琢磨（土佐坂本龍馬は父の従弟・千葉周作に学ぶ・神明社宮司澤邊の娘婿・領事館の剣道師範・尊皇攘夷論者） **酒井篤禮**（仙台藩金成出身・緒方洪庵適塾で学ぶ・医師・本姓川股）、浦野大蔵（南部藩宮古出身）、新政府奉行弾圧の風聞のため急遽、以上３名聖ニコライより洗礼を受ける パウエル澤邊琢磨、イオアン酒井篤禮、イアコフ浦野大蔵、聖ニコライから洗礼を受け離箱 澤邊、気仙沼で捕縛後箱館に護送、その後、潜伏 **酒井**、郷里金成・刈敷村へ、浦野金濱村に残る
	5月	聖ニコライの宣教規則（布教方針）作成（集会週２回、信教、天主教、十戒を中心に伝道すること、録名帖〈メトリカ〉をつくること）	8月23日 9月2日 9月15日	榎本釜次郎、仙台入り 米沢藩降伏 ９日宇和島伊達家が降伏勧告を奉じ、仙台藩降伏
	10月19日 10月25日 11月5日 11月15日	榎本艦隊鷲ノ木上陸 榎本旧幕府脱走軍五稜郭占拠 松前制圧 江差制圧	10月12日 【渡箱の背景】	榎本艦隊、旧幕府兵・仙台・会津・越後各藩等２千数百人を乗せて石巻を出港し箱館を目指した 戊辰の役で負けた者・新天地を求めた者・時代変革に応じた身の置き所を求めた者 ⇔聖ニコライとの出会い・正教伝道の道筋が啓かれる
1869 明治2	1月 5月18日 5月19日	聖ニコライ、ロシアへ一時帰国（日本宣教団設立のため） 聖ニコライ、『ロシア報知』に論文「キリスト宣教団の観点から見た日本」を発表 戊辰戦争終結、五稜郭開城 仙台藩但木土佐、坂英力処刑 開拓使設置、箱館に開拓使出張所設置 蝦夷地を北海道と改称､「箱館」が「函館」に改称	1月	榎本艦隊・仙台藩士金成善左衛門・新井奥邃（常之新）、澤邊・聖ニコライと会見 金成善左衛門、新井奥邃募兵のため帰仙台（4 月仙台入り）潜伏、募兵が困難であること箱館戦争の終わりによって戊辰戦争は終結した その間、高屋仲（後イヤコフ・司祭）、小野荘五郎（後イオアン・司祭）、笹川定吉（後ペトル・司祭）、津田徳之進（後パウエル・伝教師）、大立目謙吾（後ペトル・伝教師となるが政界に転出）らを感化
1870 明治3	4月 9月	宗務院において日本における宣教団の設立採択 聖ニコライ、日本における宣教団長に任命、掌院に昇叙 ロシア領事オラロフスキイ着任	1月 5月 9月2日 冬 11月末	金成・新井来函　澤邊・新井により仙台へ書簡を送る （日本宗教の改革と国民教化は仙台の有志と協力して奥羽地方より着手すべし） 小野荘五郎、大立目謙吾、笹川定吉来函 津田徳之進、**但木良次**、柳川一郎（高屋雄治・後アンドレイ)､大條季治（後パウエル)､影田孫一郎（後マトフェイ・司祭）来函 新井と小野帰仙台（同志支援・勧誘を目的） 津田、柳川以外帰仙台（澤邊の窮状のため、脱藩の罪赦免）影田（山の目)、笹川（仙台）で活動 新井奥邃（常之新）東京に出て、金成の紹介で森有礼の随員として渡米、在米 30 年後帰国 ＊国家のために身命を賭す者多く、亡国の再興を期す者、西洋の宗教をもって人心を統一しようとする者、露国に渡り、孔孟思想教え、教化するという者

月　日	酒井篤禮小伝等	月　日	金成正教会沿革
	ニコライ来日時、酒井二分金二百枚（50両）を教会に献じる、「貪欲者」の誤解解ける 肉体の疾病を医療する医業より、精神の治療たる福音伝道に一身を献げると決心し、心身の清潔を主とする熱愛的祈祷の錬磨の必要性を悟り、実行（断食して数日間の祈祷を終わらせ、聖体機密を拝領せんとする）		放免後、酒井篤禮上京し、ニコライと相談
    3月25日 （26） 8月23日 10月7日	開拓使（黒田清隆長官）官制法規一変 但し、官吏の精神は旧幕府時代と変わらず、宗教は祭政一致主義でハリストス教を禁圧 **(第2回) 酒井捕縛** 尋問「国禁を犯して切支丹宗を学びたるか」 →「人類救済の道」 酒井の家族帰国（仙台領・金成）を固辞→苦難 開拓使庁、捕縛入獄者を原籍地の県庁に召喚するよう請求 川股家に酒井を引取る厳達 酒井引き渡され、3人の妻子を函館に残す **(第3回)** 酒井ハリストスの宣伝・他行を禁止されるが、留意せず伝教する　千葉卓三郎「福音の真理」を認め信仰、酒井に協力して布教を勧める　まもなく上京して領洗してペートルという (明治6年4月という説あり)	 12月	 上京後、酒井金成に帰り、数日滞在、正教を伝え、函館に行くため、金成地方に伝教者の派遣を聴聞者に約束
5月 12月	酒井、東京より函館へ向かう （4月千葉と上京の説あり） 酒井、八戸地方伝道中、帰県命令	12月	高清水・針生大八郎金成に来て正教を伝える　沢辺村・岩ケ崎・刈敷・若柳・伊豆野・築館に布教 その後針生は東山・気仙沼布教 水山高志（一関藩士）布教、清原三善仮会堂、その後坂本やゑ方仮会堂建築へ

西暦・和暦	月　日	国事・社会情勢・函館ハリストス正教会等	月　日	仙台藩・仙台ハリストス正教会関係等
1871 明治4	3月22日 （2月10日）	聖ニコライ、2年ぶり函館に戻り、宣教団発足		津田、柳川聖ニコライと会う
	4月1日	聖ニコライ、澤邊に伝道方針を伝える 信者500人で司祭1名 信者5000人で主教を設ける	4月下旬	小野、笹川、大條庄五郎、眞山温治（漢学者・漢訳の聖書を和訳・和露字典の編纂）、影田孫一郎、小野虎太郎、大立目謙吾来函
		聖ニコライ、澤邊に仙台の有志を函館に招く手紙を出すことを命じた（聖ニコライが日本に戻った、室食の用意があること、翻訳その他の助手となるべき学者が必要、速やかに函館に来ること）	6月中旬	高屋仲、涌谷繁と長男源太郎（後ワシリイ）、今田直胤（後イオアン）と長男彦三郎、阿部章治郎、牧野守之助、柴田文吾、金成善左衛門、水科正左衛門、小松韜蔵（後ティト）〈少年達は函館学校付属舎に寄宿し、ロシア語通学生〉 ＊石版印刷（大立目・高屋：版下作業、津田・大條・岡村：印刷作業
		教法学校を設立し、課程を定める 石版印刷により天主教、日誦経文、東教宗鑑、教理問答等を印刷 日本初の復活祭（7人日本人と14人の外国人） 札幌を開拓使本府とし、函館、根室に開拓使支庁を設置	11月26日 （10月26日 「大主教ニコライ師事蹟」 12月初旬 「五十年記念」）	イオアン小野荘五郎（30）、イアコフ高屋仲（28）、ペトル笹川定吉（24）、ペトル大立目謙吾（24）、マトフエイ影田孫一郎、パウエル眞山温治、パウエル大條季治、アンドレイ高屋雄治（柳川・梁川一郎）、ペトル小野虎太郎、パウエル津田徳之進、ティト小松、パウエル岡本、函館にいた仙台の者、ロシア語を学習している少年達も洗礼を受ける
			初冬	聖ニコライの布教の勧めでイオアン小野、ペトル笹川、イアコフ高屋、パウエル真山仙台に向かう　内地正教伝道仙台より始まる
1872 明治5	1月 2月	修道司祭アナトリイ函館に着任 聖ニコライ東京着	2月	函館正教会にて**イオアン酒井**（講義所恵比寿町）、パウェル津田（講義所大町）、マトフェイ影田、（講義所を天神町）伝教師に選定
	3月23日	復活祭に約30名の信者参祷	2月13・14日	小野荘五郎宅（講義所・仮会堂・東一番丁）澤邊・大越弘毅・日野右内・石田轍郎捕縛、澤邊・石田・笹川入獄
	5月1日	アナトリイ神父感謝祈祷執行		高屋・高橋兵三郎・板橋昇・大條金八郎・中川操吉・樋渡正太郎入獄
	10月	ロシア領事オラロフスキイ離函、ロシア領事館閉鎖 東京にロシア公使館開設 ホテル「ニコライエフスク」ピョートル妻ソフイヤ継承	3月7日	聖ニコライ、救済策・赦免を働きかけ仙台入獄者・信徒に慰籍激励文
			3月22日	**酒井ゑい、長女澄、次女実と共に函館に移住**
			3月26日	**イオアン酒井**町会所に投獄
			3月29日	パウェル津田、マトフェイ影田弁天台場に投獄
			5月1日	**イオアン酒井**、パウェル津田、マトフェイ影田、イオシフ真野が赦免 マトフェイ影田、パウェル津田、ティト小松ら正教関係の宮城県人に帰県命令
			5月28日	澤邊・高屋・笹川出獄
			10月	**イオアン酒井**水沢県帰県命令、金成の川股家預かりを機に金成、刈敷、伊豆野地方を伝道 ＊水沢・盛岡でも迫害事件が起きていた
1873 明治6	9月	官立函館学校を官立ロシア語学校と改称 修道司祭アナトリイ、正教「伝道学校」開設		仮会堂（イオアン小野の奥座敷）で公祈祷、東二番丁 教会敷地購入（現聖堂）
	10月	函館正教会婦人会の設立 政府、切支丹禁制の高札を撤去 開拓使、函館〜青森間に定期航路を開設	6月 8月9日	「福音会」誕生、仙台近郊を布教地・16伝教者 パウエル佐藤秀六の三女ふく・仙台福音会第一号受洗者

月　日	酒井篤禮小伝等	月　日	金成正教会沿革
1月	水沢県庁、川股家に酒井を函館より同伴してくるべきを厳達		
1月20日	酒井、甥川股吉次（アウテーム）と金成に着		
1月23日	(第4回) 酒井、付添人ペートル千葉卓三郎を伴い登米県庁に出頭 尋問：「棄教せずば赦免えず」「一時廃して我が国の学をなせ」「人々に皇教を伝えよ」 殺戮に逢うとも、百親の親、万帝の帝のために、来世の救済を願う 姓名詐称の軽犯罪で入獄を仙台福音会にて、赦免を得るため尽力し、２月中旬に放免 刑期中、伊豆野、若柳、高清水、築館に福音を講じた	(2月)	(千葉卓三郎捕縛) 仏教・神道を批判したとして捕縛　8月ごろ解放 年末か年始に上京、ニコライのもとに滞在『日本正教傳道誌』
5月22日	(第5回) 酒井、県庁に出頭 尋問「ハリストス教を禁じたのに講じたか」「信ずる神は何か」→肉体を献ずるが、霊は献ぜられない真神、三位一体の神　懲役８０日更に数十日後、佐沼教会の柱石者（西條佐助佐々木恭造）訴訟事件で登米町に来て酒井と面会、酒井「肉体と霊魂」を説く		
		9月15日	坂本やゑ仮会堂工事着手、11月10日水山伝教師のもと落成 工事費45円　聴聞者多くなり、妨害にあう
			鹿野永五郎（イオシフ）、菅原万吉（イサイア）迫害を受ける　　鹿野は飲料水断たれ北海道移住 吉田茂七郎人糞被害で他村へ移住

西暦・和暦	月　日	国事・社会情勢・函館ハリストス正教会等	月　日	仙台藩・仙台ハリストス正教会関係等
1874 明治7	1月 2月 6月	誦経者サルトフ永眠 聖ニコライ函館巡回 「正教学校」女子部に「裁縫場」設置 東京にて第1回公会議開催（掌院ニコライ、マトフェイ影田、パウェル津田、パウェル佐藤、イオアン小野、イアコフ高屋） 官立ロシア語学校を官立松陰学校と改称	1月2日 5月	仙台福音会最初の永眠者・イワコフ片倉雄称（6歳）パウエル澤邊が葬儀を行い、新寺小路林秀院に埋葬 東京で布教会議を開催 小野荘五郎・高屋仲・佐藤秀六・津田徳之進・影田孫一郎参加、澤邊琢磨・笹川定吉・(**酒井篤禮**欠席）し、意見書を提出 選出の伝教者は全て仙台出身者 日本国内で教会として成立していた「東京正教会」、「函館復活会」、「仙台福音会」の三カ所 担当区域・担当者 本会事務　パウエル佐藤 全国巡回伝道　パウエル澤邊 東京　パウエル津田　アンドレイ笹川 　　　ワシリイ田手　パウエル新妻 　　　パウエル小崎　マトフエイ丹波 　　　ペトル朽木 宮城　長伝教人イオアン小野 　　　イヤコフ高屋　ペトル笹川 　　　パウエル田手　セルギイ沼邉 　　　ペトル大立目　イオアン岡 **旧登米　イオアン酒井** 名古屋　ダニエル影田　グリゴリイ宮本 岩手　　ステファン大越　アキラ小幡 青森　　パウエル丹野 水沢・山形地方　マトフイ影田 　　　　　　　　スピリトン大島 　　　　　　　　アレキセイ樋渡 　　　　　　　　アンドレイ梁川 函館　パウエル岡村　アレキセイ山中 　　　ペトル河田　　アンドレイ小関 　　　ロマン柴田
1875 明治8	7月22日 11月	函館においてカムチャッカの主教パウェルよりパウエル澤邊、司祭に叙聖、酒井、輔祭に叙聖 聖ニコライ来函 松陰学校、元町学校と改称 樺太千島交換条約締結	1月 7月	信徒の埋葬事件 神官・僧侶でなければ埋葬式を行ってはいけないという規則に反するイアオン小野伝教者の正教の略式埋葬に対する処分 親類・町の世話人の請願書で自宅謹慎 東京で公会開催 **澤邊を司祭、酒井を輔祭に**決め、東部シベリア主教（カムチャッカ）主教パウエルを招き函館で日本初の神品機密が行われた　仙台で受洗者100名を超える 笹川ら自給伝教を企図するが、聖ニコライの親書（生計のための時間を神に献じ、会のために勤労する）により専任伝教する者を任ずる
1876 明治9	3月	イオアン大村（萬助）、ペトル田中（西松）、パウェル寺澤（万之助）有川で洗礼を受ける		

月　日	酒井篤禮小伝等	月　日	金成正教会沿革
	酒井、巡回時、旅費支給請求に対する批判 次の司祭用の旅費資金のためと誤解が解かれる		
		9月15日	村沢氏（テモフェイ・涌谷藩士）金成・澤邊兼任伝道師 村社祭消防団会堂に乱入・破壊　杉山惣治宅仮会堂全焼 沢辺村・佐々木壽助宅仮会堂、百々イリヤ（涌谷藩士）伝道士として布教
	酒井、脚部療養のため、川渡温泉「越後屋」に滞在時、講話を機に、岩出山湯村吉造、中新田で受洗 公会後箱根塔ノ沢避暑館、塔ノ沢中腹の古寺岩洞での苦行潔浄		
3月14日	復活大祭の四旬斎に際し、40日間禁食祈祷して信徒と皆に復活大祭を献じ祝賀会に列し、その後身体異常を訴え数日を経て霊を天父に依託せり 「使徒的精神」「苦行的実行」 ＊1836（天保7）～1881（明14） 　46歳盛岡市で没		公会議にて今村縄茂（ただしげ）副伝教士沢辺・岩ケ崎・金成3ヶ所布教
			ペトル朽木正雄伝教士（仙台藩士）沢辺・金成に布教　司祭影田孫一郎 信者72名

西暦･和暦	月　日	国事・社会情勢・函館ハリストス正教会等	月　日	仙台藩・仙台ハリストス正教会関係等
1877 明治10	1月 12月	西南の役 「教会報知」第1号発刊（～明治13年まで）	7月 8月 9月	公会で日本人司祭候補選出 聖ニコライ来仙し、布教会議、宗教演説会を開く　パウエル佐藤・イアオン小野・ペトル笹川等、市内の共立病院で、演説会を開く　教会外から但木良次・須田半左エ門・下飯坂秀治等の新聞社員、後にティト小松・パウエル田手・パウエル小崎、若生精一郎・横山謙介・中目斎等参加「文明思想を鼓吹し、真正宗教の必要を論じる」この演説会が民権運動の組織に発展していった　正教会の伝教者・信徒の中からも民権運動に関わる者出てきた　ペトル大立目謙吾はその代表的な人物である **輔祭イオアン酒井**、伝教者マトフェイ影田、イアコフ高屋、テモフェイ針生、函館修道司祭アナトリイと共にウラジオストクに到着するも、主教パウエル死去につき司祭の叙聖を断念、帰国
1878 明治11	4月	司祭ガブリイル・チャエフ、来日	7月	**輔祭イオアン酒井**、伝教者マトフェイ影田、イアコフ高屋、テモフェイ針生、パウエル佐藤、ウラジオストクでマルチニアン司教によって司祭に叙聖
1879 明治12	3月 8月	修道司祭アナトリイ東京公使館付司祭となり離函 聖ニコライロシアへ一時帰国 ヤコフ・チハイ上京 堀江町から出火、2,326戸焼失 【日本宣教団景況】掌院　1　修道司祭3人　日本人司祭6人　伝教者73人　31ケ所の教区信徒6,000人		【公会議事録】 信徒数285（男56　女124） 主日参会者数　70～80 洗礼者数　47 啓蒙人数112 講義所　11
1880 明治13	3月30日 11月20日 12月	聖ニコライ主教に叙聖 聖ニコライ日本に戻る ヤコチ・チハイ一時帰国、修道司祭アナトリイ帰国 山下りんロシアへ留学 「正教新報」（愛々社）第1号発刊（～大正元年）		【公会議事録】 信徒数346（男199　女147）　永眠者数（男5　女3） 主日会合人数　100 領洗　69（男46　女23） 会堂　1　講義所　15　聴講人50余
1881 明治14		【函館復活教会景況】信徒200人（男106女94） 死者3人　洗礼21人　婚配1　講義所2 【全国公会の統計】教会96　神品14人　教師3人（唱歌教師外国人2　女教師外国人1）伝教者79人　信徒6,099人　会堂69　講義所263	3月14日 5月 7月	**司祭イオアン酒井篤礼、永眠** 聖ニコライ東北巡回（2回目・4年ぶり）来仙台 仙台教会での洗礼者545人（昨年1年間で45人） 啓蒙者45人　婚配1件　永眠者9人　世話人数10人 公会議録より **イオアン酒井神父の永眠により欠員となった盛岡正教会**に司祭を派遣　マトフェイ影田神父仙台管轄司祭（管轄地） 1仙台　2原ノ町　3石ノ巻　4涌谷　5中島・飯川　6二郷　7佐沼　8高清水　9宮野　10福島・二本松・三春　11上下堤・小野・福田・鹿島台・大松澤　12古川・飯川
1882 明治15	2月 7月	ドミトリイ神父ロシアへ帰国 ティト小松韜蔵神父函館に着任 開拓使廃止、函館、札幌、根室の三県を設置	7月 8月 11月	輔祭ティト小松、正伝教者ペトル笹川、伝教者ペトル仮野司祭叙聖に選出 **エレナ酒井ゑい、函館正教会女徒親睦会創立** 司祭小野宮城県下の諸教会を巡回 石巻滞在、降誕祭を涌谷・佐沼で献ずるために巡回（巡回地） 中新田・飯川・古川・高清水・築館宮野・沢辺・伊豆野・十文字・若柳・佐沼・涌谷・二郷・上下堤小野

月　日	酒井篤禮小伝等	月　日	金成正教会沿革
		2月	坂本やゑ76歳永眠正教会の埋葬の理由で相続人坂本喜三郎罰金 江刺家久重（パワエル・盛岡藩士）副伝教士沢辺・刈敷・金成布教　司祭小野荘五郎　信者90名
			公会にて伝教者派遣せず
			副伝教者ペトル川崎師沢辺・金成・刈敷・伊豆野布教　司祭イオアン小野荘五郎
			副伝教者ティト荻原師若柳・刈敷・金成・沢辺・伊豆野兼任布教 司祭マトフェイ影田孫一郎
			副伝教士八幡頼信師（ニコライ・水沢藩士）金成・若柳・沢辺・刈敷布教司祭水山高志師（イオウ）
			副伝教士高橋秀三郎 金成・沢辺・刈敷・若柳布教 司祭水山高志師
8月12日	酒井ゑい、「明治22年8月12日宮城県金成村63番地川股吉次亡叔父篤禮妻入籍」 酒井すみ「明治22年8月12日母ゑい携帯入籍」		副伝教者細目元信（パワエル・仙台藩士）沢辺・金成・若柳・刈敷・伊豆野布教水山司祭管轄
			伝教補助千葉英之進（宮野村）金成に布教
9月2日	酒井すみ「明治24年9月2日萩原達彦に嫁す」		川股松太郎（イヤコフ）宅仮祈祷所となる
			中川崇氏（ニテイリヤ・仲町高橋林兵衛氏宅寄留）金成・岩ケ崎布教 明治31年まで逗留伝道 鈴木文治外信者17名
			副伝教士大川常吉師布教　仮会堂川股松太郎宅に聴聞者徐々に増加
			鈴木益治氏長女きみよ埋葬を龍國寺住職最上運氏妨害するが、埋葬済ます

西暦·和暦	月　日	国事・社会情勢・函館ハリストス正教会等	月　日	仙台藩・仙台ハリストス正教会関係等
1883 明治16				イオアン小野神父司祭に叙聖
1884 明治17	4月	有川（現上磯）会堂建立、ティト小松神父成聖 ティト小松神父、根室・道東巡回	3月	函館正教会の私立「裁縫女学校」創立（生徒30人）・**酒井ゑい校長**
1885 明治18	5月 8月	ティト小松神父、色丹島巡回 聖ニコライ、函館巡回		
1886 明治19	 5月	ヤコフ・チハイ、ロシアへ帰国、同年12月永眠 私立函館露語学校開設（会所町） 三県廃止、札幌に北海道庁、函館、根室に支庁設置		イオアン小野神父が大阪正教会に転出したため、仙台の影田神父が管轄する地域が広がった（管轄地） 仙台・原ノ町　中野・野村・長町　福島・二本松 山形・上ノ山・米沢　石巻・湊・釜村・渡波・萩ノ浜 上下堤・福田・小埜・根古　中島・飯ノ川・名振浜 涌谷・前谷地・二郷・太田・広渕新田・和渕・大松沢・鹿島台　古川・飯川　中新田・四日市場　佐沼・米岡・登米 横山・柳津・馬籠　若柳・十文字・伊豆野・刈敷・石越・金成・沢辺　高清水・真山・築館・宮野
1887 明治20				マトフェイ影田神父名古屋へ、ペトロ笹川神父名古屋より仙台に赴任
1888 明治21	10月	正教学校最盛期 山下りん「機密之晩餐」描く セルギイ・グレボフ神父来日 函館で上水道工事着工		聖ニコライ来仙、仙台で布教会議
1889 明治22		函館元町に聖和女学校設立 セルギイ・グレボフ神父函館に着任 大日本帝国憲法発布		イオアン片倉源十郎伝教師輔祭に叙聖
1890 明治23	1月 4月6日	「裁縫女学校」を「正教女学校」と改称 掌院アナトリイ、ロシアへ帰国 教育勅語発布		パウエル澤邊神父、ニコライの代理として布教会議で来仙
1891 明治24	3月8日 5月11日 8月	東京復活大聖堂成聖式執行 大津事件 聖ニコライ北海道巡回		ペトル山縣金五郎神父函館に着任 イオアン片倉輔祭司祭に叙聖
1892 明治25		函館・司祭ペトル山縣、札幌・修道司祭アルセニイ、根室・司祭ティト小松が配置され、三司祭体制	12月18日	仙台福音会聖堂生聖式（聖ニコライの弟ワシリイ神父より165円の多額の寄付:「建築寄附名簿」に記載）
1899 明治32		【函館正教会の景況】信徒345人　戸数83戸　洗礼13人 【全国公会統計】教会231　神品35人　伝教者161人信徒24,924人　会堂170 大町に露領漁業函館セミョーノフ商会設立、カムチャッカ漁業が盛んになる		笹川神父の巡回報告に七年目の聖堂補修工事記録
1900 明治33		【函館正教の景況】信徒352人　戸数87戸　洗礼18人 【全国公会統計】教会257　神品36人　伝教者162人　信徒25,698人　会堂173 函館要塞司令部設置、要塞地帯法施行規則実施	10月	ペトル山縣神父、盛岡正教へ転任 聖堂屋根瓦修理

月　日	酒井篤禮小伝等	月　日	金成正教会沿革
			金野正之助氏次女よしの埋葬時龍國寺住職宮崎智圓氏墓穴堀出せの暴言・暴力に至る
		1月7日	高橋金治郎（シメオン）実父埋葬時龍國寺住職妨害　大川伝教士当地に28年間布教小野寺定助氏外124名領洗
		12月2日	仮会堂の家屋を購入、総経費237圓51銭（川股松太郎氏寄附）仮教会12月末落成

西暦･和暦	月　日	国事・社会情勢・函館ハリストス正教会等	月　日	仙台藩・仙台ハリストス正教会関係等
1901 明治34	3月 10月	「正教女学校」廃校 アンドレイ目時金吾神父、函館に着任 アンドレイ目時神父、色丹島のクリルアイヌ信徒を巡回 【函館正教の景況】信徒 353 人　戸数 87 戸　洗礼 11 人 【全国公会統計】教会 259　神品 38 人　伝教者 154 人　信徒 26,310 人　会堂 174		テット加納輔祭仙台に赴任
1902 明治35		日英同盟締結 湯川村（下湯川村、上湯川村、亀尾村合併）		【仙台とその周辺の状況】 仙台 116 戸　386 人　洗礼者10人 原ノ町 16 戸　64 人 中野　5 戸　12 人
1903 明治36	5月 8月	京都福音聖堂生聖式執行 【函館正教会の景況】信徒 409 人　戸数 110 戸　洗礼 24 人 【全国公会統計】教会 260　神品 40 人　伝教者 149 人　信徒 27,966 人　会堂 174 函館開港 50 年記念祭を挙行		
1904 明治37	2月8日 2月22日 4月	要塞地帯法によりアンドレイ目時神父、フェオドル豊田伝教者ら 17 人函館退去命令、有川上磯教会で布教 22 日まで新たな露探の嫌疑をかけられた 7 人が函館退去命令 日本正教会に「正教信徒戦時奉公会」「俘虜信仰慰安会」を設立 【函館正教会の景況】信徒 383 人　戸数 103 戸　洗礼 11 人 【全国公会統計】教会 260　神品 39 人　伝教者 155 人　信徒 28,397 人　会堂 174 日露戦争勃発	1月8日	テクサ荻原（**酒井篤禮長女「澄」**・東京女子神学校教師永眠 享年 38） 仙台正教会信徒、日露戦争出征 3 人 公務出張中病死 1 人
1905 明治38		【函館正教会の景況】信徒 369 人　戸数 103 戸　洗礼　10 人 【全国公会統計】教会 260　神品 39 人　伝教者 153 人　信徒 28,746 人　会堂 174 日露戦争終結　日露講和条約締結		捕虜たちの三ヵ所収容所での祈祷等の慰問活動
1906 明治39	2月 4月	「正教信徒戦時奉公会」「俘虜信仰慰安会」解散　聖ニコライ、大主教に昇叙 12 月領事館完成、翌年函館大火で被災 【函館正教会の景況】信徒 343 人　戸数 93 戸　洗礼 13 人 【全国公会統計】教会 264　神品 40 人　伝教者 169 人信徒 29,289 人　会堂 174		
1907 明治40	8月25日	函館大火により聖堂及びすべての建物焼失 東川町から出火、8977 戸焼失		
1908 明治41		船見町ロシア領事館竣工 【函館正教会の景況】信徒 294 人　戸数 80 戸　洗礼 8 人　大火後に移転した者 11 戸 39 人 【全国公会統計】教会 265　神品 41 人　伝教者 123 人　信徒 30,432 人　会堂 174 青函連絡船就航		

月　日	酒井篤禮小伝等	月　日	金成正教会沿革
		7月	水山（イオウ）師永眠 葛西師の管轄
			松原西面司祭：大正 13 ～昭和 10 年代管轄、昭和 9･10 年に「金成正教会沿革」を執筆（今日昭和 9･10 年までの要約以下） ①金成に入教以来 62 年 ②金成祈祷所 4 ケ所 ③伝教者交替 16 人 ④司祭交替 5 人 ⑤入教以来領洗者 277 人 ⑥死者 53 人　現在信徒戸数 14 戸　現信徒数 72 名 ⑦不動産 3 町 2 段 3 畝 22 歩、内宅地 572 坪、田地 2 町 7 段 8 畝 6 歩内 2 町歩（川股寄附）畑 2 段 6 畝 16 歩 ⑧教会建築物 1 棟但しこの時価 377 圓 87 銭 7 厘 ⑨現在貯金金 597 圓也 ⑩新建築聖堂 38 坪（昭和 9 年 10 月 17 日聖成） ⑪同工費　1 萬 8 千圓也

西暦・和暦	月　日	国事・社会情勢・函館ハリストス正教会等	月　日	仙台藩・仙台ハリストス正教会関係等
1909 明治42	8月	主教セルギイ、北海道・サハリン巡回（～11月） 【函館正教会の景況】信徒 312 人　戸数 81 戸　洗礼 16 人 【全国公会統計】教会 265　神品 42 人　伝教者 122 人　信徒 31,175 人　会堂 174 私立函館図書館、函館公園内に開設		
1910 明治43	5月 7月	主教セルギイ、函館正教会と有川正教会を巡回 大阪生神女庇護聖堂成聖式 函館区公会堂、新築落成	6月2～8日	セルギイ主教、東北巡回で仙台に滞在
1911 明治44	7月	日本正教会、東京と函館で「ニコライ大主教渡来 50 年期祝典」 【函館正教会の景況】信徒 327 人　戸数 91 戸　洗礼 15 人 【全国公会統計】教会 266　神品 44 人　伝教者 112 人　信徒 32,700 人　会堂 175		
1912 明治45 大正元	2月16日 8月 11月	ニコライ大主教、東京ニコライ堂で永眠（享年 75） アンドレイ目時神父京都へ転任、秋田からモイセイ白岩徳太郎神父函館に着任 「正教時報第 1 号」（正教時報社）発刊	6月	テット小松神父（仙台市愛子出身）永眠
1913 大正2	6月25日	パウエル澤邊神父永眠 【函館正教会の景況】信徒 314 人　信徒総数 999 人戸数 95 戸　洗礼 16 人 【全国公会統計】教会 266　神品教役者 42 人　伝教者 115 人　信徒総数 34,111 人　会堂 175 若松町から出火、1,532 戸焼失	5月 8月 10月29日	5 個の聖鐘を新調 セルギイ主教来仙 金成善左衛門洗礼（75 歳・聖名ニコディム・授洗者ペトル笹川神父）（大正 4 年没享年 77）
1914 大正3	11月	聖堂再建予備工事着工 第一次世界大戦 銭亀沢村に旧教徒ロシア人入植		
1926 大正15 昭和元	10月15日 10月19日	函館聖堂 10 年記念祝典 パウエル松本伝教者、輔祭叙聖 川崎汽船ウラジオストク航路開設 函館在住ロシア人 80 人（団助沢居住 9 戸 39 人含む）	8月8日	**エレナ酒井ゑい（篤禮妻）、永眠 享年 79**

年譜千葉卓三郎（太字：千葉卓三郎「履歴書」・「日本正教傳道誌」等より）

西暦	和暦	年齢	月・日	千葉卓三郎の事績・ハリストス正教・自由民権運動・国事
1852	嘉永5年	1	6月17日	陸前国宮城県栗原郡伊豆野に生まれる
1853	嘉永6年	2	6月	ペリー浦賀に来航
1861	文久1年	10	7月14日	ニコライ箱館着
1863	文久3年	12	1月	大槻磐渓に師事
1868	慶応4年 明治元年	17	2月	大槻磐渓のもとを去る
			閏4月20日	奥羽越戊辰戦争始まる　白河の戦いに参加（6月～7月）
			9月8日	明治と改元、一世一元と定める
			9月	奥羽越戊辰戦争から退役
			11月	石川桜所（松島於）医学を学ぶ
1869	明治2年	18	5月18日	函館戦争で榎本軍降伏
			5月19日	仙台藩但木土佐・坂英力国事犯として処刑
			6月17日	版籍奉還
			8月	石川桜所のもとを去る
			10月	鍋島一郎（気仙沼於）に皇学（国学）と蘭学を学ぶ
1870	明治3年	19	11月	鍋島一郎のもとを去る
			12月	桜井恭伯につき浄土真宗を学ぶ
1871	明治4年	20	4月	桜井恭伯のもとを去る
			6月	(駿河台ニコライのもとでギリシャ正教とロシア学を学ぶ？)
			7月	廃藩置県
			12月	ニコライ、小野荘五郎らを伝教のため仙台に派遣
1872	明治5年	21	2月	ニコライ東京築地に居を定め、伝道始める　9月駿河台に移る
			2月～5月	ハリストス正教、2月仙台・3月函館、各地で迫害
			10月	酒井篤禮とともに上京、ニコライより受洗？
			11月9日	太陽暦の採用、明治5年12月3日を明治6年1月1日とする
1873	明治6年	22	7月	地租改正条例
			11月26日	五日市勧能学舎創立、旧仙台藩士永沼織之丞初代校長となる

西暦	和暦	年齢	月・日	千葉卓三郎の事績・ハリストス正教・自由民権運動・国事
1874	明治７年	23	１月	板垣退助、江藤新平ら、愛国公党を結成
			２月	仏教・神道を批判のため捕縛（８月に解放）
			４月	板垣ら、立志社を設立
			年末〜	上京、ニコライのもとに滞在
1875	明治８年	24	２月	立志社、各地の自由民権結社に呼びかけ、愛国社を結成
			４月	ニコライのもとを去る
			５月	安井息軒（耶蘇教排撃論者）に師事
			６月	讒謗律・新聞紙条例を定める
				五日市に出入りし、勧能学校で教える
1876	明治９年	25	２月	安井息軒のもとを去る
			３月	廃刀令
			４月	ウイグロー（フランス人）にカトリックを学ぶ
			８月	渡辺薬舗（渡辺宗伯・東京尾張町）方に居住
			８月	金禄公債証書発行条例（秩禄処分）
			10月	神風連の乱、秋月の乱、萩の乱
				ニコライ主教、八王子・五日市地方に布教活動はじめる
1877	明治10年	26	１月	ウイグロー（フランス人）のもとを去る
			２月	福田理軒に洋算を学ぶ
			２月15日	西南戦争始まる（〜９月24日西南戦争の終結）
			８月	マグレー（アメリカ人・横浜山手）でプロテスタントを学ぶ
				アメリカ・メソジスト監督教会、マグレー、ジョン・バラの学校で漢学を教授
1878	明治11年	27	１月	西多摩郡大久野東学校で教える
			９月	愛国社再興大会
			10月	五日市でも自由民権運動の兆し
1879	明治12年	28	３月	愛国社第２回大会
			11月	東京四谷より横浜山手に転居
			11月	愛国社第３回大会
			12月	東京麹町に於て、商業に従事
				五日市で学芸講談会が組織される

西暦	和暦	年齢	月・日	千葉卓三郎の事績・ハリストス正教・自由民権運動・国事
1880	明治13年	29	1月7日	八王子に第15嚶鳴社設立
			3月	愛国社第4回大会、国会期成同盟結成
			4月	集会条例制定（政治集会・結社警察署の事前許可）
			4月	五日市学芸講談会、嚶鳴社沼間守一らを招き演説会を開催
				五日市に滞在（深沢家）
1881	明治14年	30		五日市教会（ギリシャ正教会）の布教活動活発化
			4月	交詢社憲法草案発表
				五日市憲法草案の完成？
			5月	五日市を離れ、北多摩郡奈良橋村方面を奔走
			7月	山梨方面を奔走
				五日市ハリストス正教会新堂落成
			10月11日	明治十四年の政変（大隈重信参議罷免）
			10月12日	国会開設詔勅
			10月18日	２代目勧能学校長に就く、初代校長永沼織之丞去る
			10月29日	自由党結成
1882	明治15年	31	4月	立憲改進党結成
			4月	遭難の板垣を五日市の深沢権八等見舞う
			5月	板垣に金1円の見舞金を送る
			6月3日	集会条例追加改正（結社集会の禁止）
			6月11日	結核と胃病のため草津温泉で療養（２カ月）
			8月15日	学芸講談会の８名自由党に入党（卓三郎は正式には入党していない）
			秋	「王道論」脱稿
1883	明治16年	32	春 11月12日	「読書無益論」脱稿　東京大学付属病院に入院 病院で死去

参考・引用文献

はしがき

『切支丹時代』（遠藤周作　小学館　１９９２年）
『侍』（遠藤周作　新潮社　１９８６年）
『守教』（上・下）（帚木蓬生　新潮社　２０２０年）
『潜伏キリシタンは何を信じていたのか』（宮崎賢太郎　KADOKAWA　２０１８年）
『沈黙』（遠藤周作　新潮社　１９８１年）

第1章

『奥羽切支丹史』（菅野義之助　佼成出版社　１９７４年）
『隠れキリシタンとマリア観音』（大宮司愼一　本田印刷　２００６年）
「帰国後の支倉常長とその周辺」（土生慶子　『仙台郷土研究』２４５）
『きりしたん受容史～教えと信仰と実践の諸相』（東馬場郁生　教文館　２０１８年）
『切支丹宗門の迫害と潜伏』（姉崎正治　同文館　１９２５年）
「仙台に来たイタリア人伴天連宣教師ジェロニモ・デ・アンジェリス神父」（文園章光　『仙台郷土研究』２１７）
『潜伏キリシタンは何を信じていたのか』（宮崎賢太郎　KADOKAWA　２０１８年）
『伊達藩に於ける切支丹文書集成　巻壱』（宮城県史編纂委員会　１９５２年）
『東北キリシタン史』（浦川和三郎　厳南堂書房　１９５７年）
『東北隠れ切支丹弾圧の研究』（重松一義　藤沢町文化振興会　１９９６年）

『洞窟が待っていた仙北隠れキリシタン物語』（沼倉良之　宝文堂　１９９１年）
『日本キリシタン殉教史』（片岡弥吉　時事通信社　１９７９年）
「支倉氏の家系と常成の死をめぐる諸問題（一）・（二）」（山形敞一　『仙台郷土研究』２３３・２３４）
『藤沢町史』（藤沢町史編纂委員会　１９７９〜１９８４年）
「ふたつの死失帳（下）」（濱田直嗣　『仙台郷土研究』２４９）

第2章

『キリスト教史』（藤代泰三　講談社　２０１７年）
『キリスト教入門』（山我哲雄　岩波書店　２０１４年）
『ギリシア正教入門』（高井寿雄　教文館　１９７７年）
『近代日本とキリスト教－明治編』（久山康編　基督教学徒兄弟団　１９５６年）
『現代世界と宗教』（総合研究開発機構、中牧弘允　国際書院　２０００年）
『正教会入門－東方キリスト教の歴史・信仰・礼拝』（ティモシー・ウェア　松島雄一訳　信教出版社　２０１７年）
『東方正教会』（オリヴァエ・クレマン　冷牟田修二、白石治朗訳　白水社　１９７７年）
『日本正教史』（牛丸康夫　日本ハリストス正教会教団府主教庁　１９７８年）
『日本正教傳道誌』（石川喜三郎編　日本正教会編輯局　１９０１年）
『日本の聖書－聖書和訳の歴史』（海老澤有道　日本基督教団出版局　１９６４年）
『日本の近代社会とキリスト教』（森岡清美　評論社　１９７０年）
『バルカン学のフロンティア』（柴宜弘、佐原徹哉編　彩流社　２００６年）
『明治維新と宗教』（芳賀祥二　筑摩書房　１９９４年）

『明治キリスト教会史の研究』（大濱徹也　吉川弘文館　1979年）
『明治のキリスト教』（高橋昌郎　吉川弘文館　2003年）

第3章

『開教百年記念　仙台ハリストス正教会概況』（仙台ハリストス正教会　1972年）
『仙台基督正教会　創立五十年記念』（笹川清吉　仙台基督正教会　1923年）
『仙台ハリストス正教会福音聖堂復興建築成聖式記念誌』（1959年）
『仙台ハリストス正教会史－仙台ハリストス正教会開教130年記念』（仙台ハリストス正教会　2004年）
『宣教師ニコライとその時代』（中村健之介　講談社現代新書　2011年）
『大主教ニコライ師事蹟』（柴山準行編　日本ハリストス正教会総務局　1936年）
『ニコライの見た幕末日本』（中村健之介訳　講談社学術文庫　1979年）
『ニコライ堂の女性たち』（中村健之介、中村悦子　教文館　2003年）
『日本の近代社会とキリスト教』（森岡清美　評論社　1970年）
『函館市史』（函館市史編纂室編　1990年）
『函館ガンガン寺物語』（厨川勇　北海道新聞社　1994年）
『函館ハリストス正教会史－亜使徒日本の大主教聖ニコライ渡来150年記念』（函館ハリストス正教会　2011年）
『明治日本印象記　オーストリア人の見た百年前の日本』（アドルフ・フイッシャー　講談社　2001年）
『明治文化とニコライ』（牛丸康夫　教文館　1969年）
『山下りん－明治を生きたイコン画家』（大下智一　北海道新聞社　2004年）
『ロシア人の見た幕末日本』（伊藤一哉　吉川弘文館　2009年）

第4章

『幻影の明治』（渡辺京二　平凡社　2018年）
『言葉の海へ』（高田宏　岩波書店　1998年）
「仙台とハリストス教－ある信仰」（朝日新聞社記事　昭和48年8月「郷土通信」欄）
『仙台藩の戊辰戦争　増補決定版』（木村紀夫　荒蝦夷　2018年）
『賊雪耕雲』（千葉茂　金港堂　2019年）
『幕末・維新と仙台藩始末』（千葉茂　創栄出版　2017年）
『不干斎ハビアン―神も仏も捨てた宗教者』（釈徹宗　新潮社　2009年）
『仏教とキリスト教の比較研究』（増谷文雄　筑摩書房　1968年）
『仏教とキリスト教』（ひろさちや　新潮社　1986年）
『戊辰戦争の新視点　上・下』（奈倉哲三、保谷徹、箱石大編　吉川弘文館　2018年）

第5章

『仙台ハリストス正教会開教百年記念新井奥邃と仙台正教会』（林竹二　仙台ハリストス正教会　草風館　1981年）
『金成町史』（金城町史編纂委員会　1973年）
「外来宗教受容の一形態　日本ハリストス正教会の場合」（波多野和夫『古代・中世の社会と民俗文化』弘文堂1976年）
「ギリシャ正教の受容と地域の結社－佐沼顕栄会と広通社について」（佐藤憲一『近世日本の民衆文化と政治』渡辺信夫編　河出書房新社　1992年）
「慶応二年の小野荘五郎－在村閑居の日記から」（大村栄『仙台郷土研究』225）

『酒井篤禮小伝－司祭イオアン川股篤禮小伝』（復刻）（小野帰一編　１９７６年）
『宗鑑聞書』（半田卯内　１８７６年）
「新宗教の受容と教会の形成―陸前北部におけるハリストス正教について」（波多野和夫　『陸前北部の民俗』和歌森太郎編　吉川弘文館　１９６９年）
「仙台拠点の地方伝道地・塩釜」（大島良雄　『関東学院大学キリスト教と文化研究所所報　キリスト教と文化　第1号』２００３年）
『東教宗鑑』（イオアン山田翻訳）
『東方正教の地域的展開と移行期の人間像－北東北における時代変容展開』（山下須美礼　清文堂出版　２０１４年）
「東北地方におけるハリストス正教と地域社会」（内海健寿　『会津女子短期大学研究紀要』第３６号１９７９年）
『都道府県別適々斎塾　姓名録』（藤直幹、梅溪年　大阪大学適塾記念会　１９６０年）
『適塾をめぐる人々－蘭学の流れ』（伴　忠康　創元社　１９７８年）
『適塾門下生調査資料』（大阪大学適塾記念会　１９６３年）
『新編中新田町史』（中新田町史編さん委員会　１９９７年）
『中新田ハリストス正教会の歩み　前駆授洗イオアン聖堂成聖記念』（中新田ハリストス正教会　２０１９年）
『背教者の系譜　日本人とキリスト教』（武田清子　岩波書店　１９７３年）
「明治初年、宮城県におけるハリストス正教会とその人々」（森田敏彦　『基督教文化研究年報』宮城学院女子大学基督教文化研究所１９７２年）
「宮城県下『耶蘇教講談』事件－自由民権運動と日本正教会」（逸見英夫『仙台郷土研究』215・216・217・219・220・221・223各号）
「明治初期ギリシャ正教伝道史における士族信徒の政治活動について－三戸聖母守護教会記録の一断面」（佐藤和夫『弘前大学国史研究』第６４・６５合併号１９７６年）

「明治初期日本人信徒による『正教会』理解－士族ハリステアニンに注目して」（山下須美礼　『社会文化史学』第53号、社会文化史学会　２０１０年）
『黎明期の仙台キリスト教－傍系者の系譜』（藤一也　キリスト新聞社　１９８５年）

第６章
『秋川市史』（秋川市秋川市史編纂委員会　１９８３年）
『石巻市史』（第2・3巻　石巻市史編纂委員会　2巻　１９５６年　3巻　１９５９年）
『五日市町史』（五日市町史編さん委員会　１９７６年）
『五日市憲法草案とその起草者たち』（色川大吉編　日本経済評論社　２０１５年）
『奥羽日日新聞』（明治24年12月18日）
「学校教育と富国強兵」（『岩波講座日本歴史15』　安川寿之輔　１９７６年）
「キリスト教の受容と自由民権運動・宮城県におけるハリストス正教について」（森田敏彦『宮城学院教養実習ノートNo.8』　１９７３年）
『憲法制定前後　新憲法をめぐる激動の記録』（鈴木安蔵　青木書店　１９７７年）
『近代日本の形成と宗教問題』（中央大学人文学研究所　中央大学出版部　１９９２年）
『群馬県史』（群馬県史編さん委員会　１９８６～９１年）
『講習餘誌』（仙台ハリストス正教会　東一番町講習草社　第1号～17号　明治10年）
『三多摩自由民権史料集（上・下）』（色川大吉編　大和書房　１９７９年）
「史料槐集者の需に応じて」（『正教新報』明治24年１０１５号・小野司祭口述）〈東北学院図書館・「近代日本キリスト教新聞集成・第三期48・49巻・明治24年」〉

『自由民権運動とその発展』（平野義太郎　新日本出版社　1977年）
「自由民権運動とキリスト教」（内海健寿　『福島正教』第62号　1977年）
「自由民権運動期における仙台の民権家の国家構想」（佐藤憲一　『仙台郷土研究』216・217各号）
『東北近代と自由民権「白河以北」を越えて』（友田昌弘編　日本経済評論社　2017年）
「鈴木文治と故郷金成村」（『鈴木文治研究ノート』中村勝範研究会　1966年）
『正教新報』（第17号、23号　明治14年8月）
『正教時報』（第2巻7号・大正2年4月5日）
『正統と異端のあいだ　内村鑑三の劇的なる生涯』（武田友寿　教文館　1991年）
「仙台の自由民権運動」（『仙台市博物館年報』№2）
『仙台新聞』（89号・明治10年4月9日130号・明治10年7月13日）
『仙台日日新聞』（449号・明治11年10月29日512号・明治12年1月25日531号・明治12年2月19日514号・明治12年1月28日517号・明治12年2月1日822号・進取社結成檄文）
「千葉卓三郎の生涯」（相沢源七　『仙台郷土研究』213・214・215・216各号）
『多摩の人物史』（倉間勝義、岩淵久　武蔵野郷土史刊行会　1977年）
『日本教育小史－近・現代』（山住正己　岩波新書　1987年）
『日本プロテスタント史研究』（小沢三郎　東海大学出版会　1964年）
『宮城県教育百年のあゆみ』（宮城県教育委員会行政課　1972年）
『宮城県教育百年史第1巻（明治編）』　宮城県教育委員会　ぎょうせい　1976年）
『宮城県史12　学問・宗教』（宮城県史刊行会　1987年）
『宮城縣史』近代・自由民権運動

「宮城県の自由民権運動」（佐藤憲一・『宮城の研究　第6巻近代編』渡辺信夫　清文堂出版　１９８４）
「宮城県の自由民権運動・進取社および東北改進党について」（『宮城学院教養実習ノート』№10　１９７５年）
『「宮城の自由民権運動」史料集』（仙台市博物館　１９７４年）
『宮城県の自由民権運動と教育』（千葉昌弘　国民教育研究所　１９７３年）
『民衆憲法の創造』（色川大吉・江井秀雄・新井勝紘　評論社　１９７０年）
『民衆暴力　一揆・暴動・虐殺の日本近代』（藤野裕子　中公新書　２０２０年）
『明治維新と宗教』（芳賀祥二　筑摩書房　１９９４年）
『明治前期の憲法構想』（家永三郎　松永昌三　江村栄一編　福村出版　１９６７年）
「明治前期におけるギリシャ正教受難史－八王子・葬儀事件をめぐる闘い」（『東京経済大学人文自然科学論集』第八・九合併号　１９６５年）
『明治の文化』（色川大吉　岩波書店　１９９７年）

第7章

『キリスト教と日本人－宣教史から信仰の本質を問う』（石川明人　筑摩書房　２０１９年）
『宗教と日本人』（岡本亮輔　中公新書　２０２１年）
『宗教年鑑』（昭和14年、昭和28年、平成元年、令和元年、文部・文化庁・文部科学省）
『新宗教を問う』（島薗一進　ちくま新書　２０２０年）
『捨てられる宗教』（島田裕巳　ＳＢ新書　２０２０年）
『「聖書」と甘え』（土居健郎　ＰＨＰ研究所　１９９７年）
『なぜ日本にキリスト教は広まらないのか』（古屋安雄　教文館　２００９年）

『日本基督教団年鑑』（明治10年代〜現代　日本基督教団事務局）
『日本宗教史』（末木文美士　岩波書店　２００６年）
『私たちはどんな世界を生きているか』（西谷修　講談社現代新書　２０２０年）

写真・図版一覧

著者紹介

千葉　茂（ちば　しげる）

1954年宮城県生まれ　元宮城県高等学校長

仙台郷土研究会員　みやぎ街道交流会員

著書　『幕末・維新と仙台藩始末～雲水の行衛はいつ古』

（創栄出版 2018年 第21回自費出版文化賞特別賞）

『賊雪耕雲－仙台藩宿老但木土佐家臣末裔』（金港堂）

受容と信仰

仙台藩士のハリストス正教と自由民権

令和３年９月28日　初　版

著　者　千　葉　　茂

発行者　藤　原　　直

発行所　株式会社金港堂出版部

仙台市青葉区一番町二丁目３－26

電 話（022）397－7682

FAX（022）397－7683

印刷所　株式会社東北プリント

ISBN978-4-87398-143-7